내일도
지구가
안녕하면
좋겠어!

이 도서는 2024년 문화체육관광부의
'중소출판사 도약부문 제작 지원' 사업의 지원을 받아 제작되었습니다.

내일도
지구가
안녕하면
좋겠어!

발행일 2024년 10월 07일 초판 1쇄 발행
지은이 정다빈·권성희·이해인
발행인 방득일
편 집 박현주·강정화
디자인 강수경
마케팅 김지훈

발행처 맘에드림
주 소 서울시 도봉구 노해로 379 대성빌딩 902호
전 화 02-2269-0425
팩 스 02-2269-0426
e-mail momdreampub@naver.com

ISBN 979-11-89404-96-3 44330
ISBN 979-11-89404-03-1 44080 (세트)

지속가능한 미래를 꿈꾸는 생태시민으로 살아가는 법

내일도 지구가 안녕하면 좋겠어!

정다빈
권성희
이해인
지 음

맘에드림

지구에서 함께 살아가는
모두의 안녕을 바라는 마음으로

SNS를 타고 전 세계 누리꾼의 마음을 훔친 영상이 하나 있습니다. 약 2천만 뷰 이상을 기록한 이 화제의 영상 속 주인공은 바로 버락[1]이라는 이름의 양이에요. 버락의 이야기는 본문에서도 만나겠지만, 길을 잃고 헤매다가 호주의 멜버른 북부에서 구조되었지요. 구조 당시 버락은 수년간 털을 깎지 못해 엉망으로 뒤엉킨 거대한 털을 온몸에 매달고 있었습니다. 그 털을 모두 깎고 무게를 달아보니 무려 35킬로그램으로 초등학교 3학년 남학생의 평균 몸무게에 달했지요. 두터운 털 안에 감춰진 건 비쩍 마른 앙상한 몸뿐이었습니다.

....
1. 아쉽게도 버락은 2023년 병에 걸려 죽었다고 합니다.

🦶 생태시민으로서 내딛는 첫 번째 걸음

대체 이 이야기가 왜 많은 사람들에게 화제가 되었을까요? 아마 몸을 둘러싼 엄청난 털 때문에 버락이 얼마나 오랜 시간 불편하고 무거웠을지 걱정하고 **공감**하는 마음이 들었기 때문일 거예요. 털을 깎고 말끔해진 그의 새로운 삶도 응원하고 싶었을 것입니다. 이 이야기를 여러분에게 하는 이유는 바로 다음과 같은 마음이 생태시민이 되는 첫 번째 걸음이기 때문이에요.

'나와 다른 존재에게 관심을 기울이고, 공감한다.'

🦶 생태시민으로서 내딛는 두 번째 걸음

여기에서 좀 이상하단 생각이 들지 않나요? 왜 버락은 수년간 자신의 털에 꼼짝없이 갇힌 채 지내야만 했을까요? 야생에서 양들은 자연스레 털갈이를 하며 살아왔을 텐데 말이에요. 그 이유는 버락은 인간이 더 많은 양털을 얻고자 개량한 양이기 때문이랍니다. 생태시민으로 나아가는 두 번째 걸음이 여기에 있습니다. 즉 공감을 넘어 **질문**하고, 상생할 수 있게 **책임감**을 가져야 하겠죠.

'왜 이런 일이 벌어졌을까?'

🐾 생태시민으로서 내딛는 세 번째 걸음

스스로 질문하고 답을 찾는 과정에서 버락과 같은 지구의 다른 생명체들에 대한 책임감을 느꼈다고 해도 그것만으로는 충분하지 않습니다. 여전히 그들을 우리와 동떨어진 존재로 여긴다면 자신의 문제로 자각하지 못한 채 시혜적으로만 접근할 테니까요. 하지만 조금만 생각해 보세요. 버락처럼 개량된 양들로부터 스웨터, 코트, 양모 이불 등이 만들어집니다. 그것을 우리는 추운 겨울에 입고 살지요. 따라서 우리는 버락과 결코 단절된 관계가 아닙니다.

어디 버락뿐인가요? 동남아시아 농장에서 일하는 토착민과 우리 사이에도 **연결고리**가 존재합니다. 우리가 즐겨 먹는 라면을 튀길 때 사용되는 기름을 얻기 위해 수만 명의 토착민들이 유해화학물질에 노출된 채 부당한 환경에서 일하고 있기 때문이죠. 또한 우리는 미래 세대와도 이어져 있습니다. 인공지능과 빅데이터 기술이 발전하면서 우리의 삶은 점점 더 편리해지고 있지만, 이에 필요한 전기에너지를 생산하기 위해 마구 사용해 온 화석연료 때문에 기후변화와 환경문제는 더욱 심화되고 있으니까요. 그로 인한 부담은 현재의 우리보다 미래 세대가 훨씬 더 많이 떠안게 됩니다. 따라서 이제 세 번째 걸음을 내디뎌야 합니다.

'내가 한 행동은 지금 이곳에서 끝나지 않고 미래 저편 누군가에게 연결되어 있구나!'

🐾 생태시민으로서 내딛는 네 번째 걸음

모두 긴밀히 연결된 운명공동체임을 깨달았다면 이제 어쩌면 가장 어려울지 모를 마지막 걸음이 남았습니다. 바로 **일상에서의 실천**입니다. 모두가 안전하게 공존하는 세상, 지속가능한 미래를 위해 우리가 바꿀 수 있는 건 지금 여기 우리의 일상입니다. 예컨대 평소보다 고기를 덜 먹고, 플라스틱 쓰레기를 줄이고, 스마트폰을 절전모드로 설정하는 것부터 시작할 수 있겠지요. 일상의 작은 변화는 내 주변을 달리 만들고, 내가 옳다고 생각하는 사회가 되길 바라는 간절한 마음은 사회적 실천으로까지 확대될 수 있습니다.

'그래, 내가 할 수 있는 것부터 하나씩 실천해 보자!'

이 책에는 먹거리부터 에너지까지 우리의 삶에 깊이 스며들어 있지만, 잘 알지는 못했던 그러나 생태시민이라면 마주해야 할 진실들을 담았습니다. 나아가 지속가능한 생활을 위해 청소년이 할 수 있는 다양한 실천 방법을 알려주려 노력하였습니다. 세상을 바꾸기엔 너무 늦었다고, 지금 내가 바꿀 수 있는 건 아무것도 없다고 좌절하기보단 지구에 사는 모두가 안녕하길 바라는 마음을 담아 오늘부터 생태시민으로서의 한 걸음을 내딛길 기대합니다. 그리고 여러분의 안녕과 지구의 안녕을 기원합니다.

저자 대표 정다빈

지구의 미래를 생각하는 밥상

우리가 새옷을 사고, 버리고 또 새로 사는 동안에…

지구의 미래를 생각하는 밥상

평범한 일상에서도 우리는 꽤 많은 선택을 합니다. 밥을 먹고, 물건을 사고, 여행을 떠나기도 하죠. 하지만 편안한 일상을 위해 선택한 행동들이 환경에 어떤 영향을 끼치고 있는지 생각해 본 적 있나요?

우리는 하루에도 여러 번 식사를 합니다. 좋아하는 음식을 차려 가족이나 친구와 나눠 먹으며 행복을 느끼죠. 하지만 우리가 행복을 느끼는 순간이 지구에 어떤 결과를 가져오는지는 별로 생각해 보지 않았을 거예요.

첫 번째 장에서는 우리가 하루에도 여러 번 선택하는 먹거리가 환경에 미치는 영향에 대해 알아보려 합니다. 과자를 바삭하게 해주는 재료인 팜유, 즐겨 먹는 육식, 먹거리 다양성 등이 환경에 미치는 문제점에 대해 자세히 들여다볼 것입니다. 또한 지구와 나, 모두를 위한 지속가능한 식습관에 대해서도 함께 고민해 봅시다. 그럼 지금부터 우리가 누렸던 풍요로운 식사로 인해 지구에 어떤 일이 일어나고 있는지 알아볼까요?

CHAPTER

01

먹거리

바삭바삭한 과자와
오랑우탄의 눈물

01

#팜유 #오랑우탄 #과자 #플랜테이션

사라지는 숲과 '숲의 사람'

과자는 남녀노소 모두에게 친숙한 먹거리입니다. 그런데 여러분은 혹시 과자와 오랑우탄을 연결 지어 생각해 본 적이 있나요? 편의점에서 파는 과자와 숲속에 사는 오랑우탄은 너무 멀게만 느껴지는데, 대체 어떤 연결고리가 있다는 것인지 갸우뚱할지 모르겠군요. 무관하게 보이는 둘 사이를 이어주는 것은 바로 **팜유**[1]입니다.

팜유는 고소한 과자를 만드는 데 필요한 재료로 기름야자의 열매를 짜서 뽑아낸 식물성 기름이에요. 여러분도 과자봉지 뒷면을 자

----
1. 이 글에서 팜유는 기름야자(팜나무)의 열매의 과육에서 추출한 팜원유와 씨에서 추출한 팜핵유를 구분하지 않고 모두 포함하여 지칭한다.

세히 살펴보면 '팜유'라는 이름을 쉽게 찾을 수 있습니다. 스낵뿐만 아니라 비누 같은 생활용품을 만들 때도 두루 쓸모 있게 사용됩니다. 지금부터 다양하게 활용되는 팜유를 통해 과자와 오랑우탄의 연결고리를 하나씩 파헤쳐 봅시다.

ⓒpixabay

오랑우탄

오랑우탄(orangutan)이라는 이름은 '숲의 사람'을 뜻해요. 인간이 숲을 난개발하면서 현재 심각한 멸종위기종이 되었습니다.

세계 오랑우탄의 날을 아시나요?

영장류인 오랑우탄은 전략을 세워 도구를 사용하고, 온순하며 모성애가 강한 동물입니다. 하지만 안타깝게도 현재 오랑우탄은 심각한 '멸종위기종(Critically Endangered)'[2]으로 분류됩니다. 수십 년 전까지만 해도 오랑우탄은 동남아시아 대륙 전반에서 서식하였습니다. 반면 현재는 동남아시아의 말레이시아 동부 보르네오섬과 인도네시아의 수마트라섬, 단 두 곳에서만 발견되고 있죠. 그나마 보르네오섬에 남은 오랑우탄도 빠른 속도로 개체 수가 줄어들고 있어, 이를 알리기 위해 동물 단체는 8월 19일을 '세계 오랑우탄의 날'로 지정하였습니다. 오랑우탄을 대표로 삼아 전 세계 생물종(種)의 보전을 주장하기 위해서였죠.

....
2. 2017년 IUCN의 멸종위기 생물 목록에는 전 세계 26,000종 이상의 생물종을 멸종위기(EN) 등급으로 분류하였다. 이는 전 세계 전체 생물의 27% 이상에 해당한다.

오랑우탄은 말레이어[3]로 사람이라는 '오랑(Orang)'과 숲을 지칭하는 '후탄(Hutan)'이 합쳐진 말로 '숲의 사람'을 의미합니다. 이름처럼 오랑우탄은 숲이 사라진다면 생존할 수 없습니다. 현재 오랑우탄이 멸종위기가 된 주요 원인 역시 숲이 빠르게 사라지고 있기 때문이라 예측합니다. 그러다 보니 '오랑우탄의 날'은 많은 생물종을 대표하여 종 보존뿐 아니라 숲의 중요성도 함께 알리고 있습니다.

삶의 터전을 잃어가는 동식물들

현재 지구 곳곳에서는 엄청난 규모의 산림파괴가 시시각각 진행 중입니다. 심지어 세계에서 가장 큰 산림이 형성되어 있고, 생물다양성 역시 풍부하여 지구의 허파로 불리는 아마존 원시림의 15퍼센트도 이미 사라진 상태입니다. 브라질 산타카타리나 연방대학 등 국제연구팀에 따르면 2050년까지 아마존 밀림의 절반가량이 파괴될 것이라고 합니다.[4]

숲이 사라지며 오랑우탄처럼 오랜 시간 숲에서 살아온 동식물들은 하루아침에 삶의 터전을 잃고 생존마저 위협받고 있습니다. 속수무책으로 굶어 죽거나, 때로는 먹을 것을 찾으러 인가까지 내려왔다가 사냥꾼의 총에 맞아 죽기도 하지요. 사라지는 숲과 함께 사라지고 있는 숲의 사람. 왜 이런 일이 일어나는 걸까요?

....
3. 넓은 뜻으로는 갈레이반도, 리오링가제도, 수마트라섬 동해안, 보르네오섬 서해안 그리고 인도네시아에 널리 쓰이는 공통어이며, 좁은 뜻으로는 말레이시아의 국어를 가리킨다.
4. 신기섭, 〈"이디 15% 사라진 아마존 밀림, 30년 안에 급격히 파괴될 수도"〉, 《한겨례》, 2024.02.15.

숲이 사라진 곳에 들어선 것은?

숲이 파괴되는 이유는 다양합니다. 자연발화 산불, 산성비, 외래종 침입, 병충해, 가뭄 등 인간의 개입 없는 자연적인 원인도 있습니다. 그렇지만 가장 심각한 이유는 사람에 의한 광산 개발, 대규모 농장 조성 및 종이 생산을 위한 벌채 등입니다.[5] 사람들은 온갖 자원을 채취하거나 농작물을 심을 공간 등을 확보하기 위해 멀쩡한 나무를 닥치는 대로 잘라냅니다. 심지어 더 빠르고 효율적으로 숲을 정리하려 일부러 산불을 지르기도 하죠.

그렇게 숲이 사라진 공간에는 수익성 높은 산업이 들어서게 됩니다. 그중 대표적인 산업은 하나의 작물을 대규모로 경작하는 농업 방식인 **플랜테이션(Plantation)**입니다. 열대 또는 아열대 지방에서 자본과 기술을 지닌 외부인이 현지인의 값싼 노동력을 이용해 특정 농산물을 대량으로 생산하는 방식을 말하지요. 팜유를 생산하는 기름야자(African oil palm), 즉 팜나무 역시 수익성이 높은

©pixabay

팜나무의 열매
가운데 흰 부분은 팜 핵이며, 껍질과 핵 사이를 둘러싸고 있는 과육 부분이 팜유를 만드는 부분에 해당합니다.

5. 김규아, 〈그린피스 "멸종위기 오랑우탄 매일 25마리씩 줄어든다"〉,《비건뉴스》, 2021.08.20.

경제 작물에 해당해 플랜테이션 작물로 선택되고 있습니다.

빵과 라면, 아이스크림과 같은 가공식품, 화장품과 세제의 재료 등 팜유의 활용도가 점점 더 다양해질수록 생산량을 늘리기 위해 더 많은 숲이 개간되고 있습니다. 미국 슈퍼마켓에서 판매되는 포장 음식의 50퍼센트 이상에 팜유가 들어있다는 조사 결과도 있으니 숲이 사라진 자리를 차지한 팜유의 인기를 실감할 수 있습니다.[6] 오직 인간의 필요와 이익을 명분으로 숲을 없애고 팜나무만 심어대는 지금의 선택은 과연 어떤 미래를 가져올까요?

무섭게 치솟은 팜유의 인기

팜유의 인기가 높아진 건 그리 오래되지 않았습니다. 오른쪽(19쪽 참조) 그래프에서 볼 수 있듯 1970년부터 팜유 생산량은 가파르게 증가하여 현재에 이르렀습니다. 50년이라는 짧은 기간 동안 사용량이 무려 40배나 급등한 것이죠. 현재 식물성 기름 사용량의 40퍼센트 이상을 팜유가 차지하는 것만 보더라도 엄청난 인기를 확인할 수 있습니다.[7]

워낙 인기가 많은 작물이니 각 나라에서 많은 팜나무를 재배할

....
6. 이소영, 〈[이소영의 도시식물 탐색] 팜유, 피마자⋯기름이 된 식물들/식물세밀화가〉, 《서울신문》, 2024.01.30.
7. 주석 6과 동일.

것 같지만, 팜나무는
모든 기후대에서 쉽게
재배할 수 있는 작물이
아닙니다. 팜나무의
원산지는 서부 아프리
카로 나이지리아, 인도
네시아, 말레이시아 같
은 열대지방에서 주로
자랍니다. 현재 전 세
계 팜유 생산량의 80
퍼센트 이상이 인도네
시아와 말레이시아 등

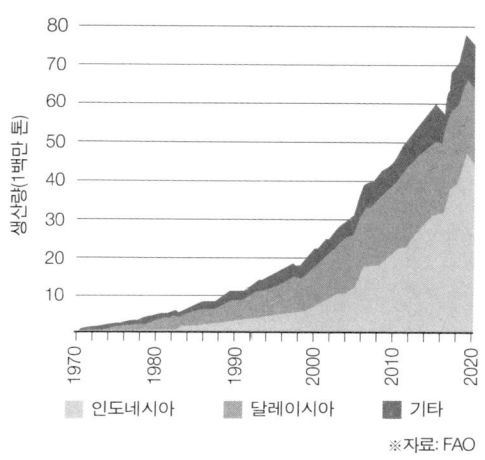

※자료: FAO

1970년 이후 팜유 생산량 추이[8]
1970년부터 팜유 생산량은 가파르게 증가했습니다. 이
는 팜유가 새로운 산업 분야에서 광범위하게 활용되고
있기 때문입니다.

의 열대우림에서 생산되는 이유입니다. 재배지는 이처럼 한정적인
데, 팜유의 인기는 꺾일 줄 모르고 계속 높아져 생산량이 소비량을
쫓아갈 수 없을 정도죠.

세상에는 팜유를 제외하고도 다양한 식물성 기름이 존재합니다.
여러분도 콩기름, 옥수수기름, 올리브기름, 참기름 등 다양한 이름
을 일상에서 친숙하게 들어보았을 것입니다. 그런데 왜 이토록 팜
유에만 수요가 집중되는 것일까요? 팜유의 뜨거운 인기 비결을 정
리해 보면 다음과 같습니다.

....
8. 정신영·송한새, 2023, 〈미션 실패: 친환경 팜유 인증으로 가릴 수 없는 산림파괴〉, 기후솔루션
   (SFOC). 재인용.

팜은 생산성이 뛰어난 고효율 작물이다

식물성 기름을 얻을 수 있는 다른 작물과 비교할 때, 팜나무는 동일 면적 대비 수확량이 압도적으로 높습니다. 다른 식물성 기름 생산 량과 비교하면 같은 면적의 땅에서 적게는 4배, 많게는 10배 많은 기름을 생산할 수 있습니다. 또한 팜나무는 생산 속도가 빠릅니다. 나무를 심은 지 평균 3년이면 열매를 얻을 수 있고, 그로부터 약 25 년 동안은 헥타르당 매년 약 4톤의 기름을 생산할 수 있습니다. 이 처럼 빠른 시간 내에 많은 생산량이 약속되니 큰 이윤을 낼 수 있습 니다. 이로 인해 많은 농가에서 콩과 옥수수 대신에 팜나무를 선택 하게 된 것입니다.

팜유는 산화 안전성이 우수하다

기름은 산소와 반응하게 되면 쉽게 산패[9]됩니다. 산패된 기름은 사 용할 수 없기에 대부분의 기름은 장기간 보관하여 사용하기가 매우 어렵죠. 하지만 팜유는 산소가 유입되어도 처음 성능을 그대로 유 지하는 산화 안정성[10]이 우수합니다. 따라서 장기간 보관하며 다양 한 식품 생산에 활용할 수 있어 경제적이고, 합리적인 선택지로 여 겨지고 있습니다.

....
9. 지방이 공기 속의 산소, 빛, 열, 세균 따위의 작용으로 여러 가지 산화물을 만드는 현상. 맛과 색이 변하고 불쾌한 냄새가 난다. 산패된 상태로 조리시 식품을 쉽게 상하게 할 수도 있다.
10. 공기 산화에 의한 성질 변화에 저항하는 성질. 공기 중에서 산화가 되어 기존에 가지고 있던 화학적 성질의 변화가 일어나면 활용에 장해를 일으키기 때문에 산화가 되더라도 사용에 해 가 되지 않도록 안전도는 중요하다.

팜유는 값비싼 고체지방을 대신할 수 있다

우리가 사용하는 식물성 기름인 식용유, 올리브유는 모두 액체 상태로 존재합니다. 반면, 고기 사이의 흰 지방과 같은 동물성 지방은 고체 상태를 유지하죠. 고체 지방은 우리가 즐겨 먹는 쿠키, 과자 등을 만들 때 사용되며 형태를 유지시켜 줍니다. 하지만 동물성 지방은 가격이 높아 값싼 상품을 대량 생산하기 위한 재료로 적합하지 않습니다. 팜유는 식물성 기름이지만 상온에서 반고체 상태를 유지하기에 저렴한 가격으로 동물성 지방을 대체할 수 있습니다.

팜유는 바이오연료로 활용할 수 있다

화석연료는 매장량이 한정적입니다. 그렇기 때문에 전 세계는 이를 대체할 연료를 찾으려 노력하고 있습니다. 미래 세대를 생각해서라도 지속가능한 대안을 발 빠르게 찾아야 합니다. 화석연료의 대안 중 하나로 떠오른 것이 바이오연료입니다. 바이오연료는 식물, 해조류, 동물의 배설물까지 자연 상태의 모든 부산물[11]을 통해 얻을 수 있는 에너지를 뜻합니다. 부산물을 이용하기 때문에 지속가능하며, 화석연료보다 탄소 배출이 적어 지구온난화에 미치는 영향도 적습니다. 그 결과 바이오연료인 바이오디젤[12]의 주원료로 팜유와 팜 부산물의 인기는 더욱 높아지고 있습니다.

....
11. 주산물(주된 생산물, 또는 생산하고자 목적한 대상)의 생산 과정에서 더불어 성기는 물건.
12. 식물성 기름이나 동물성 지방을 원료로 하여 만든 바이오연료로 바이오에탄올과 함께 가장 널리 사용되는 바이오에너지다.

우리나라도 바이오연료로 사용되는 팜유의 양이 크게 늘며 새로운 수요가 창출되었습니다. 과거에는 수입한 팜유를 식품, 생활용품 생산에만 활용했지만, 2012년부터 RPS[13]와 RFS[14] 등 에너지 제도 의무화에

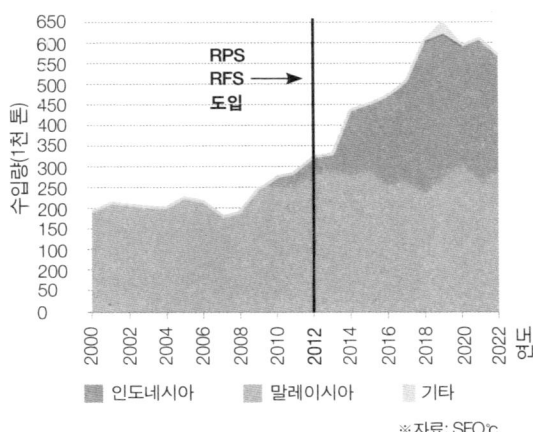

※자료: SFO'c

우리나라 팜유 수입 현황
우리도 과거 식품 및 생활용품 제조에만 팜유를 사용해지만, 2012년 산업통상자원부에 의해 신·재생에너지 지원정책 공급의무화제도, 연료혼합의무화제도가 도입되면서 바이오연료를 위한 팜유 사용량이 크게 늘면서 수입량도 함께 늘어났습니다.

따라 신재생에너지 원료로 팜유가 활용되고 있죠.

　다른 식물성 기름을 압도하는 장점을 앞세운 팜유의 인기는 좀처럼 사그라질 줄 모릅니다. 실제로 많은 경제학자는 앞으로도 팜유의 다양한 활용법이 발견될 것이며, 수요도 계속 증가하리라 예상합니다. 그렇게 된다면 팜 농장은 지구에서 지금보다 더 넓은 면적을 차지해야 합니다.

....
13. RPS(Renewable Energy Portfolio Standard)는 신재생에너지 공급의무화제도로, 일정 규모 이상의 발전 설비를 보유한 발전사업자가 총 발전량의 일정 비율 이상을 의무적으로 태양광, 풍력 등 신재생에너지를 사용해 전기를 생산하도록 한 제도로 2012년 1월 1일 실시되었다.
14. RFS(Renewable Fuel Standard)는 신재생연료 의무혼합제로 휘발유, 경유에 바이오 에너지를 의무적으로 혼합해 사용하도록 한 제도이다.

지속가능하지 않은 팜유의 불편한 진실

팜유의 수많은 장점을 능가하는 획기적인 대체재가 등장하지 않는 한 팜유 사용량은 계속 늘어나겠지요. 하지만 빛이 있으면 그림자가 존재하듯 팜유의 생산 과정에 가려진 이면을 들여다보면 불편한 진실이 하나둘 드러납니다. 지금부터 인기에 가려져 보이지 않던 팜유의 지속가능하지 않은 진실을 함께 살펴봅시다.

팜유는 생물다양성을 위협한다

생물다양성은 생태계 내의 다양성을 뜻합니다. 지구상 모든 생명체의 생존과 번영을 위해서는 다양한 생물이 공존하며 서로가 서로의 안전망이 되어야 하죠. 그중 열대우림은 세계 동식물의 약 3분의 2가 서식할 정도로 생물다양성이 풍부한 지역입니다. 하지만 팜 플랜테이션의 확산과 함께 울창한 열대우림이 속속 파괴되고 있죠. 팜나무를 기르기 위해 자연림 생태계가 무너지고, 먹이사슬의 고리도 끊어지면서 다양한 동·식물의 생존을 위협하고 있습니다.

팜 플랜테이션의 생물다양성은 자연림 대비 그 다양성이 1퍼센트에 미치지 못하며, 동물 다양성도 10~35퍼센트에 불과합니다. 팜유 생산으로 인해 405개 생물 종의 생존이 위태롭고, 이 중 193개 종은 오랑우탄처럼 멸종위기 상태로 고통받고 있죠.[15]

....
15. 정신영·송한새, 2023, 〈미션 실패: 친환경 팜유 인증으로 가릴 수 없는 산림파괴〉, 기후솔루션(SFOC). 재인용.

팜유 생산은 지구온난화의 원인이 된다

전 세계 팜유 재배 토지 면적은 1980년 약 200만 헥타르에서 2020년 약 2,900만 헥타르로 10배 넘게 늘어났습니다. 기술이 발달하며 단위 면적당 팜유 수확량은 증가했지만, 사용량이 훨씬 더 빠르게 늘어나다 보니 산림파괴가 끊이지 않습니다.

팜유 기업은 땅에 대한 개발권을 얻기 위해 고의로 숲에 불을 지르는 행위도 서슴지 않습니다.[16] 이 과정에서 지구온난화를 일으키는 대표적인 온실가스인 이산화탄소가 발생하죠. 나무는 광합성 작용으로 공기 중 이산화탄소를 흡수하여 내부에 저장합니다. 하지만 팜 농장으로 개간하기 위한 방화로 저장되어 있던 이산화탄소가 대기 중에 한꺼번에 방출되며 지구를 더 뜨겁게 만들고 있습니다.

또한 팜유 주산국 인도네시아와 말레이시아는 유기 물질이 오랫동안 퇴적되어 탄소 저장량이 높은 습지대인 이탄지[17]를 품고 있는 나라입니다. 이탄지는 일반 산림과 비교하여도 18~28배에 이르는 탄소 저장량을 자랑합니다. 하지만 이탄지는 이러한 생태적 장점에도 불구하고 인구 밀도가 낮아 거주자들의 저항을 해결하기 쉽다는 이유로 팜 농장으로 쉽게 개간되고 있습니다.

숲을 개간해 팜 플랜테이션을 만드는 건 단순히 나무의 종류만 바뀌는 것이 아니라 기후위기를 심화시키는 행위입니다.

....

16. 화재로 소실된 숲을 회복한다는 명목으로 팜 플랜테이션 개발 허가를 받는 편이 훨씬 쉽기에 고의로 내는 산불이 증가하고 있다.
17. 해안 습지, 배후습지(하천에서 멀어지며 유속이 느려지며 점토가 쌓이며 생기는 습지) 등에서 수생식물, 정수식물의 유해가 미분해되거나 약간 분해된 상태로 두껍게 퇴적된 토지다.

팜유 생산은 토착민의 권리를 침해한다

팜유 생산이 이루어지기 전 토착민들은 식량과 자원이 풍부한 숲에서 자급자족 생활을 유지하였습니다. 하지만 팜 플랜테이션으로 파괴된 숲은 이전처럼 그들에게 충분한 먹거리와 생활자원을 제공할 수 없습니다. 기업의 효율적인 이윤 추구를 위해 만들어진 팜 농장 때문에 정작 토착민의 삶의 터전은 극심한 토양 및 수질 오염에 시달리기 때문입니다. 플랜테이션 농장은 전염병으로부터 대규모, 단일 작물을 보호하고자 제초제, 농약 등 화학물질을 대량으로 사용합니다. 이렇게 오염된 땅에서는 농사를 통한 식량 확보가 어려울 수밖에 없으며, 수(水)생태계 역시 팜유 생산 공장에서 방류한 폐수로 오염돼 지역 공동체의 유지를 위태롭게 합니다.

팜유 산업은 노동자를 착취하는 구조로 운영된다

팜 플랜테이션은 노동자의 권리가 보장되지 않는 열악한 노동 현장입니다. 하지만 파괴된 숲 때문에 더 이상 자립이 어려워진 지역 공동체는 팜유 기업의 노동자 외에 다른 선택지를 찾기 어렵습니다. 인도네시아의 경우 팜유 공급망에서 1,600만 명의 노동자가 소속되어 있으며, 그중 378만 명은 플랜테이션에 근무합니다. 팜 농장에서 열매를 수확하는 노동자의 경우 하루 수확량을 채우지 못하면 급여를 받지 못합니다. 이러한 착취적 구조로 인해 아이들까지 동원되며 가족 구성원 모두가 함께 노동량을 채우는 것이 관행처럼 여겨집니다. 또한 여성 노동자의 경우 주로 죽음의 농약이라는 별명을 가진 맹독성 제초제인 그라목손[18] 같은 화학물질을 살포하는 일을 담당합니다. 하지만 노동자에게 그라목손의 유해성 정보는 제대로 제공되지 않으며 보호장비도 준비되지 않지요. 그러다 보니 그들은 거의 맨몸으로 유독성 화학물질에 반복적으로 노출되고 있습니다. 즉각적이고 직접적인 영향이 발현되지 않는 경우가 많아 그 위험성이 축소되지만, 노동자의 몸에 고스란히 쌓여가는 유독성 화학물질이 어떤 악영향을 미칠지 예상하기는 어렵습니다. 팜유는 지역의 토착민들에게서 그들의 터전인 숲만 빼앗은 것이 아니라 미래의 건강한 삶마저 빼앗고 있습니다.

팜유 생산이 지구에 미치는 영향을 알게 되었다면

실제로 팜유가 생산되는 지역의 공동체는 매년 화재가 발생해 숲을 잃고, 오염된 공기를 들이마시며 살아갑니다. 산불로 인해 학교와 공항이 문을 닫는 상황까지 닥쳤지만, 팜유 기업은 어떤 책임도 제대로 지고 있지 않습니다.

팜유가 친환경 자원으로 인정받기 위해서는 생산, 유통, 활용 과정에서 모두 지속가능해야 합니다. 하지만 우리가 목격한 팜유는 그 모든 과정에서 생태계를 파괴하며, 지구온난화를 가속화하고,

18. 인도네시아는 적절한 관리가 이루어진다는 전제하에 현재에도 '그라목손'을 사용할 수 있다.

나아가 인권을 침해합니다. 그렇다고 지금 당장 팜유 생산을 멈출 수 있을까요? 대체할 수 있는 뚜렷한 대안이 마련되더라도 무작정 팜유 생산을 멈출 수는 없습니다. 착취적인 생산 과정에 대한 근본적인 보호 정책과 지원이 이루어지지 않는다면 팜유의 상황은 다른 곳에서도 똑같이 반복될 테니까요.

하지만 이대로 문제를 지켜보기만 할 순 없습니다. 팜유가 지구에 미치는 영향을 알고 난 뒤 개인이 실천할 수 있는 일은 무엇이 있을까요? 먼저, 가공식품과 생활용품을 살 때 제품의 뒤에 적힌 원재료명 및 함량에서 '팜유'가 포함되어 있는지 살펴봅니다. 팜유가 포함되지 않은 '팜유 프리' 제품을 소비하려 노력하고 여기에 한발 더 나아가 기업이 팜유 생산을 위해 무분별하게 숲을 파괴하고 있지 않은지 날카롭게 감시할 필요가 있습니다.

오랑우탄은 다양한 나무들이 우거진 울창한 숲에서 가장 행복하게 살아갈 수 있는 숲의 사람입니다. 우리가 손쉽게 사 먹는 과자의 뒷면에는 숲을 잃고 고통받는 오랑우탄이 연결되어 있다는 사실을 잊지 말아야 합니다.

※자료: POFCAP, RSPO

해외의 팜유 관련 인증마크
호주에서 처음 팜유 프리 제품임을 인증하는 라벨링 제도(POFCAP)를 도입하였습니다(왼쪽). 또 팜유 프리는 아니지만, 지속 가능한 방식으로 팜유를 생산하기 위한 움직임의 일환인 RSPO(지속 가능한 팜유 생산을 위한 원탁회의) 인증 표시도 있습니다(오른쪽).

팜유는 친환경 연료일까요?

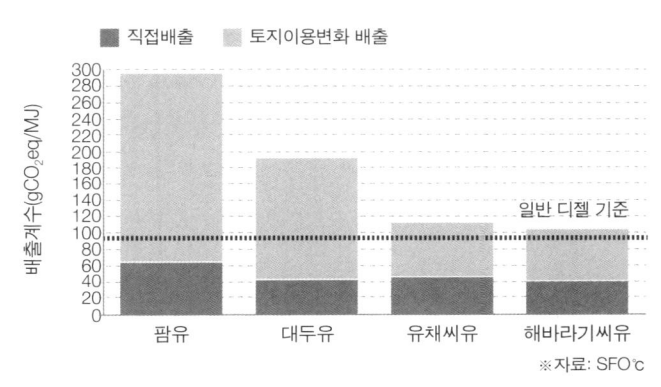

※자료: SFO℃

팜유의 온실가스 배출량

팜유 기반 바이오디젤의 온실가스는 일반 디젤과 비교해도 3배 이상이 배출됩니다.

팜유는 바이오 에너지의 원료로 쓰이면서 전 세계에서 소비량이 엄청나게 증가했습니다. 팜유는 화석연료와 같이 매장량이 한정적인 것이 아니니 환경과 인간 모두에게 지속가능한 연료가 될 수 있을 거라 생각했죠. 하지만 팜유는 정말 친환경 연료일까요?

팜유가 친환경 연료라는 인류의 기대와 달리 팜유의 생산·가공·유통 과정은 막대한 탄소를 발생시킵니다. 그래프를 통해서도 화석연료인 경유와 비교해 팜유 활용을 위한 과정에서 발생하는 온실가스 배출이 3배에 달한다는 것을 확인할 수 있습니다. 이러한 이유로 EU에서는 팜유를 2030년까지 바이오연료에서 퇴출하기로 하였습니다. 지속가능하다고 믿었던 팜유, 이제 우리는 진실을 마주해야 합니다.

지구도 우리만큼
고기를 좋아할까?

#햄버거 #육식 #공장식 축산 #동물권

햄버거 가격의 진실

지구의 미래와 관련된 먹거리 이야기 두 번째 주제는 **육식**입니다. 우리의 밥상을 한번 떠올려 봅시다. 아마도 고기가 빠지는 날을 찾기 어려울 것입니다. 우리는 소고기, 돼지고기, 닭고기, 양고기 등 여러 종류의 고기를 구이, 조림, 국 등 다양하게 조리해 먹습니다. 인류는 어쩌다 이토록 고기에 푹 빠지게 된 걸까요?

햄버거는 여전히 너무 싸다!?

세상에는 다양한 고기 요리가 있지만, 전 세계에서 가장 대중적으로 소비되는 것을 하나만 꼽으라면 '햄버거'가 아닐까요? 둥근 빵

사이에 고기 패티, 양상추, 토마토, 치즈 등을 끼워 갖갖의 소스와 함께 먹는 햄버거를 여러분도 자주 사 먹을 거예요.

패스트푸드의 대표주자로 꼽히는 글로벌 프랜차이즈 맥도날드는 전 세계에 37,000여 개의 매장이 분포되어 있습니다. '더 빠르고 간편하게!'를 앞세운 이 브랜드에서 하루 동안 소비되는 햄버거의 개수만 해도 어마어마합니다.[19] 하지만 우리는 햄버거를 맛있게 먹을 뿐, 햄버거가 지구 환경에 미치는 영향까지는 헤아리지 않죠.

햄버거의 가격은 물가 상승을 반영하며 점차 올랐지만, 환경에 미치는 부담을 고려한다면 여전히 터무니없이 저렴합니다. 만 원이 넘지 않는 햄버거 가격에 지구에 미치는 환경 부담금이 고려됐을 리 없으니까요. 이제부터 햄버거 하나를 시작으로 전 세계가 육식에 빠져든 변화가 환경에 어떤 영향을 미쳤는지 알아보려 합니다. 이야기가 끝날 때쯤에는 우리가 좋아하는 햄버거 하나가 지구에 얼마나 큰 비용을 치르는지 분명 깨닫게 될 것입니다.

햄버거 패티가 된 저렴한 다짐육

햄버거가 대중적인 음식으로 자리 잡은 것은 미국의 햄버거 프랜차이즈 산업과 축산업자들의 이해관계에서 비롯되었다고 할 수 있죠. 요즘은 비건을 위한 콩고기 패티도 있지만, 햄버거 하면 역시 다짐육으로 만든 고기 패티가 떠오를 것이에요. 축산업 초창기에는

....
19. 2017년 기준 대표메뉴 빅맥은 전 세계의 매장 약 3만 5천 개에서 13억 개가 판매되었다고 함.

도축 후 질이 떨어지는 고기를 어떻게 처리할지 몰라, 대부분이 버려지기 일쑤였습니다. 상품성이 낮다 보니 소비자에게 외면 당해 방치되다가 상하기도 했지요. 그래서 생각해낸 방법이 고기 상태나 신선도를 제대로 확인할 수 없게 잘게 갈아버리는 다짐육이었습니다. 그렇게 하니 싼값에라도 고기를 처분할 수 있었죠. 축산업자는 질이 낮은 고기도 최대한 팔아치울 수 있으니 이익입니다. 또한 프랜차이즈 기업도 저렴한 다짐육을 사용하면 생산 단가를 최대한 낮출 수 있으니 역시 이익이었죠. 그렇게 양쪽의 욕구는 톱니바퀴처럼 맞물렸습니다. 햄버거 패티가 된 다짐육은 프랜차이즈의 성장과 함께 날개 돋친 듯 팔려나갔습니다.

육식과 거리가 멀었던 인간의 식생활

현재 우리의 식생활만 돌아봐도 햄버거는 물론 삼겹살, 치킨 등 하루에도 엄청난 양의 고기가 소비됩니다. 그러다 보니 과거에도 지금처럼 육식 중심의 식습관을 유지해 왔을 거라고 생각할지도 모르죠.

하지만 과거의 우리 조상들에게 소나 말 등 가축은 노동력이며, 가정의 중요 재산이었습니다. 당시 조상들은 주로 농사를 지어 수확한 갖가지 채소와 곡식을 주식으로 삼았습니다. 동물을 기르는 이유도 농사일을 돕거나, 무거운 물건을 옮기는 이동 수단 등으로 활용하기 위한 것이었죠.

이는 서구사회도 마찬가지였습니다. 중세 시대 유럽의 식습관을 살펴보면 서민 대부분은 주식인 보리, 귀리, 호밀 등 곡식을 이용해 빵, 죽, 파스타 등을 만들어 먹었습니다.

그리고 무엇보다 육식은 매우 비효율적인 선택이었습니다. 고기를 먹으려면 많은 동물을 길러야 했는데, 이를 위해서는 가축을 기르는 땅과 가축을 먹일 엄청난 사료도 필요했습니다. 그러다 보니 고기는 신분이 높은 소수만 즐길 수 있는 귀한 식재료였죠. 그렇기 때문에 축산업이 중요 산업으로 성장하며 육류 가격이 크게 떨어진 20세기 중반까지 곡물 위주의 식습관을 계속 유지하였습니다.

육식 대중화를 이끈 역사적 사건

20세기 중반부터 현재에 이르기까지 그리 길지 않은 시간 동안 대체 무슨 일이 일어난 걸까요? 어떤 이유로 현대에 이르러 육식이 우리의 밥상을 점령하게 된 걸까요? 지금부터 육식 대중화의 길을 열어준 역사적 원인을 짚어보려고 합니다.

원인❶ 유럽 국가의 신대륙 발견

아메리카 대륙은 스페인의 시초인 에스파냐에서 여왕의 후원을 받아 인도로 항해를 떠났던 크리스토퍼 콜럼버스에 의해 처음 발견되었죠. 이곳은 무한한 가능성이 잠재된 땅이었고, 곧 유럽인들의 활동 무대가 됩니다. 특히 그들이 신대륙에서 처음 시작했던 산업은 아메리카 대륙을 거대한 축산 공장으로 만드는 것이었습니다. 유럽

내에서 산업 발달이 빠르게 이루어지며, 사람들의 생활 수준이 전반적으로 높아졌고, 그와 함께 귀족들의 전유물 같던 고기를 찾는 이들이 많아졌기 때문입니다. 유럽에서는 날로 치솟는 육식 수요를 따라잡기 위해 숲이 목초지로 잇따라 개발되면서 얼마 남지 않은 숲마저 사라지던 참이었습니다. 반면 드넓은 아메리카 대륙은 많은 가축을 기르기에 최적화된 조건을 갖추고 있었습니다. 그들은 빠르게 신대륙으로 소를 이주시켰고, 실제로 축산업은 아메리카 대륙의 국가 핵심 산업으로 성장했습니다.

원인❷ 아메리카 대륙의 철도 개통

육류는 신선도를 유지하는 것이 가장 중요한 상품입니다. 교통수단이 발달하지 않았을 때는 도축된 고기가 빠르게 유통되지 못했기 때문에 지역별로 형성된 소규모 시장에서 벗어날 수 없었죠. 하지만 철도가 개통되면서 많은 것이 달라집니다. 멀리 떨어진 지역까지 빠르게 고기를 유통할 수 있는 길이 열린 거죠. 자연스럽게 육가공 산업의 성장으로 이어졌고, 그 결과 대규모 축산 시스템의 기틀이 마련되었습니다.

이후 축산업에서 가축을 기르고 도축하는 과정이 거대한 공장처럼 자동화되며 **공장식 축산**이라는 새로운 용어가 탄생합니다. 그 뒤 소고기 생산 비용이 눈에 띄게 절감되어 가격은 이전과 견줄 수 없을 정도로 저렴해졌습니다. 값싸게 고기를 살 수 있게 된 소비자들은 더욱 빠르게 육식 문화의 세계로 빠져들게 되었습니다.

동물의 권리를 침해하는 공장식 축산업

공장식 축산 덕분에 대중 역시 훨씬 싼 값에 고기를 풍족하게 즐길 수 있게 되었으니 모두에게 행복한 결말이라고 생각할지 모릅니다. 과연 그럴까요? 이미 20세기 초 육식 문화의 확산에 강한 윤리적 의문을 제기한 작가가 있었습니다. 업튼 싱클레어(Upton Sinclair, 1878~1968)는 1906년에 그의 소설 《정글(The Jungle)》[20]을 통해 아메리칸드림을 쫓아간 리투아니아 이민 가족의 비극적인 가족사와 함께 1900년대에 성행했던 미국 도살장의 비위생적이고 비윤리적인 환경 실태를 적나라하게 담아내며 공장식 축산의 문제점을 세상에 알립니다.

이 작품을 보면 매일 화물차에 실린 소들이 밤새도록 도살장에 들어옵니다. 그렇게 우리를 가득 채운 소들은 매일 아침이면 어느새 사라지고, 도살장은 텅텅 빈 장면이 묘사됩니다. 작가는 공장식 축산에 대한 사실적인 표현으로 다음의 내용을 고발합니다. 하나는 인간의 식사를 위해 수만 마리의 동물이 비위생적이며 폭력적인 방법으로 길러지는 공장식 축산의 잔혹함에 대한 고발입니다. 다른 하나는 최소한의 비용으로 최대 이익을 얻기 위해 자행되는 착취적인 노동 구조에 대한 고발이었죠. 당시 소설이 묘사한 현실에 대중은 분노했고, 축산 시스템의 전반적인 개선을 요구했지만, '최소 비

....

20. 20세기 초 미국 도살장의 실상을 그린 폭로 소설로, 당대 미국 정부 산업의 부패함을 폭로하였다. 그 결과 식품 의약품 위생법과 육류 검역법 등이 제정되는 게 일조했다.

용 최대 이익'이 목표인 시장에서는 받아들여지지 않았습니다.

안타깝지만, 지금도 축산 구조는 큰 변화 없이 유지되고 있습니다. 여러분은 우리의 식탁에 오르는 고기가 어떻게 길러지고 있는지 얼마나 알고 있나요? 육식을 떠올리면 가장 먼저 생각나는 돼지와 닭의 삶을 조금 더 자세히 들여다봅시다.

돼지는 더럽다는 고정관념과 달리 무척이나 청결을 중시하는 동물입니다. 정해진 곳에 용변을 보고, 진흙으로 샤워하여 굳어진 흙과 함께 진드기 등을 제거합니다. 이렇게 깔끔한 동물인 돼지는 공장식 축산에서 충분한 공간을 제공받지 못합니다. 몸을 돌릴 수도 없이 오직 앉았다 일어나는 것만 가능한 작은 '스톨' 안에서 평생을 살아가죠. 이러한 환경은 돼지에게 큰 스트레스가 되고, 스트레스가 심한 돼지는 다른 돼지의 꼬리를 무는 이상행동을 합니다. 따라서 많은 농가에서는 태어나 얼마 되지 않은 돼지를 마취도 하지 않은 상태에서 꼬리를 잘라버리기도 합니다.

닭의 상황 역시 비슷합니다. 알을 낳는 산란계를 기르는 농가에서 수평아리는 알을 낳지 못한다는 이유로 태어나자마자 분쇄기에 갈려 바로 도살됩니다. 분쇄기 신세는 면했지만, 암평아리의 삶도 크게 나을 바 없습니다. 그들은 A4용지보다도 좁은 케이지로 옮겨져 다닥다닥 붙어 평생을 살아갑니다. 영역을 나눠 생활하는 닭은 좁은 케이지 안에서 극심한 스트레스로 서로를 쪼는 행동을 보이기 때문에 이를 미리 방지하기 위해 부리가 잘리기도 합니다.

육식 소비의 대부분은 도시에서 이루어지지만, 축산 농가는 사람들 눈에 잘 보이지 않는 도시의 외곽에 위치합니다. 우리는 두 눈으로 닭과 돼지의 삶을 들여다볼 수 없죠. 그렇기에 더 쉽게, 죄책감 없이 육식을 지속합니다. 하지만 생명을 지닌 존재를 상품으로만 여기며 착취하는 구조는 비판적으로 살펴야 합니다. 모든 생명이 자신이 원하는 삶을 계획하고 영위할 수 있는 세상이 지속가능하다는 사실을 기억해야 하죠. 육식을 위해 일어나는 죽음에 관심을 기울인다면 더는 햄버거를 가벼운 간식으로 바라볼 수 없을 것입니다.

육식으로 기울어진 식탁이 지구에 미치는 영향

우리나라 국민의 1인당 연간 육식 소비량은 꾸준히 증가했습니다. 농림축산식품부 통계에 따르면 1970년 1년간 한 사람의 육류 소비량은 5.3킬로그램 정도에 불과했다고 합니다. 하지만 50년이 지난 2020년에는 54.3킬로그램으로 무려 10배 가까이 소비량이 증가했습니다(38쪽 상단 그래프 참조).

급기야 2022년부터 우리나라의 육식 소비량이 주식인 쌀 소비량을 앞지르기에 이르렀습니다(38쪽 하단 그래프 참조). 밥 대신에 선택할 수 있는 빵, 면 등 밀가루 소비가 증가하며 쌀에 대한 소비는 상대적으로 줄어든 반면, 육식의 소비량은 꾸준히 늘었기 때문입니다. 비단 우리나라뿐만 아니라 전 인류의 식습관이 빠르게 육식으로 기울며 지구에 미치게 된 영향을 알아봅시다.

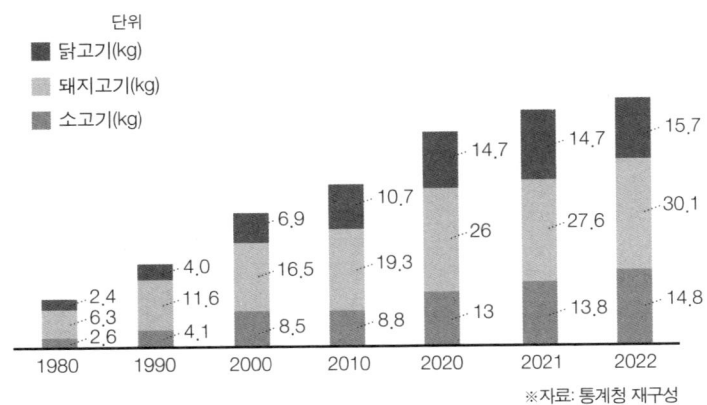

※자료: 통계청 재구성

우리나라 연간 1인당 육류 소비 추이[21]

1980년대에 1인당 연간 11.3킬로였던 고기 소비가 계속 증가해 어느덧 60킬로그램 이상에 이르렀습니다.

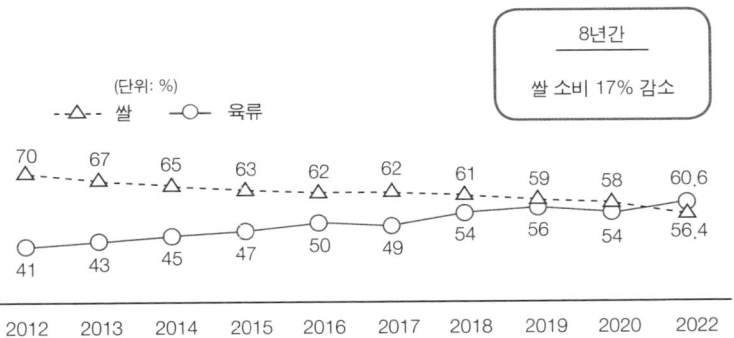

육류와 쌀의 1인당 연간 소비량 추이[22]

육류 소비는 2010년 이후에도 꾸준한 증가세인 반면, 쌀소비는 감소하다가 2022년부터는 육식 소비가 쌀 소비를 역전하게 되었습니다.

······················

21. https://kosis.kr/statHtml/statHtml.do?orgId=101&tblId=DT_1ZGA5C
    http://www.kmta.or.kr/kr/data/stats_spend.php
    https://www.jaturi.kr/news/articleView.html?idxno=21300
22. http://mhdata.or.kr/bbs/board.php?bo_table=society&wr_id=233

심각한 기후위기를 야기한다

전 세계 육상 생물 중 포유류의 60퍼센트 이상은 인간이 먹기 위해 사육하는 가축, 즉 식용 동물이 차지하고 있습니다.[23] 가축을 기르려면 사육할 땅뿐만 아니라 사료를 생산할 땅도 필요하지요. 이러한 이유로 세계적인 고기 수출국 브라질에서는 육식을 위해 아마존이 파괴되고 있습니다. 현재 아마존에서는 의도적인 산불로 숲을 태우고, 그 땅의 65퍼센트를 방목장으로 활용하고 있습니다. 숲은 이산화탄소를 흡수하고 산소를 배출하는 지구의 허파입니다. 하지만 육식을 위해 숲이 사라지며 이산화탄소 흡수량도 줄고, 의도적인 산불로 인해 더 많은 온실가스가 배출되고 있습니다.

공장식 축산은 사료 재배, 사료 가공, 비육, 도축, 운송, 판매, 폐기 등 전 과정에서 온실가스를 배출합니다. 이렇게 배출된 탄소는 전체 탄소 배출량의 14.5퍼센트에 달합니다.[24] 또 소와 같은 반추동물의 경우 트림과 방귀, 미생물에 의해 분뇨가 처리되는 과정에서도 메탄과 이산화질소가 발생합니다. 메탄의 경우 이산화탄소의 21배, 이산화질소는 약 310배 높은 온실효과를 냅니다.

이처럼 육식은 기후위기의 주된 원인이지만 '축산업 탄소 배출 외주화'[25]로 정확한 배출량을 측정하기 어려워 그 영향이 축소되고

....

23. 곽은영, 〈밥상 위의 탄소 ① 채소 더 먹으면 탄소 배출 줄어든다?〉, 《그린포스트코리아》, 2021.06.10.
24. 주석 23과 동일.
25. 축산업 탄소 배출 외주화: 축산업이 국내에서 이루어지지 않고 해외에 의존하는 경우가 많아 배출량이 축소되는 현상. 사료, 육류 수입을 통해 축산으로 인한 국내 탄소 배출량은 축소하고, 해외에 육류 생산 및 유통 과정으로 발생하는 탄소 배출량을 전가한다.

있죠. 우리나라의 경우 30퍼센트의 육류와 90퍼센트 이상의 가축 사료를 타국에서 수입하고 있습니다.[26] 그 결과 육식으로 발생하는 온실가스에 대한 책임을 타국의 수입에 의존하며 축소할 수 있어 국제적인 문제로 여겨지고 있죠. 앞으로도 육식의 소비가 줄지 않는다면 뜨거워지는 지구를 막을 길은 없습니다.

인수공통 감염병 발병 위험률을 높인다

공장식 축산은 비인간 동물과 인간 사이의 거리를 좁혀 코로나19와 같은 인수공통 감염병 발병률을 높입니다. 비위생적인 공장식 축산 환경은 다양한 질병의 원인이 됩니다. 폐결핵, 크론병, 광우병, 구제역, 폐렴형 흑사병은 동물에서 기인한 질병입니다. 밀집 사육으로 인해 동물에게 과도한 항생제 투여가 이루어져 변이된 박테리아 문제도 무시할 수 없습니다. 의약품에 내성이 있는 각종 질병이 만들어지며 앞으로 찾아올 질병을 예방하기는 더욱 어려울 것입니다.

인류의 기아를 심화시킨다

3년 동안 공장식 축산을 조사하여 《동물을 먹는다는 것에 대하여》를 쓴 조너선 사프란 포어는 우리가 놓친 축산업의 문제점을 전합니다. 그는 이 책에서 동물에게 먹일 사료를 마련하기 위해 곡물을 재배할 수 있는 땅의 59퍼센트를 사용하고, 인간이 쓸 수 있는 담수

....
26. 김다은, 〈'육식=기후악당?' 근거가 왜 이렇게 다른가 봤더니〉, 《시사IN》, 766호, 2022.05.23.

#음식이_아니라_#폭력입니다!

3분의 1은 가축 사육에 사용된다고 밝혔죠.

공장식 축산은 언뜻 빠르고 효율적으로 보이지만, 이에 부합하는 식량 생산 방식이 아닙니다. 단적인 예로 1킬로그램의 닭고기를 생산하기 위해서 무려 3.2킬로그램의 사료가 필요하기 때문이죠. 같은 양의 식량을 육식 형태로 확보하기 위해서는 그보다 수배에 달하는 가축 사료 생산이 필요하다는 뜻입니다. 가축 사료를 생산하는 땅에 처음부터 인간이 먹을 작물을 기른다면 오히려 기아 문제에 희망적인 대안을 마련할 수 있습니다. 지금처럼 육식 중심 식습관을 지속한다면 인류의 기아 문제는 해결될 수 없습니다.

햄버거 하나가 미치는 환경 부담은?

기업의 제품 생산이나 서비스 활동에서 환경에 대한 영향을 고려하여 소요된 비용을 환경 비용이라 합니다. 앞서 소개했던 햄버거가 값싼 이유는 환경 비용이 반영되어 있지 않기 때문입니다. 오른쪽 (43쪽 참조) 그림을 함께 살펴보면서 햄버거 하나가 발생하는 환경 부담을 자세하게 알아봅시다.

환경 자료 지표 중 '물 발자국'이라는 용어를 들어 본 적 있나요? 이는 어떤 상품의 생산, 사용, 폐기 등 전 과정에 쓰이는 물의 총량을 의미합니다. 우리가 먹는 많은 음식은 식탁에 오르기까지 지구에 물발자국을 남깁니다. 사과 1개가 70리터, 계란 1알도 200리터

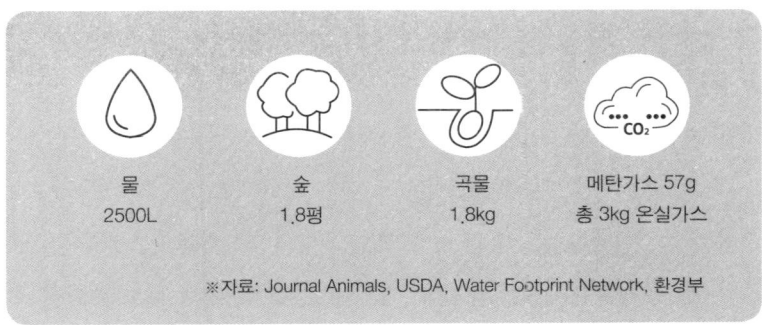

햄버거 하나를 위해 소비되는 자원과 환경 오염

| 물 2500L | 숲 1.8평 | 곡물 1.8kg | 메탄가스 57g 총 3kg 온실가스 |

※자료: Journal Animals, USDA, Water Footprint Network, 환경부

햄버거 하나를 생산하는 데는 물과 숲, 곡물이 쓰이며, 메탄가스 같은 온실가스가 발생합니다. 햄버거의 가격에는 환경에 미친 비용이 포함되어 있지 않습니다. 햄버거 패티 한 장을 위해 사용되는 곡식, 물, 땅, 발생하는 온실가스 등의 비용을 두루 생각한다면 햄버거 하나의 값은 너무 저렴합니다.

의 물발자국을 남깁니다. 하지만 햄버거의 물 발자국은 무려 2,500 리터에 달합니다. 지구 한쪽에서는 최소한의 마실 물이 부족한 상황임에도 육식은 막대한 물 소비를 멈추지 않습니다.

물뿐만이 아닙니다. 햄버거를 만들기 위해 파괴되는 자원도 만만치 않습니다. 햄버거 1개를 위한 소고기 패티를 얻기 위해 약 6제곱미터(1.8평)의 숲이 사라집니다. 게다가 햄버거 하나를 기준으로 계산하면 패티를 생산하려 기르는 소를 위해 곡물 사료 약 1.8킬로그램이 필요합니다.

또 반추 동물인 소가 소화하는 과정에서 배출하는 가스나 트림 등에서 발생하는 메탄가스는 햄버거 1개(소고기 약 110그램)당 57그램입니다. 여기에 소의 분뇨, 사료 재배, 운송 과정 등에서 발생하는 온실가스까지 더한 총합을 구해 보면 햄버거 1개당 약 3킬로그램에 달합니다. 밥 한 공기의 온실가스가 0.7킬로그램인 것과 비교하면 지구에 미치는 영향이 얼마나 큰지 알 수 있습니다.[27]

우리는 한 손에 쥘 수 있는 100그램 남짓의 작은 햄버거로 시작해서 육식 중심 식습관이 환경에 미치는 영향에 대해 살펴보았습니다. 누구에게나 맛있는 음식을 먹을 권리가 있습니다. 하지만 인간의 식사를 위해 사라지는 숲과 행복을 누리지 못한 채 죽어가는 동물에 대해서는 도무지 가격을 매길 수 없습니다. 자, 이제 마지막으로 다시 생각해 봅시다. 햄버거의 가격은 정당한가요?

....
27. http://realfoods.co.kr/view.php?ud=20180220000789 참조 재구성.

먹거리 다양성은
왜 중요할까?

03

#농업혁명 #식량 품종 개량 #식량 안보 #기후위기

하나의 감자를 선택한 대가

지구를 위한 먹거리 이야기 세 번째 주제는 **다양성**입니다. 지구를 위해서는 다양한 먹거리가 필요할까요? 반대로 다양하지 않아도 수확량이 좋은 먹거리를 개발하여 경제적 부담을 줄여야 할까요? 생물다양성은 지구에 다양한 생물종이 존재하고, 이들이 생태계 내에서 복잡한 그물망처럼 연결되어 있다는 걸 의미합니다. 식탁에 오르기 전 우리의 먹거리는 생태계 그물망 속에서 중요한 부분을 차지했겠죠. 생태계는 서로 긴밀히 연결되어 있는 만큼 하나가 사라지면 전체에 큰 영향을 미칩니다. 따라서 지금부터 먹거리의 다양성이 얼마나 중요한지 하나씩 살펴봅시다.

아이리시 럼퍼를 선택한 아일랜드 농부들

1845년 아일랜드의 초여름은 다른 해보다 습도가 높은 남풍과 함께 많은 비가 내렸습니다. 하지만 사람들은 이런 이상기후를 대수롭지 않게 여겼습니다. 그저 올해 유난히 습하다고 생각했을 뿐, 이것이 일상에 어떤 결과를 가져올지 미처 예상하지 못했죠. 그 시기 아일랜드는 영국의 식민 지배 아래 있었습니다. 토지 대부분이 영국인의 소유다 보니, 아일랜드 농부들은 농사지어 수확한 귀리와 밀 같은 곡식 대부분을 영국으로 보내야 했습니다.

그래서 아일랜드 농부들은 지주 소유가 아닌 다소 척박한 땅에서 자신들이 먹을 작물을 길렀습니다. 그 상황에서 그들이 선택한 작물은 감자였습니다. 재배면적 대비 수확량이 많고, 적응력도 뛰어났으니까요. 열량과 영양분이 모두 풍부한 감자는 아일랜드의 기근을 막는 주요 식량으로 자리 잡았습니다.

농가의 이익이 조금씩 늘어나며 감자 경작지도 함께 늘어났습니다. 다만 하나 걸리는 것은 농가의 선택이 아이리시 럼퍼라는 품종 하나에 집중된 점입니다. 아이리시 럼퍼는 유전자 변이[28]가 낮아 다양한 환경 변화에 적응하기가 쉽지 않습니다. 그래도 아일랜드에서는 그들이 선택한 감자가 오랜 시간 적응을 마쳐 큰 문제가 없을 거라 믿었죠. 감자잎마름병이 대유행하기 전까지는 말입니다.

....
28. 유전자의 변화, 유전자의 조합 변화, 염색체의 변화, 염색체 수의 변화 등 유전적으로 변화가 생기는 형질의 변이로 자손에게 유전한다. 자연 상태에서도 일어나지만, 인위적 조작을 일으켜서 생물의 개량에 이용할 수 있다.

감자잎마름병의 습격

비슷한 시기에 북미 전역은 이미 여러 해 동안 감자잎마름병이 유행했습니다. 유럽의 경우 여름에도 습도가 높지 않고 온난한 기후 덕분에 감자잎마름병의 영향을 피해 갈 수 있었죠. 하지만 1845년의 여름은 다른 해와 달랐습니다. 초여름 유럽 전역에는 10주 가까이 비가 그치지 않았습니다. 그로 인해 90퍼센트에 달하는 높은 습도가 지속되며 감자잎마름병은 유럽 전역에 빠르게 퍼지기 시작했습니다. 밭고랑마다 병균의 포자가 증식했고, 병든 감자가 고랑에 그대로 방치되며 포자 이동은 더욱 빨라졌습니다. 심지어 멀쩡히 수확해 창고에 쌓아 두었던 감자에도 병균이 옮아 먹어보지 못한 채 대부분이 썩어갔습니다.

유럽 다른 국가들은 감자 외에도 다양한 작물을 재배하고 있었기에 그해의 이상기후를 견뎌낼 수 있었습니다. 하지만 아이리시 럼퍼라는 단일 품종 감자가 거의 유일한 식량이나 마찬가지였던 아일랜드는 감자잎마름병의 직격탄을 맞았습니다. 아일랜드의 비극은 한해의 기근으로 끝나지 않았습니다. 무려 5년 동안 기근이 계속되며 백만 명 이상이 굶어 죽거나, 전염병으로 죽는 비극적인 결말을 맞았죠.

당시 농부들은 척박한 땅에서도 잘 자라는 '아이리시 럼퍼'가 매우 합리적인 선택이라 생각했을 것입니다. 배고픔에서 벗어나려는 목표를 달성하는 데 수확량이 우수한 품종보다 좋은 것은 없었을 테니까요. 그러나 그저 많은 생산량을 위해 단일 종 감자를 심은 아일랜드의 참혹한 결말은 우리 미래에 시사하는 바가 적지 않습니다. 지구온난화로 기후변화가 빨라지며 지금 우리도 잇따른 이상기상현상을 경험하고 있으니까요. 이런 갑작스러운 변화가 우리의 먹거리에 어떤 결과를 가져올지는 쉽게 예측할 수 없습니다.

인류는 항상 더 많은 먹거리를 생산하기 위해 '더 많이, 더 빨리'를 최선의 가치로 추구해 왔습니다. 그렇기에 더욱 우리는 아일랜드 대기근의 교훈을 마음 깊이 새겨야 합니다. 한 종류의 작물로 아무리 많은 양을 수확할 수 있다고 해도 그것만으로는 절대 풍요를 보장할 수 없다는 것을요. 모두를 위해 우리의 먹거리는 **더 다양하게** 변해야 합니다.

ⓒ위키미디어

아일랜드 대기근을 묘사한 <기근> 동상
더블린항구 초입에 있는 이 동상은 아일랜드를 덮진 대기근을 묘사한 것입니다. 품종 단일화가 계속되어 생태계 다양성이 훼손된다면 우리에게도 닥칠 수 있는 미래입니다.

비슷해진 밥상 위에 울리는 비상 신호

현재 우리는 과거와 비교해 훨씬 다양한 식생활을 누리고 있다고 여깁니다. 과거 우리나라의 식생활은 '한식'이 대부분이었지만, 지금은 훨씬 더 다양한 음식을 먹을 수 있다고 생각하니까요. 동네 마트만 가도 태국산 망고, 멕시코산 아보카도 등 외국 식자재를 어렵지 않게 구할 수 있습니다. 또 거리에는 다국적 식당이 즐비하지요. 지금은 과거와 달리 세계 어디에서든 입맛에 따라 다양한 음식을 소비할 수 있습니다. 그렇다면 앞서 걱정한 기후위기 시대의 식량 다양성은 이미 확보된 게 아니냐며 반문할지도 모릅니다.

하지만 식탁 위 우리가 소비하는 먹거리의 다양성은 생물다양성의 관점에서 바라보아야 합니다. 우리의 식탁이 아무리 알록달록한 다국적 식재료와 음식으로 차려졌다 해도, 정말로 다양성이 보장되어 있을까요? 예를 들어 우리가 쌀을 주식으로 밥을 지어 먹는다면 다양한 '종'의 벼가 존재하는지, 같은 종 안에서도 '유전자' 변화가 얼마나 다양하게 일어나고 있는지를 함께 고려해야 합니다.

지구에서 국가 간 물리적 거리는 예나 지금이나 그대로입니다. 하지만 교통과 통신의 발달로 인해 국가 간의 심리적 거리는 상상할 수 없을 만큼 가까워졌습니다. 비행기를 타면 하루 만에 해외로 출장을 다녀올 수 있고, 세계 어디를 가도 맥도날드 햄버거와 스타벅스 커피를 마실 수 있습니다. 문제는 어느새 각 국가의 국경 안에 고유했던 생물다양성도 전 세계의 좁아진 심리적 거리만큼이나 한데 섞여 흐려졌다는 점입니다. 전 세계의 입맛이 비슷해지며 식탁 위 생물다양성에는 심각한 비상 신호가 울리고 있습니다.

인간 중심적 사고에 획일화된 먹거리

인류의 기나긴 역사를 돌아보면 생존을 위해 가장 우선시된 조건은 '먹거리'였을 것입니다. 인류는 자신의 생존, 더 나아가 종을 위해 더 많은 먹거리를 확보하는 노력을 게을리하지 않았습니다. 지금부터 자연적으로 충분한 먹거리를 확보할 수 없었던 인류가 행했던 시도를 살펴보려 합니다. 더불어 당시에는 예상하지 못했지만, 그들의 시도가 지구에 끼친 영향도 함께 알아봅시다.

인류, 농사를 시작하다

먹는 행위는 모든 동물의 생명 유지에 필수적인 행위입니다. 인류의 초기 동굴 벽화나 유물을 해석하면 채집, 사냥에 관한 기록이 유난히 많은 이유도 먹고 사는 일이야말로 당시 그들의 삶에서 가장 중요한 과업이었기 때문일 것입니다. 수렵 채집으로 살아남기 위해 인류는 함께 모여 사는 공동체 생활을 선택했습니다. 그들은 후손을 성장시키기 위해 역할 분담이 필요했고, 서로의 돌봄에 의지해야 했기 때문이죠.

하지만 공동체 생활만으로는 충분한 식량 확보에 대한 걱정을 모두 해결하지 못했습니다. 큰 사냥에서 성공했더라도 내일의 결과를 알 수 없으니 마냥 풍요롭게 먹을 순 없었습니다. 또한 언제든지 이동을 하기 위해서 많은 음식을 저장할 수 없었으니 불안을 떨칠 수 없었죠. 이 문제를 해결하기 위해 인류는 농사를 통해 먹거리를 인간의 통제하에 두며 적응시키게 되었습니다.

농사의 시작은 기후변화 덕분에 가능했습니다. 지금으로부터 약 1만 년 전, 롤러코스터처럼 변화무쌍한 기온에서 벗어나 온화한 간빙기에 들어섰습니다. 이 시기를 '완전히 새로운'이라는 뜻의 홀로세(Holocene)라 부릅니다. 홀로세부터 인류는 기후의 일정한 리듬에 적응하기 시작했죠. 이렇게 기원전 7,000년 경 한곳에 정착해 필요한 먹거리를 기르는 농사가 시작되었습니다. 농사는 떠돌이 공동체를 정착 생활로 이끌었지만, 쉬운 일이 아니었습니다. 자연적으로 자라던 식물과 동물을 통제하며 인간의 생에 적응시켜야 했기 때문이죠. 안정적인 기후의 홀로세에도 작물을 기르기에 자연의 변덕은 치명적이었습니다. 그 결과 일정한 양의 식량 수확을 위협했기에 인간은 또 다른 시도를 해야 했습니다. 기후의 변덕에도 대비할 수 있게 더 많은 수확량을 얻을 방법을 고민한 거죠.

인류, 식량 품종을 개량하다

농사를 지으면서 인류는 드디어 여유 생산물을 갖게 됩니다. 수렵과 채집에 의존하던 시기에는 기대할 수 없었던 일이었죠. 여유 생산물이 생기니 인구가 폭발적으로 증가했습니다. 늘어난 인구를 먹여 살리기 위해서는 농업 생산량을 획기적으로 늘려야 했습니다. 그 결과 한정된 자원을 활용해 많은 생산량을 수확할 수 있는 고효율 품종에 대한 요구가 늘어납니다. 1860년대 부모의 형질[29]이 자손에게 전해지는 유전 현상의 규칙성을 밝힌 멘델의 유전법칙이 발표되며 식량 종자 연구는 활기를 띠게 됩니다. 멘델의 유전법칙은 인류가 원하는 생산량에 도달할 수 있는 품종을 개량할 이론적 뒷받침이었습니다. 유전자를 조작해 많은 수확량을 낼 수 있는 종자를 인위적으로 만들게 되었죠.

그 뒤 1940년부터 본격적으로 품종을 개량해 식량 생산량을 극대화하려는 녹색 혁명이 시작되었습니다. 당시 멕시코의 녹색 혁명 아버지라 불리는 노던 볼로그(Norman E. Boralaug)를 시작으로 식량 유전 연구가 진행되었죠. 그들은 수확량을 증대할 수 있는 농사법과 비료를 도입하여 주식이었던 밀 개량을 시도했습니다. 그 결과 알곡을 많이 매달리게 만들면서도 알곡 무게로 줄기가 쉽게 꺾이지 않도록 짧고 강한 줄기로 밀의 품종 개량에 성공했죠.

이 성과로 개량종은 전 세계 식량 생산을 점유하게 되었고, 각 국가에서 기르던 다양한 토종 품종은 경쟁에서 자연스럽게 밀려났습니다. 가장 효율적인 작물 종자가 개발되니 세계 어디를 가도 키가 작고 알곡을 잔뜩 매단 같은 종의 밀을 만나게 된 거죠. 종자 개량 연구는 그 뒤 다양한 종자에 걸쳐 진행되었고, 전 세계의 다양한 품

....
29. 형질: 어떤 생명체가 가진 모양이나 속성을 지칭하는 말. 대개는 그 모양이나 속성이 유전자 활동으로 생긴 경우에 형질이라는 말을 쓰며, 유전형질이라고도 한다.

안녕하면 좋겠어!

종을 생존경쟁에서 밀어내는 결과를 가져옵니다. 하지만 혁신을 위한 인간의 시도는 종자 개량에서 멈추지 않았습니다.

인류, DDT를 발명하다

DDT는 접촉만 해도 곤충의 신경계를 마비시키는 매우 강력한 살충제입니다. 곤충의 신경세포에 작용하여 나트륨이 세포막을 이동하는 것을 막아 버림으로써 살충효과를 냅니다. DDT는 녹색 혁명과 비슷한 시기에 인류의 건강과 작물을 해치는 곤충을 없애려는 목적으로 등장했습니다. 말라리아와 콜레라와 같이 많은 사상자를 냈던 전염병 예방에도 효과가 있다 보니 눈에 띄게 발병률을 낮출 수 있었습니다.

DDT는 뛰어난 살충효과 덕분에 엄청난 인기를 누립니다. 인류에게 위협이 되는 모든 해충을 박멸해 줄 구원자처럼 여겨졌지요. 우리나라도 1960년대까지만 해도 이, 빈대, 모기 등을 잡는 특효약처럼 여겨지면서 미군에 요청해 DDT를 공중 살포하기도 했습니다. 심지어 몸에 붙은 이를 죽이기 위해서 사람 몸에 직접 DDT를 뿌려 소독하기도 했지요. 살충효과가 뚜렷해 사용량은 매해 증가하며, 가구를 만들 때 함유하는 등 일상적 사용도 함께 늘었습니다. 그 시절 DDT는 인간의 건강과 풍요를 위한 최고의 조력자로 여겨졌습니다.

하지만 1962년 레이첼 카슨의 《침묵의 봄》에 의해 DDT의 위험성이 대중에게 알려지게 됩니다. 농산물을 생산할 때 토양에 살포되었던 DDT가 그대로 작물에 잔류하며 인류의 몸에 축적된다는 내용은 당시 대중에게 큰 충격을 안겨주었습니다. 지속적인 DDT 사용이 인간 및 생물체의 생식 능력을 떨어뜨려 생물의 개체수에 영향을 미치는 거죠. 해충을 박멸하여 생산량을 더욱 늘리고자 했던 시도가 결국 인간에게도 치명적인 결과로 돌아온 셈입니다.

인류는 무리를 지어 농작물을 재배하기 시작한 순간부터 지금에 이르기까지 더 많은 식량을 안정적으로 확보하기 위해 꾸준한 시도를 하고 있습니다. 그런데 모든 생각의 중심에 오직 '인간'만 자리할 뿐, 생태계에 존재하는 수많은 존재는 고려되지 않습니다. 효율적으로 많은 먹거리를 얻기 위해 생명을 통제하는 인간 중심적 사고는 다양한 식량을 획일적으로 변화시켰습니다.

식량이 무기가 되는 시대

오늘날 우리나라는 출산율 급감과 함께 인구소멸 위기까지 거론되고 있죠. 하지만 지구 전체를 놓고 본다면 아직 세계 인구는 꾸준히 증가하고 있습니다. 1960년대에 30억 명이었던 세계 인구는 2012년에 75억, 그리고 2020년 기준으로 이미 80억 명에 달했지요. 인류학자들은 2050년에는 인구수가 100억 명에 달하리라 예측합니다. 인구 증가는 식량 생산량 증가가 필수적으로 뒷받침되어야 합니다. 이에 대한 대비는 잘 되고 있을까요?

소수의 개량종에 점령당한 종자 시장

현재 종자 시장은 고효율을 자랑하는 소수 개량종이 점령하고 있습니다. 과거에는 밀 하나만 하더라도 수백만 품종이 존재했고, 세계 곳곳에서는 각 지역의 풍토에 따라 다양한 종이 재배되던 것과는 대조적입니다. 품종이 획일화되면서 식량 다양성은 매우 단순해졌습니다. 종자의 우수한 품질을 그대로 유지하기 위해 개량종의 유전자 변이성을 낮췄기 때문이죠. 매해 같은 맛과 질의 작물을 대량으로 수확하기 위해 부모 세대와 자식 세대의 작물은 비슷한 유전자를 갖게 됩니다. 하지만 이런 식의 품종 개량은 아일랜드 기근과 같은 치명적인 실수를 반복하는 셈입니다.

소수에게 독점된 작물의 통제권

종자 개량을 통해 재배 작물의 통제권이 소수에게 독점되는 것도 큰 문제입니다. 2016~2018년을 거치며 기존 종자 기업들이 운영의 어려움을 이유로 속속 인수합병되며, 다우-듀폰, 바이엘-몬산토, 켐차이나-신젠타 등 3개 그룹이 현재 세계의 종자 시장을 거의 장악하고 있습니다.[30] 우리는 세계의 개량 종자 대부분을 이런 소수의 다국적 기업에서 독점하는 것을 심각하게 받아들일 필요가 있습니다. 소수의 기업이 인류의 식량에 대한 권리를 통제하게 되었다는 뜻이기 때문이지요.

....

30. 송기동, 〈3대 다국적기업 세계시장 40% 장악 … 농사 지어 르열티로〉, 《광주일보》, 2012.05.01.

여러분도 삼겹살을 먹을 때 다양한 쌈 채소를 곁들이지요? 그 채소들이 당연히 우리나라 토종이라고 생각하겠지만, 재배만 우리나라에서 했을 뿐, 해외에 종자 로열티를 지불하는 품종들이 상당수입니다. 국내에 유통되는 팽이버섯, 양파, 양배추의 경우 70~80퍼센트 이상이 일본품종입니다. 또 알싸한 매운맛의 대표주자인 청양고추도 품종은 우리나라 중앙종묘의 유일웅 박사가 개발했지만, IMF 위기를 겪으며 국내 종자회사가 매각된 후 몬산토를 거쳐 현재는 독일계 화학회사가 소유하고 있지요. 이 경우 종자에 대한 권리를 모두 기업이 가지고 있기에 일정한 양의 식량을 생산하기 위해서는 반드시 기업에 로열티를 주고 종자를 구매해야 합니다.

식량은 인간 생존의 필수 조건인 만큼 이에 대한 권리는 그 자체로 무기가 됩니다. 종자 특허권을 손에 쥔 기업은 언제든지 더 많은 이윤을 얻기 위해 가격을 올릴 수 있습니다. 가격이 아무리 올라도 종자의 특허권이 없는 농가는 비용을 지불할 수밖에 없죠. 이에 그치지 않고 기업은 해당 종자를 기르기 위해 필수적인 비료와 살충제를 함께 개발합니다. 종자를 기르기 위해서는 함께 소비할 수밖에 없는 구조를 만들어 농가의 수입 대부분이 다시 기업에 종속되는 악순환이 계속됩니다. 소수가 식량 통제권을 독점하며 전 세계의 식량 안보[31]에 빨간불이 켜졌습니다. 종자 약소국인 나라는 앞으로 국민이 먹을 식량조차 자급하지 못할 것입니다.

....
31. 식량 안보: 식량안전보장, 예측할 수 없는 사태에 대비해 식량의 국내 자급 체제 구축, 비축, 수입처의 분산, 장기 수입 협정 등을 통해 국가가 필요로 하는 식량 공급을 보전하는 일.

위협받는 식량 안보

앞으로 세계의 평화는 식량 확보에 달려 있다고 해도 과언이 아닙니다. 많은 인류학자는 앞으로의 전쟁은 식량 전쟁이 될 거라고 예상합니다. 인구는 계속 증가하지만, 기후변화로 인해 이상 기상현상이 빈번해지며 식량 생산량도 일정한 예측이 어려워졌습니다. 2022년 발발한 러시아와 우크라이나 전쟁의 이면에서도 전쟁 동안 기아, 즉 식량이 또 다른 무기가 되었습니다. 전쟁 초기 우크라이나의 도시는 포위되어 물, 에너지, 식량 등 생존에 없어서는 안 될 기반 시설이 파괴되었죠. 이처럼 국가의 식량 자급이 어려워진다면 기본적인 국민의 생존조차 보장될 수 없습니다.

현재 인류의 삶은 과학기술의 눈부신 발전 속에 한층 편안해지고 효율성도 겸비한 듯합니다. 하지만 효율성만을 고려한 선택이 미래에 어떤 결과로 이어질지 알 수 없습니다. DDT처럼 인류를 구원할 줄 알았던 선택이 인류에게 해악을 끼쳤던 것처럼 말이죠. 우리는 나를 위해서도 지구를 위해서도 환경의 지속가능성을 고민해야 합니다.

여러분은 단 하나의 종만 남은 지구의 미래를 상상할 수 있나요? 지구의 먹거리가 다양하게 존재할수록 환경 변화에 대응할 수 있는 힘도 강해집니다. 많은 생산량을 내는 고효율 작물은 단기적으로 식량을 문제를 해결하는 것처럼 보일 뿐입니다. 장기적으로 우리는 외부 환경 변화에 대처할 수 있는 다양한 먹거리를 지켜 지구의 식량 면역력을 높여야 합니다.

모두를 위한
지속가능한 식탁을 꿈꾸며

#채식 #제로웨이스트 #로컬푸드

지구는 내일도 안녕할까요?

오늘 하루를 무사히 마칠 때, 우리는 내일도 오늘처럼 여전히 안전할 것이라는 희망을 품고 잠이 듭니다. 하지만 현재 지구는 내일도 안녕할 거라고 마냥 희망치게 장담할 수 없는 상황입니다. 이미 2015년 유엔(UN) 파리기후변화 총회를 통해 이번 세기 동안 1.5도 내로 온도 상승이 억제되어야 인류가 생존할 수 있다고 보고, 이를 지구온난화 극복을 위한 목표치로 합의하였습니다. 하지만 이러한 합의가 무색하게 2024년 2월 BBC는 유럽의 코페르니쿠스 기후변화국(C3S)의 발표 자료를 인용하며 지구 평균온도가 산업혁명 이전과 비교하여 처음으로 1.5도를 넘었다고 보도했습니다.

> 2023년 2월부터 2024년 1월까지 1년 기간 동안 지구 평균온도가 1850
> 년 무렵 대비에서 1.52도 상승했다.[32]

오늘날 지구의 온도 상승 속도가 심상치 않음을 알 수 있습니다. 나아가 지구온난화가 아닌 펄펄 끓는 지구의 심각성을 드러내는 '지구 열대화'라는 말이 심심치 않게 들립니다. 물론 인간은 역사적으로 그 어떤 시련도 슬기롭게 극복해 왔습니다. 그렇기 때문에 이번 기후위기 상황 속에서도 잘 적응하며 살아갈 방법을 찾을지도 모릅니다. 다만 그렇다고 해도 인류가 지구에게 미친 영향이 인류에게 다시 돌아오는 것을 피할 수 있는 건 아닙니다. 우리가 머리를 맞대고 함께 고민해야 하는 이유는 지구의 안녕은 모두의 안녕과 직결되기 때문입니다. 익숙하니까, 편리하니까 등의 이유로 기존 습관을 반복한다면 예정된 결말에서 벗어날 수 없습니다. 기후위기는 멈추지 않을 것이고, 소중한 존재들은 우리 주변에서 하나둘 사라져갈 것입니다.

새로운 결말을 만들기 위한 첫걸음으로 매일 먹는 식사부터 바꿔 보면 어떤가요? 우리가 생존과 즐거움을 위해 영위한 식생활이 환경에 다양한 영향을 미친다는 사실을 충분히 이해했을 거라 짐작합니다. 지구의 위기는 그것을 공유하는 모든 존재의 위기임을 기억하며 지속가능한 식탁을 고민해 봅시다.

....
32. 김재영, 〈지구 평균온도, 1.5도 '상승' 1년단위서 처음으로 넘어서〉, 《NEWSIS》, 2024.02.08.

#지구_온도가_#1.5도_상승하면_#대체_무슨_일이?

내일도 지구가
안녕하면 좋겠어!

채식, 완벽하지 않아도 괜찮아!

지구의 지속가능성을 위해서는 생명을 지닌 모두가 행복한 삶을 살아갈 수 있어야 합니다. 인간인 우리는 지구에 존재하는 수많은 동물 중 하나에 불과합니다. 하지만 대다수 인간은 비인간 동물을 지배할 수 있는 대상으로만 여깁니다. 이는 동물을 위해, 지구를 위해, 심지어 우리 자신을 위해서도 지속가능한 선택이 될 수 없습니다.

비건이라는 말을 들어본 적 있나요? 비건은 소고기, 돼지고기는 물론 생선, 계란, 버터 등 동물성 식품을 먹지 않는 이들을 말합니다. 그들은 동물을 착취해 생산되는 모든 제품과 서비스를 거부한다는 신념을 바탕으로 동물권을 옹호하며 종 차별에 반대합니다. 환경적 관점에서 보더라도 채식은 육식에 비해 지구에 미치는 부담이 훨씬 적습니다. 육식은 지구의 땅과 물 등의 자원을 지나치게 소비하기 때문입니다. 또 공장식 축산은 상품을 만들 듯 동물을 다루며 그들의 권리를 침해하죠.

'비거뉴어리'라는 말 역시 익숙하지 않을 것입니다. 비거뉴어리(Veganuary)란 비건(Vegan)과 1월(January)의 합성어로 '1월 한 달동안 비건을 시도하는 챌린지'를 말합니다. 일 년 12달 중 1달 동안

한국비건인증원 인증 비건인증마크
동물성 DNA 검사를 실시하여 불검출 여부를 확인하는 순서로 이루어집니다. 동물 유래 원재료를 이용하지 않고, 동물 실험을 실시하지 않으며, 생산 공정에서 비건이 아닌 제품에 의한 교차오염이 없는 경우 비건 제품으로 인증합니다.

| 국내 채식주의자 유형과 비율 |[33]

채식주의 유형	과일·곡식	채소	유제품	달걀	어패류	가금류	육류	비율(%)
비건	○	○	×	×	×	×	×	50.6
페스코	○	○	○	○	○	×	×	15.1
락토오보	○	○	○	○	×	×	×	9.8
플렉시테리안	상황에 따라 육식							9.4
폴로	○	○	○	○	○	○	×	5.3
락토	○	○	○	×	×	×	×	
오보	○	○	×	○	×	×	×	

※자료: 이화여대 식품영양학과 조미숙 교수팀

비건을 실천하자는 챌린지의 목적은 모두에게 완벽을 강요하기보다 각자가 실천할 수 있는 기준을 마련하자는 것입니다. 완벽한 비건이 아니더라도 한걸음씩 나아가려는 노력이 중요합니다. 모든 동물성 제품을 줄일 수 없다면 내가 할 수 있는 것부터 시작해 봅시다. 예컨대 동물 실험을 하지 않는 화장품을 사고, 일주일에 한 번은 계란과 유제품 정도만 먹는 채식을 시도해 보는 거죠.

많은 이들이 채식을 떠올리면 무조건 채소 샐러드만 먹는 삶을 상상합니다. 하지만 채식은 샐러드뿐만 아니라 다양한 방식으로 식물성 식품을 섭취하며 환경과 건강을 함께 지킬 수 있는 실천입니다. 예를 들어 우유 대신 두유와 귀리유를, 고기 대신 버섯과 두부

33. 유예림, 〈'빵·우유로 시작하는 채식' … 채식 범위 넓혀가는 2030〉, 《머니투데이》, 2023.04.30.

를 선택하여 음식을 준비할 수 있습니다. 좋아하는 채소를 듬뿍 넣은 볶음밥, 햄과 치즈는 빼고 으깬 감자나 구운 채소를 넣은 샌드위치를 만들어보는 거죠. 하루 한 끼, 일주일에 하루, 일 년에 한 달 등 자신이 할 수 있는 만큼 고기가 있는 식사에서 벗어난 채식 실천은 지구와 내가 함께 건강해지는 길입니다.

다 먹지도 않을 거면서 왜?

2020년 독일 공영방송에서 〈왜 이 음식들이 쓰레기통 안에 들어갔을까〉라는 다큐멘터리를 방영했습니다. 영상 속 환경 운동가는 쓰레기통에서 건져낸 토마토를 먹는 퍼포먼스를 통해 쓰레기통에 버려진 음식이 충분히 먹을 수 있는 것임을 보여주었죠. 다소 파격적인 행동으로 버리지 않아도 되는 음식물이 함부로 버려지고 있는 안타까운 현실을 알리려 했던 것입니다.

여러분은 급식으로 나온 음식물을 남김없이 비우나요? 아마 자신 있게 답하기 어려울 것입니다. 그렇다면 사람들은 하루 동안 얼마나 많은 음식을 먹지 않고 버릴까요? 2018년 '보스턴컨설팅그룹 보고서'는 매년 전 세계 식품 16억 톤이 버려지고 있다고 계산했습니다. 우리나라만 보더라도 1인 평균 음식물 쓰레기 배출량은 연간 71킬로그램으로 건강한 성인 남성 1명의 몸무게에 달하는 양입니다. 이를 전 국민으로 계산하면 실로 막대한 양인데, 이마저도 해마다 늘어나는 추세입니다. 지구 반대편에서 여전히 기아로 고통받는 수많은 이들을 생각하면 무척이나 불공정한 일입니다.

우리나라의 한해 음식물 쓰레기 처리 비용은 1조 원에 달합니다. 먹지도 못하는 쓰레기를 처리하는 데 이렇게 막대한 비용이 들어간다니 놀랍기만 합니다. 음식물 쓰레기는 일반쓰레기와 달리 쉽게 부패해 비료로 활용할 수 있다고 생각하기 쉽습니다. 하지만 우리나라에서는 2005년부터 음식물 직매립을 금지했습니다.[34] 음식물에 포함된 염분과 한데 섞인 비닐봉지 등이 땅을 오염시켜 식물의 성장에 치명적이기 때문입니다. 하지만 지금도 음식물 쓰레기통 안에는 껍질도 까지 않은 바나나나 치즈, 소시지와 같은 가공식품 등이 포장된 상태 그대로 버려져 있기도 합니다.

음식물 쓰레기의 주요 증가 원인은 푸짐한 상차림을 선호하는 사회적 분위기, 인구 증가, 생활 수준의 향상, 식생활의 고급화 등을 들 수 있습니다. 외식과 가공식품의 소비가 증가하며 사람들이 음식을 준비하는 시간도 자연스레 줄어들었습니다. 직접 식사를 준비하지 않으니 식사의 가치는 축소되며, 쉽게 많은 음식을 차리고 남기는 문화가 자리 잡았습니다. 하지만 지구를 위하고, 기아에서도 해방되기 바란다면 생산된 먹거리를 낭비하지 않는 방법을 고민해야 합니다. 제일 먼저 내게 주어진 음식을 남김없이 먹는 실천부터 시작해 볼까요?

....

34. 이새은, 〈음식물 쓰레기 처리에만 年 1조 원 ··· 자원 재활용 기술이 해법〉,《데일리굿뉴스》, 2023.08.31.(수정: 2023.09.05.)

고정관념 때문에 버려지는 먹거리

많은 먹거리가 우리의 고정관념 때문에 버려지고 있다는 사실을 알고 있나요? 대표적인 고정관념이 바로 아름다움에 대한 집착입니다. 전 세계 농산물의 최대 25퍼센트는 단지 못생겼다는 이유로 폐기되고 있습니다.[35] 모양, 크기, 색깔 등이 정상 기준에서 벗어나 상품 가치가 없다고 평가되기 때문입니다. 기준에서 벗어난 농산물은

35. 류혜영, 〈태풍 손띤에 베트남 혼란〉, 《그린포스트코리아》, 2012.10.29.

버려지거나 가공용으로 헐값에 처분되기도 합니다. 최근 우리나라에서는 이렇게 버려지는 농산물 문제를 해결하려 나선 기업이 있습니다. 가구 형태나 라이프스타일에 맞춰 저렴한 가격에 채소를 정기 배송하는 '어글리어스'는 "못생겨도 맛있다"라는 표어를 내걸고 음식물 쓰레기 줄이기에 앞장서고 있죠. 먹거리에 대한 대중의 인식 개선은 농산물의 산지 폐기를 줄이고 소비자와 생산자 모두에게 이익이 되는 먹거리 유통 구조를 만들 수 있습니다.

전 세계에서도 음식물 쓰레기 문제에 각성하며 대안을 찾기 위한 새로운 시도를 하고 있습니다. 2017년 독일의 베를린에서는 대형 슈퍼마켓에서 팔다 남은 제품을 모아 싼값에 다시 판매하는 음식 재활용 마트 서플러스(Sirplus)가 문을 열었습니다. 먹거리의 유통, 생산 과정에서 버려지는 것들 대부분은 크기가 너무 작거나, 모양이 이상하거나, 유통기한이 지난 것들입니다. 이러한 제품들을 모아 서플러스에서 일반 마트보다 70퍼센트 싸게 판매한 거죠. 서플러스를 통해 2017~2020년 동안 음식물 300만 킬로그램이 버려지는 것을 막았습니다. 다른 예로 덴마크의 경우에도 식당에서 팔다 남은 음식을 싸게 판매하는 앱 '투굿투고(Too Good To Go)'를 운영하고 있습니다. 뷔페 음식이 남아 버려지는 것을 막기 위해 시작된 앱은 현재 유럽 13개국에서 활용하는 서비스가 되었습니다.

우리나라에서도 국회에서 2023년 1월 1일부터 기존의 식품 유통기한 표시제를 **소비기한 표시제**로 변경하는 내용의 개정안이 통과되었습니다. 소비기한이란 식품이 제조된 뒤 유통 과정을 거쳐 소비자에게 전달된 후, 소비자가 소비해도 건강이나 안전에 문제가 없다 인정되는 소비 최종시한을 말합니다. 가장 큰 차이점은 기간입니다. 유통기한은 가공식품이 제조되고 유통 가능한, 즉 진열 가능한 기간이기 때문에 소비기한에 비해 짧습니다. 실제 기존 유통기한과 비교하면 5도의 환경에서 미개봉 상태일 때, 우유는 40일, 두부는 70일 정도 더 섭취해도 문제가 없다고 발표되었죠. 소비기한 표시제는 먹을 수 있는데도 버려지는 쓰레기를 줄일 수 있다는 점에서 긍정적 사회 변화의 첫걸음이 될 수 있습니다.

탄소발자국을 줄인 로컬푸드

만약 직접 장을 볼 기회가 있다면 음식 재료들의 원산지를 확인해 보세요. 신선한 채소와 친숙한 가공식품조차 원재료가 오직 '국내산'으로만 표기된 것을 찾기란 쉽지 않습니다. 하나의 제품을 생산하는 데 세계 각국에서 건너온 다양한 원재료들이 사용되는 거죠. 먹거리가 이렇게 먼 여행을 하게 된 이유는 농산물 세계화와 관련됩니다. 우리나라는 오랜 시간 자국의 농민과 농산물 보호를 위해 해외 농산물에 대해 비교적 높은 관세를 매겨왔습니다. 하지만 세계화 속에서 시장 개방 압력이 워낙 거세다 보니 관세도 인하되고 있고, 농산물 수입 제한도 점점 사라지고 있지요. 그 결과 동네의 작은 마트나 재래시장에서도 필리핀산 바나나, 멕시코산 아보카도,

미국산 밀가루로 만들어진 상품을 쉽게 접할 수 있습니다.

농림축산식품부 식량정책과 자료에 따르면 우리나라 식량 자급률은 2019년 기준 쌀 92.1퍼센트, 밀 0.7퍼센트, 대두 26.7퍼센트, 옥수수 3.5퍼센트 등으로 쌀을 제외한 주요 곡물 대부분을 수입에 의존하고 있습니다. 아직 쌀 자급률은 높은 편이지만, 갈수록 쌀을 제외한 곡식의 수요가 높아지고 있어 마냥 안심할 순 없습니다. 또한 해외에서는 대규모 농장에서 쌀을 생산해 낮은 가격으로 공급할 수 있기 때문에 국산 쌀은 가격 경쟁에서 매우 불리합니다. 그로 인해 미래에는 쌀 자급률이 낮아지고 주식인 곡물에 대한 타국 식품 의존도가 높아질 전망입니다.

식품이 남기는 탄소발자국, 푸드 마일

오늘날 우리의 식탁 위에 오르는 음식은 국경에 한계가 없습니다. 그러니 더더욱 멀리 떨어진 먹거리가 우리 밥상에 오르기까지 지구에 미치는 영향을 꼼꼼히 따져봐야 합니다. 먹거리의 이동에 국경이 사라진 대가는 기후위기를 가중시키기는 원인이 되기도 합니다. 세상의 모든 먹거리는 생산부터 유통, 소비에 이르기까지 이산화탄소가 발생합니다. 하지만 생산지와 소비지가 멀리 떨어져 있는 경우 훨씬 더 많은 이산화탄소가 발생합니다. 하물며 국경을 넘어 이동하려면 훨씬 더 많은 탄소발자국[36]을 남길 수밖에 없습니다.

....

36. 탄소발자국(carbon footprint): 활동, 제품, 회사 또는 국가가 대기에 추가하는 온실가스의 총량을 비교할 수 있게 해주는 계산된 값 또는 지수.

식품의 탄소발자국을 알려주는 푸드 마일(Food Mailes)의 개념은 먹거리가 생산자의 손을 떠나 소비자의 식탁에 오르기까지 이동한 거리를 뜻합니다. 예를 들어 바나나를 기준으로 푸드 마일리지를 비교하면, 10톤 기준 제주도에서 생산된 바나나는 4,640톤킬로미터(t·km), 필리핀산 바나나는 2만8,220톤킬로미터로 약 6배의 탄소배출량 차이를 보입니다. 이렇게 한 해 먹거리로 발생하는 온실가스는 전체 발생량의 31퍼센트에 해당합니다. 하지만 앞으로도 먹거리 수출입이 계속 늘어난다면 푸드 마일도 함께 길어져 그 양은 더욱 증가할 전망입니다.

생산자와 노동자도 보호하는 로컬푸드

먹거리의 유통 단계가 길어질수록 생산자에게는 공정한 대가가 돌아가기 어렵습니다. 유통 단계를 거칠 때마다 중간 유통자는 이윤을 얻기 위해 생산지에서 작물의 거래 가격을 낮추게 됩니다.

예를 들어볼까요? 수입산 바나나가 우리나라에서 소비자 가격 3천 원에 팔린다고 할 때, 유통마진 등을 빼고 나면 생산자의 몫으로 돌아가는 돈은 얼마나 될까요? 아무리 많이 잡아도 충분한 수익이 될 수 없습니다. 결국 이윤을 늘리려면 최소한의 인력으로 최대한 많은 바나나를 수확하는 방법밖에 없습니다. 이를 위해 노동자의 임금을 최대한 낮추고, 바나나가 병에 걸리지 않게 제초제와 살충제를 다량 살포하겠죠. 그 과정에서 노동자는 경제적인 보상을 제대로 받지 못할 뿐만 아니라 건강까지 악화됩니다.

로컬푸드(Local Food)는 이런 문제들을 해결하는 대안 중 하나입니다. 로컬푸드는 장거리 운송을 거치지 않은 지역 농산물을 의미합니다. 보통 반경 50킬로미터 이내에서 생산된 농산물로 소비된 식자재를 로컬푸드로 분류하지요. 생산지에서 소비 시장까지 이동 거리가 짧기에 탄소 배출을 절감합니다. 또한 중간 유통을 최소한으로 거치기 때문에 생산 농가 역시 합당한 가격으로 상품을 팔 수 있습니다. 로컬푸드의 장점은 여기에서 끝나지 않습니다. 식품을 수송하는 거리가 멀수록 상하지 않고 오랫동안 보관하기 위해 필연적으로 왁스나 방부제 등 화학물질을 사용하게 됩니다. 하지만 가까운 거리에서 운송되는 로컬푸드는 건강과 환경을 모두 잡는 일석이조의 선택입니다.

물론 오늘날 모든 식자재를 오직 로컬푸드로 충족하기에는 한계가 있습니다. 하지만 환경과 노동자에게 미치는 문제점을 해결하기 위해서라도 가능한 상품부터 가까운 곳에서 생산된 식품을 소비하려 노력하는 것이 바람직하지 않을까요?

지금까지 우리는 먹거리가 환경에 미치는 다양한 영향을 알아보았습니다. 현재와 같은 생활이 계속된다면 지구의 안녕을, 우리의 안녕을 약속할 수 없습니다. 지속가능한 지구를 위해 우리의 한끼 식사부터 바꾸려 노력해 봅시다. 아무리 작은 시도라도 차곡차곡 쌓여간다면 지구 모든 존재의 안녕을 위한 밑거름이 될 것입니다. 우리의 행복은 결국 우리의 선택이 모여 만들어진다는 것을 잊지 마세요.

탄소 라벨링 제도를 아시나요?

소비자가 해당 식품의 탄소발자국을 한눈에 알 수 있도록 제품에 라벨을 붙이도록 하는 제도가 바로 **탄소 라벨링 제도**입니다. 탄소발자국 표시는 무게단위인 kg, 실제 광합성을 통해서 감소시킬 수 있는 이산화탄소의 양을 나무의 수로 환산하여 표시하지요. 친환경제품을 선호하는 소비자가 늘면서 이미 영국이나 캐나다 등에서는 탄소 라벨링을 적극 시행하고 있습니다. 우리나라의 경우 2009년부터 제품의 제작 및 유통 과정에서 발생하는 이산화탄소 배출량을 제품에 표시하고 있습니다. 다음에 장을 볼 때는 제품에 붙은 라벨을 확인해 보면 어떨까요?

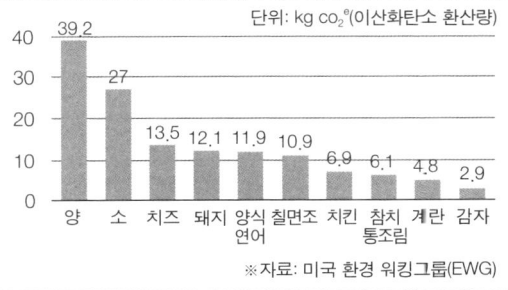

단위: kg CO_2^e(이산화탄소 환산량)

※자료: 미국 환경 워킹그룹(EWG)

식품 1킬로그램당 탄소발자국[37]
미국환경워킹크룹에서 발표한 '기후변화와 건강을 위한 육식주의자 지침' 보고서에 따르면 대체로 양과 소 등 육류의 생산부터 소비 과정에 많은 이산화탄소가 발생하는 것을 알 수 있습니다.

환경부 탄소배출 인증마크
탄소배출량에 따라 3단계의 인증마크가 부여됩니다.

....
37. 전나경, 〈'사람과 바다, 기후를 지키는 먹거리' 속속 등장〉, 《단비뉴스》, 2024.
    01.14(수정: 2024.03.02.) 참조 재구성.

우리가 새 옷을 사고, 버리고
또 새로 사는 동안에…

앞장에서는 먹거리를 주제로 인류의 끝없는 욕망이 얼마나
지구를 오염시키고, 지구에서 살아가는 다양한 생명체들의
생존마저 위협하게 되었는지 알아보았습니다. 급기야 이런
위협은 이제 우리 인간을 겨누고 있지요. 지구의 지속가능한
미래를 고민하는 데 있어, 우리에게 식생활 문제만큼 밀접한
것이 바로 의생활이 아닐까요?

이번 장에서는 우리가 착용하는 옷, 가방, 신발은 물론 패션
산업의 연장으로 볼 수 있는 화장품이 환경에 미치는 영향에
대해 알아보려고 합니다. 사용되는 소재와 만들어지는 과정,
사용 후 버려지고 나면 어디로 어떻게 향하는지 말이에요.

그리고 패션 산업이 지구에 더 적은 흔적을 남기게 하려면
앞으로 우리가 어떤 태도를 가져야 할지 등에 대해서도 함께
생각해 봅시다.

CHAPTER 02

옷

옷장 속
숨겨진 비밀

#합성섬유 #폴리에스터 #미세플라스틱 #패스트 패션

세상에… 입을 옷이 하나도 없네?

사람들은 언제 새 옷을 사 입을까요? 입학이나 졸업, 취업했을 때, 여행, 경조사, 계절이 바뀔 때 등이 떠오를 것이에요. 어쩌면 특별한 이유 없이 그냥 사 입는 경우가 더 많은지도 모르겠군요. 작년에 새 옷을 몇 벌이나 사 입었는지 생각해 보세요. 혹시 일일이 헤아리기 어렵다면 이 장의 이야기에 좀 더 주목하면 좋겠습니다.

　약 81억 명[1]의 인구가 살아가는 지구, 이 지구에서 한 해 만들어지는 옷은 1,000억 벌에 이릅니다. 그런데 그중에서 약 33퍼센트인

---

1. 2024년 3월 31일 기준(※자료: KOSIS OPENAPI)

330억 벌이 같은 해에 버려지고 있다[2]고 합니다. 실제 우리나라 사람들의 1인당 연간 옷 구매량은 68벌[3]로 일주일에 평균 한두 벌 정도 옷을 구매하고 있습니다. 그런데도 사람들은 계절이 바뀔 때마다 옷장 속 가득한 옷들을 바라보며 이런 생각을 합니다.

'세상에… 작년에 대체 뭘 입고 다닌 거야? 입을 옷이 하나도 없네…'

그러면서 또다시 새 옷을 쇼핑하려고 하겠지요. 이제 의류 소비는 우리 생활 속 소비의 꽤 많은 부분을 차지하고 있습니다. 하지만 그렇게 마구 사들이고 또 쉽게 버린 옷들이 어느새 지구를 위협하는 지경에 이르렀죠. 대체 지구에 어떤 영향을 미치고 있는지 지금부터 하나씩 살펴보려고 해요.

마법의 섬유 폴리에스터의 비밀

옷은 다양한 섬유로 만들어지지만, 가장 많이 사용되는 건 단연 폴리에스터입니다. 여러분도 옷 안쪽의 라벨을 잘 살펴보세요. 분명 '폴리에스터'라는 글자를 자주 발견하게 될 거예요.

---

2. KBS환경스페셜, 〈옷을 위한 지구는 없다〉, KBS, 2021.07.01.
3. 김종성, 〈매년 버려지는 옷 330억 벌… 패션쇼 반대 시위 벌어진 까닭〉, 《오마이뉴스》, 2021.07.11.

#쇼핑각_#옷이_넘쳐나도_#입을_옷은_보이지_않는_마법

폴리에스터의 장점을 살펴보자!

폴리에스터는 인조섬유 중에서도 석유, 석탄, 천연가스 따위를 원료로 하여 화학적으로 합성한 합성섬유입니다. 폴리에스터에 대해 조금 더 자세히 살펴볼까요? 폴리에스터의 원재료는 플라스틱 생수병과 같은 페트(폴리에틸렌 테레프탈레이트)입니다. 최근 패션업계에서는 종종 페트병을 재활용한 원사로 만든 점퍼를 선보이고 있는데, 이것이 가능한 것은 폴리에스터의 원재료가 페트병과 동일하기 때문입니다.

섬유로서 폴리에스터는 장점이 뚜렷합니다. 이염이나 변색에 강하고 물에도 강하여 세탁을 자주 반복해도 줄어드는 것과 같은 옷의 변형이 거의 일어나지 않습니다. 세탁 후 건조도 빨라 관리하기에도 쉽지요. 또 우수한 내구성 덕분에 찢김, 구김, 주름에도 강해 폭넓게 활용될 수 있습니다.

게다가 제조 과정에서 기능성 화학물질을 혼합하여 다양한 기능과 장점을 의도적으로 만들어낼 수가 있습니다. 그렇기 때문에 소비자들의 다양한 욕구를 충족시킬 수도 있습니다. 이런 장점 덕분에 처음 만들어졌을 때부터 '다림질이 필요 없는 마법의 옷'이라고 불리었죠. 이 마법 같은 섬유 폴리에스터는 심지어 싼 값에 대량 생산이 가능하여 현대 패션 산업의 부흥을 이끌게 됩니다. 지금도 폴리에스터는 합성섬유 생산량의 50퍼센트를 넘게 차지하며 옷뿐만 아니라 가방, 신발, 침구류, 커튼 등 생활용품 곳곳에서 활용되고 있습니다.

폴리에스터의 치명적인 문제점은?

폴리에스터와 같은 합성 고분자의 가장 치명적인 단점은 자연분해가 어려운 점입니다. 그래서 버려진 후 오랜 시간 사라지지 않고 자연에 여러 악영향을 미치는 거죠. 심지어 버려지기 전에도 환경 오염을 일으킵니다. 왜냐하면 폴리에스터를 포함한 합성섬유는 세탁 시 미세플라스틱을 배출하기 때문이죠. 옷 1킬로그램을 세탁했을 때 합성섬유인 아크릴은 약 17만 개, 폴리에스터와 면 혼방 소재의 옷은 약 50만 개의 미세플라스틱을 배출한다고 합니다.[4]

만약 한 가정에서 한 번에 약 4킬로그램 정도의 옷을 세탁한다고 가정한다면 세탁 한 번 할 때마다 유출되는 미세플라스틱의 수는 약 2백 만개로 추정되는 거죠. 이렇게 유출된 미세플라스틱은 너무 작아서 여과되지 못한 채 강이나 바다로 마구 흘러 들어가게 됩니다. 해양생태계 전반이 미세플라스틱으로 오염되고 있는 거죠. 그

※자료: LG케미토피아

폴리에스테르의 가장 대표적인 화학구조식
폴리에스테르는 에스테르의 결합으로 이루어진 사슬 형태의 고분자 화합물입니다. 이처럼 사슬 모양의 고분자는 유연성이 뛰어나기 때문에 섬유로 제격입니다.

....
4. KBS환경스페셜, 〈옷을 위한 지구는 없다〉, KBS, 2021.07.01.

리고 그 피해는 결국 인간에게 돌아올 수밖에 없습니다.

2021년 1월 12일,[5] 영국 가디언(영국 일간지)에 따르면 북극해를 오염시키는 미세플라스틱 성분의 92퍼센트가 합성섬유라는 사실을 확인했습니다. 안타깝게도 의류로 인한 미세플라스틱 오염은 저 멀리 북극만의 문제가 아닙니다. 우리나라 수도권 시민의 식수원인 한강의 상황 역시 이미 미세플라스틱에 오염되었기는 마찬가지이니까요. 한강의 상·중·하류의 표층수를 채취해 물속의 미세플라스틱 오염 정도를 조사하자 한강 물 20리터 기준으로 상류는 26개, 중류는 40개, 하류는 57개의 미세플라스틱이 검출되었습니다. 이 중 인구가 가장 많이 사는 지역 하류에서 검출된 미세플라스틱의 50퍼센트는 섬유에서 기인한 것으로 밝혀졌지요.

더욱 충격적인 점은 합성섬유 옷을 입고 있는 것[6]만으로도 다량의 미세플라스틱이 방출된다는 것입니다. 한 연구에 따르면 합성섬유로 된 옷을 입은 상태에서 일상적인 움직임을 측정한 결과, 불과 20분 만에 1그램당 400개 미세플라스틱 섬유가 공기 중으로 방출되었고, 3시간 20분 만에 4,000개가 방출되는 것이 확인되었습니다. 우리의 옷장은 우리가 마시는 물, 공기와 모두 연결되어 있습니다. 고민 없이 구매하고 쉽게 버린 옷이 어느덧 우리의 깨끗한 땅과 물 그리고 공기를 시시각각 위협하게 된 것입니다.

....

5. 김현지, 〈옷 세탁할 때 떨어져 나오는 합성섬유… 북극해 오염시킨다〉, 《머니투데이》, 2021.01.14.

6. 남주원, 〈합성섬유 의류 '착용'만으로도 미세플라스틱 엄청나〉, 《뉴스펭귄》, 2020.03.31.

우리가 버린 옷들의 행방은?

아무리 옷이 많아도 유독 애착이 가고, 자주 입는 옷은 아마 정해져 있을 거예요. 그런 아끼는 옷 몇 벌을 제외하면 요즘에는 옷 한 벌을 상할 때까지 닳도록 입거나, 물려 입는 경우도 찾아보기 힘듭니다. 유행도 워낙 빠르게 바뀌고, 가성비 좋은 옷도 많다 보니 싫증이 나면 미련 없이 버리고 쉽게 새 옷을 사 입지요.

패딩을 예로 들어볼까요? 매서운 한파가 몰려오는 겨울에는 뭐니 뭐니 해도 온몸을 감싸주는 롱패딩이 대세였습니다. 그런데 팔다리가 길어 보이게 해준다며 숏패딩이 등장했습니다. 각 브랜드는 약속이나 한 듯 저마다 유명 모델을 앞세워 숏패딩을 광고했죠. 그러더니 아이돌이나 셀럽 등 인플루언서들의 공항패션이나 사복패션에도 숏패딩이 자주 보였습니다. 여기에 다양한 매체에서 롱패딩의 유행은 지나갔다고 거드는 패션 전문가들의 이야기까지 듣다 보면 마음이 자꾸 흔들립니다.

"그런가? 숏패팅 하나 새로 장만해야겠군!"

결국 멀쩡한 롱패딩을 두고 새로 사 입게 됩니다. 이처럼 다들 옷을 쉽게 사다 보니 계절마다 옷 정리를 하다 보면 까맣게 잊고 지내던 옷을 발견하고 깜짝 놀라기도 합니다. 또 단 한 번도 꺼내 입지 않고 계절을 넘긴 옷들도 수두룩하다는 것을 깨닫게 되지요. 심지어 가격표도 떼지 않은 옷을 발견할지 몰라요.

아무리 생각해도 다시 입을 것 같지 않은 옷들은 어떻게 하나요? 아름다운 가게에 기부하기도 하겠지만, 가장 흔하게는 집 앞의 초록색 철제 의류 폐기함에 넣을 거예요. 그렇게 우리 집 옷장을 떠난 옷은 기억 속에서 영영 사라지겠지요? 하지만 우리의 기억 속에서만 사라질 뿐, 지구에서는 오래도록 사라지지 않습니다. 사라지기는커녕 치명적인 흔적까지 남기고 있지요.

환경부 자료에 따르면 2020년 한 해 동안만 해도 버려지는 옷의 양이 약 8만 2,423톤으로 한반도 면적의 7배에 달하는 양이라고 합니다. 게다가 패스트 패션[7]산업의 급성장으로 2016년에 비해 2020년 의류 폐기물의 양은 140퍼센트 이상 증가했습니다.[8]

혹시 의류 폐기함에 옷을 버릴 때 누군가는 입지 않을까 생각하고 있나요? 하지만 폐기함에 버려진 옷들이 재활용되는 비율은 매우 낮습니다. 이들 중 우리나라에서 다시 활용되는 비율은 단 5퍼센트에 불과하다고 하니까요. 그렇다면 우리나라에서 활용되지 못하는 옷들은 어떻게 될까요? 우리도 모르는 사이 상당량은 바다를 건너 세계의 개도국들로 긴 여행을 떠나게 됩니다. 우리나라의 경우 개도국으로 킬로그램당 300원에 헌 옷을 수출하고 있죠.[9]

....

7. 패스트 패션: 최신 유행을 즉각 반영한 디자인, 비교적 저렴한 가격, 빠른 상품 회전율로 승부하는 패션 또는 패션사업을 뜻한다. 패스트푸드(fast food)처럼, 빠르게 제작되어 빠르게 유통된다는 의미에서 붙여진 이름이다.
8. 최성은, 〈결국 사막으로… 페페트병보다 더 골칫거리인 이것〉, 《오마이뉴스》, 2022.12.14.
9. 김아진, 〈버려지는 옷, 노숙자도 안 입어… kg당 300원에 해외로〉, 《조선일보》, 2023.10.22.

환경 재앙이 된 헌 옷 쓰레기들

아프리카 가나의 어느 골목에는 흰 소가 풀 대신 옷을 먹습니다. 골목골목에는 건물 높이만큼 높게 쌓인 옷더미들이 있는데, 그 위에서 소들이 마치 풀을 씹듯 헌 옷을 씹고 있죠. 익숙한 듯 헌 옷을 질겅질겅 씹어대는 소들의 모습은 이곳 주민들에게는 익숙한 전경입니다. 가나는 세계 곳곳에서 버려진 헌 옷들이 몰려드는 대표적인 나라입니다. 가나 같은 개도국의 헌 옷 수입업자들은 저렴한 가격에 가져온 헌 옷 중 쓸모 있는 것만을 골라 재판매하여 그것으로 경제적 이익을 얻고, 나머지는 그냥 버린다고 합니다.

또 서양 국가에서 아프리카 국가들에 안 입는 옷, 신발 등을 그냥 기부하기도 합니다. 하지만 이런 옷 중 기후에 안 맞거나, 운송 과정에서 손상되어 입을 수 없는 옷이 더 많다고 합니다. 즉 수출이건 기부건 개도국으로 흘러 들어간 옷은 대부분 버려지고, 곳곳에 쌓인 옷 쓰레기를 소들이 먹기도 하는 거죠.

가나의 아크라에는 칸타만토라는 중고의류 국제시장이 있습니다. 서아프리카 최대의 중고 시장이기도 한 이곳에는 '죽은 자들의 옷(현지어로 오브로니 와우)'으로 불리는 헌 옷들이 거리 곳곳에 나뒹굽니다. 칸타만토로 일주일에 한 번씩 1,500만여 벌의 헌 옷이 도착하는데, 상품성이 없는 옷들은 인근 오다우 강둑에 방치된 채 쌓여갑니다. 제대로 된 헌 옷 폐기 시설조차 없다 보니 그냥 바닥에서부터 불을 붙여 소각하기 일쑤입니다. 옷들은 대부분 염색과 같은 화학 처리가 되어 있으며, 폴리에스터처럼 플라스틱과 같은 소재로 만들어진 옷을 태우면 유해 물질이 유출되는 건 당연합니다. 태우지 않고 땅에 방치된 의류 폐기물 역시 마모되어 토양을 오염시키고, 지하수까지 침투하여 수질 오염에까지 영향을 미치지요.

지구의 또 다른 곳, 칠레에서는 버려져 방치된 옷 무덤의 규모가 워낙 커져 버린 나머지 우주에서도 그 흔적이 관찰될 정도입니다. 미국의 실시간 위성영상 제공 플랫폼 보유 기업 스카이파이(SkyFi)에서 세계에서 가장 건조한 사막이라고 불리는 칠레의 아타카마 사막을 촬영했습니다. 그랬더니 회색 뭉치처럼 보이는 대단히 이질적이고 거대한 공간이 포착되었다고 합니다. 회색 뭉치의 정체는 바로 거대한 옷 무덤이었죠. 칠레는 남미 최대의 중고의류 수입국입니다. 지금도 자유무역지대인 이키케 항구를 통해 세계 여러 나라의 중고의류가 속속 모여들고 있지요. 가나에서와 마찬가지로 이곳에서도 상품 가치가 없는 옷들은 가차없이 버려집니다. 이렇게 버려진 의류들이 사막으로 보내져 거대한, 심지어 우주에서도 보일 만큼 광대한 옷 무덤을 이루게 된 것입니다.

가나든 칠레든 너무 먼 나라의 이야기라 우리와는 별로 상관없는 일처럼 여겨지나요? 조금만 상상력을 발휘해 보면 이 헌 옷들이 결국 지구 전체를 얼마나 심각하게 오염시킬지 충분히 예상할 수 있습니다. 결코 먼 나라 이야기로 가볍게 넘길 수 없다는 것을 깨닫게 될 거예요. 헌 옷 쓰레기 문제를 다루는 OR재단의 공동설립자 리즈 리킷은 이렇게 말했죠.

브랜드 가치를 떨어뜨리느니 그냥 폐기하겠어요

고작 몇 번 입지도 않고 쓰레기로 버려지는 옷들도 문제지만, 세상에는 아예 소비자의 선택을 받지도 못한 채 버려지는 옷들도 있습니다. 즉 생산된 후 공장에 쌓여있다가 그대로 버려지는 것이죠.

혹시 브랜드 재고 처리 매장에 가 보았나요? 옷걸이에 빼곡하게 진열된 이월상품(移越商品), 즉 재고 의류를 만날 수 있습니다. 가격표도 그대로인 새 옷들이죠. 여기서도 판매가 되지 못하면 결국 모두 소각되거나 매립됩니다. 또 브랜드에 따라서는 아예 재고 의류를 판매하지 않은 채 바로 처분하기도 합니다. 재고를 처분해서 얻는 이익보다 그로 인해 브랜드의 이미지가 깎이는 손해가 더 크다고 생각하기 때문입니다.

한 명품 브랜드의 경우, 2017년 한 해에만 약 415억 원어치의 옷과 액세서리를 소각했습니다.[10] '명품'으로 불리는 브랜드에서 취하는 주된 마케팅 전략 중 하나가 희소성인데, 재고가 남았다는 사실만으로도 브랜드 이미지에 큰 타격을 준다는 것입니다. 따라서 가격을 낮추어 재고를 판매하기보다 그냥 태워버리는 거죠. 입혀지기 위해 만들어진 옷의 효용을 고려할 때 참으로 어처구니없는 일이지만, 더 나쁜 건 태울 때마다 각종 오염물질까지 발생시키는 점입니다.

사전에서 옷의 의미에 대해 찾아보면 "몸을 싸서 가리거나 보호하기 위하여 피륙 따위로 만들어 입는 물건"이라고 설명됩니다. 하지만 현대의 옷은 이미 그런 의미를 넘어섰습니다. 패션 산업이 발달함에 따라 옷은 보호의 의미를 넘어서 개성과 예의, 경제력 등을 나타내는 수단이 되었죠.

옷을 통해 자신의 개성을 마음껏 드러내는 것을 부정적으로만 볼 순 없습니다. 하지만 지금 우리의 옷장은 마치 지구처럼 과포화 상태가 아닌지를 살펴봐야 합니다. 패션 업계의 마케팅과 광고에 속아 나의 개성보다는 뭔가에 홀린 듯 목적을 잃은 채 무심코 사고 또 사고 있지는 않은지 말입니다.

....

10. 이민정, 〈'소각 중단' 결정한 버버리… 415억원어치 재고는 어디로 갈까〉, 《중앙일보》, 2018.09.12.

"헌 옷 쓰레기 산은 환경 재앙이다."

과도하게 생산되고 소비되며, 그만큼 버려지는 의류 쓰레기는 이제 환경문제를 넘어 재앙을 일으키는 주범이 되고 있습니다. 우리도 재앙에 일조하는 것은 아닌지 돌아봐야 합니다.

착한 가면을 쓴 의류

최근 패션업계의 새로운 트렌드로 컨셔스 패션(Conscious Fashion)이 떠오르고 있습니다. 컨셔스(Conscious)란 '의식하는, 자각하는'이라는 뜻이죠. 컨셔스 패션이란 소재 선정에서 제조 공정까지 친환경적이고 윤리적인 과정에서 생산된 의류 및 그런 의류를 소비하고자 하는 가치소비를 뜻합니다.

이런 분위기를 타고 재활용 또는 새활용 제품을 잇따라 출시하며 '친환경' 이미지를 내세우는 기업들이 많아졌습니다. 의류 산업에서는 대표적인 예가 바로 페트병으로 만든 의류입니다. 버려진 투명 페트병을 녹여서 원사를 뽑아 섬유를 직조하여 그것으로 점퍼나 티셔츠 등을 만들어 판매하는 것이죠. 이런 제품들을 홍보하는 포스터를 보면 하나 같이 싱그러운 초록빛으로 물들어 있고, 광고문구는 친환경, 에코 등의 그럴듯한 수식어로 가득 채워집니다. 사람들은 이렇게 생각할지도 모릅니다.

"와, 페트병 쓰레기를 옷으로 재활용하다니!

기왕이면 이런 착한 기업의 물건을 사야지!"

그런데 이런 페트병 의류가 정말 친환경적일까요? 페트병 의류의 제품 설명을 보면 재활용 섬유를 얼마나 사용하였는지 정확하게 표기되지 않은 경우가 대다수입니다. 게다가 섬유로 직조된 페트병은 다시 재활용할 수 없습니다. 즉 순환고리가 끊어지는 거죠. 오른쪽 (87쪽 상단 참조) 재활용 마크를 한번 살펴봅시다. 마치 뫼비우스의 띠를 연상시키듯 이어진 화살표 모양에서 알 수 있는 것처럼 재활용의 진정한 의미는 **자원의 순환**입니다. 재활용을 통해 원료가 끊임없이 순환되려면 원래 상품으로 되돌아가는 것이 가장 효율적이지요. 즉 페트병은 페트병 또는 식품 용기로 계속 재활용되는 것이 자원 순환의 측면에서 환경에 더 이로운 선택이라 할 수 있습니다.

이처럼 얼핏 친환경적인 것처럼 보이나 자세히 뜯어볼수록 과연 환경을 위하는 것인지 불분명하거나 오히려 해악을 끼치는 제품들을 '그린워싱'[11]이라고 합니다. 2023년 한국소비자원이 소비자 1,000명 대상으로 진행한 설문조사에 따르면 소비자 중 약 82퍼센트가 "친환경 제품에 대해 구입할 의사가 있다."고 밝혔으며, 친환경 제품의 가격이 더 비싸도 구입하겠다는 소비자 역시 93퍼센트[12]로 높은 비율을 차지했죠. 이처럼 환경보호와 지속가능성에 관심을

....

11. 환경을 상징하는 녹색(green)과 세탁(white washing)의 합성어다.
12. 민경식, 〈[기획] "착해야 뜬다" ··· 가치소비에 친환경 바람〉, 《매일일보》, 2023.04.25.

재활용 마크
재활용 마스크의 화살표가 의미하는 것은 바로 '자원의 순환'입니다. 따라서 자원의 순환 고리를 끊어 내는 것은 엄밀한 의미로 친환경이라고 하기 어렵습니다.

가진 착한 소비자들이 늘어가는 것은 참으로 다행한 일입니다. 문제는 그럴수록 그린워싱도 성행하여 선한 소비자를 속인다는 점입니다. 즉 친환경을 단지 마케팅의 수단으로만 이용하려는 기업도 많아진다는 거죠. 소비자의 입장에서는 그린워싱인지 진짜 친환경 경영인지 판단하기 모호한 경우가 점점 많아지는 것입니다.

남발되는 친환경, 얄팍한 녹색 포장을 벗기면?

페트병을 재활용한 옷 말고도 패션계에서 빈번하게 자행되는 그린워싱 사례를 좀 더 살펴볼까요?

동물가죽만 벗겨내지 않았을 뿐…
먼저 에코 레더, 비건 레더 등으로 불리는 가죽 제품들입니다. 뒤에서도 살펴보겠지만, 가죽 제품을 생산하려면 동물의 가죽을 벗겨내야 합니다. 때론 동물들이 살아있는 채로 자행되기도 하지요. 고통스럽게 죽어가는 동물들의 처참한 모습이 세상에 알려지면서 사람들은 잔혹한 동물학대가 이루어지는 데 경악했습니다. 그와 함께 앞으로 절대 모피나 가죽 제품을 입거나 쓰지 않겠다고 선언하는 사람도 늘어났죠. 그들에게 인조가죽은 매력적인 차선책이 될 수 있습니다.

동물가죽은 아니지만, 재질이 거의 비슷해 보이는 이런 소재가 바로 에코 레더, 비건 레더 등입니다. 이들은 합성섬유인 폴리에스테르, PVC 등으로 만들어진 일종의 인조 섬유죠. 실제로 친환경이라는 이름을 걸고 소비자에게 판매되기도 합니다. 하지만 PVC는 인체 내분비계에 손상을 입힐 수 있는 성분를 지닌 프탈레이트 가소제를 이용해 만들어집니다. 그리고 이런 제품을 소각하면 유독물질인 다이옥신이 발생하지요. 사실상 친환경과는 거리가 멉니다. 그럼에도 단지 동물을 이용하지 않았다는 이유만으로 친환경 가죽이라는 이름으로 판매되고 있는 것입니다.

시작은 친환경적이었으나…

다음으로 살펴볼 것이 바로 에코백입니다. 해마다 환경의 날이나 지구의 날이 다가오면 많은 기업에서 에코백에 자신들의 로고나 브랜드명을 새겨 친환경 물품으로 증정합니다. 여러분의 집에도 이렇게 받은 무료 에코백들이 몇 개는 쌓여있을지도 모르겠습니다. 대체 언제부터 에코백이 친환경의 대명사로 불리기 시작한 걸까요? 에코백의 시작은 비닐봉지를 포함한 플라스틱 쓰레기가 난무하는 데 대한 경각심에서 비롯된 것이 맞습니다. 2007년 영국 디자이너 안야 힌드마치가 캔버스 가방을 출시하며 이런 문구를 새겼죠.

"I'm not a plastic bag**13**."

(나는 플라스틱 가방이 아닙니다)

당찬 메시지와 함께 세상에 등장한 에코백은 대중에게 친환경 물품의 대명사처럼 인식되었습니다. 하지만 시간이 흐를수록 친환경과 멀어집니다. 너무 많이 만들어진 데다, 특히 에코백을 만드는 과정에서 일어나는 환경오염이 상당했으니까요. 예컨대 에코백을 1개 만드는 데는 비닐봉지 131개를 만드는 것에 달하는 환경오염이 발생합니다. 따라서 비닐봉지를 대체하기 위한 본래의 목적을 달성하려면 에코백을 최소 131회 이상은 사용해야 하는 거죠.**14**

2018년 덴마크에서 발표한 한 연구 결과를 소개합니다. 환경에 미치는 영향을 줄이기 위해 각종 포장 가방이 재사용돼야 하는 횟수에 관한 것이었죠. 그 결과 비닐봉지가 37회, 종이봉투는 43회 수준이었지만, 면으로 된 가방은 최소 7,100회를 사용해야 생산 시 발생시킨 오염을 회복시킬 수 있다**15**고 밝혀졌습니다. 게다가 최근 만들어지는 에코백의 소재는 면보다는 값이 저렴하고 강도 높은 폴리에스테르나 나일론 같은 합성섬유가 대부분입니다. 즉 버려졌을 때, 자연분해되지 않는다는 뜻이지요. 이처럼 세상에는 '친환경'을 위장한 제품들이 생각보다 많습니다.

....
13. 영어로 비닐봉지는 plastic bag이다.
14. 이준성, 〈'에코백·텀블러'… 얼마나 오래써야 지구에 도움될까〉, 《뉴스트리》, 2021.09.06.
15. 홍수현, 〈에코백의 두 얼굴 "비닐봉지보다 지구온난화에 치명적"〉, 《뉴스펭귄》, 2020.11.17.

녹색에 속지 말아요

환경단체인 그린피스[16]에서는 SNS에 만연한 그린워싱의 유형을 몇 가지로 분석해 보았습니다. 첫 번째는 '**자연 이미지 남용**'입니다. 제품의 실제 성능이나 혁신 노력과 무관하게 브랜드와 제품에 친환경 이미지를 씌우기 위해 자연 이미지를 이용하는 것입니다. 광고에 숲이나 바다와 같이 자연을 연상시키는 이미지를 활용함으로써 마치 친환경 제품인 것 같은 착각에 빠져들게 합니다.

두 번째는 친환경 및 저탄소 기술 개발과 혁신에 기여한다는 점을 지나치게 강조하는 '**녹색 혁신 과장**'입니다. 태양광과 콘센트를 이용한 충전이 병행되어야만 사용 가능한 제품에 친환경 태양광 제품이라는 광고로 기술 개발을 과장하여 홍보하기도 합니다. 세 번째는 기후위기를 막기 위해 스스로 노력하는 대신 참여형 이벤트를 통해 소비자와 개인에 책임을 떠넘기는 '**책임 전가**'입니다. 기업을 혁신하는 대신 친환경적인 행동을 실천한 개인에게 선물을 증정하는 방식의 이벤트성 행사도 SNS에서 많이 찾아볼 수 있습니다. 이처럼 환경을 중요 가치로 인식하는 소비자들의 인식이 늘어남에 따라 그린워싱의 방식 역시 다양해지고 교묘해지고 있습니다. 따라서 우리는 기업의 광고를 무분별하게 수용하여 소비하기보다는 정말 친환경적인 제품인지를 조금 더 경계하고 분별해야 합니다.

속임수는 이제 그만!

---

16. 신민주·양연호·정다운, 〈스셜미디어로 침투한 대기업의 위장환경주의〉, 그린피스, 2023. 8. 29.

위장 친환경을 경계하라!

우리나라뿐 아니라 다양한 국가에서 그린워싱이 남발하자, 관련된 법안의 입안 필요성마저 제기됩니다. 그중 가장 강력한 법안을 제시한 것은 유럽연합(EU)입니다. EU에서는 '자연 친화적', '생분해성', '에코', '녹색', '에너지효율' 등 친환경을 표방하는 제품 광고를 2026년부터 전면 금지하는 법안에 합의했지요.

만약 제품에 친환경 문구를 넣으려면 과학적인 근거가 반드시 뒷받침되어야만 하며, 제품 생산과 실제로 관련이 있는 환경 영향을 구체적으로 나타내야 합니다. 또 직접적으로 탄소 배출이 적지 않은 상품 생산 후 나무를 심는 등의 방법으로 탄소를 줄였다고 홍보해온 제품에 대해서도 역시 친환경 문구를 쓸 수 없게 하였죠.

그린워싱을 경계하는 소비자 개인의 노력도 중요하지만, 유럽연합의 법안처럼 정부 역시 그린워싱에 대한 단속을 강화하고 기업의 친환경 경영에 대한 정보가 투명하게 공개되어 진정한 친환경적 소비가 이루어질 수 있도록 뒷받침되어야 합니다.

자연에서 왔다면
모두 착한 옷일까?

#물 #동물학대 #동물실험

좀처럼 쉽게 사라지지 않는 옷들

바로 앞에서 우리는 너무 많이 생산되고, 소비되고, 버려지는 의류들이 이제 골칫거리를 넘어 지구에 재앙을 일으키고 있는 것을 다양한 사례와 함께 살펴보았습니다. 환경문제에 대한 대중적 관심이 높아지면서 이를 악용하려는 기업들의 실태도 들여다보았죠. 친환경으로 위장된 눈속임 마케팅의 이면에 감춰진 결코 환경친화적이지 않은 옷들의 불편한 비밀에 대해서 말이에요.

합성섬유의 경우 세탁은 물론 입고 생활하는 동안에도 상당한 양의 미세플라스틱이 방출된다고 했던 것을 기억하나요? 그러다 보니 조금 비싸더라도 면, 양모 같은 천연 소재의 의류에 관심을 기울

| 소재별 옷이 분해되는 데 걸리는 시간 |

면양말	비스코스[17] 티셔츠	실크 스카프	양모 스웨터
1주일~5개월	4~6주	1~3년 이상	1~5년 이상
나일론 스타킹	가죽 재킷	청바지	폴리에스터 드레스
30~40년 이상	50년 이상	10~12개월 이상	200년 이상

이는 소비자도 늘어나고 있습니다. 천연섬유는 바로 이번에 살펴볼 주제이기도 합니다. 그 전에 먼저 위의 표를 한번 봐주세요. 의류에 가장 많이 소비되는 섬유들의 분해시간을 정리해 본 것입니다.

천연섬유든 합성섬유든 상관없이 한번 만들어진 옷이나 양말 등이 다시 자연으로 돌아가려면 시간이 필요하다는 것을 알 수 있지요? 그리고 이 표에서 정리한 것처럼 섬유마다 분해되는 데 걸리는 시간은 천차만별입니다. 그중에서도 역시 폴리에스터의 분해 기간이 독보적으로 깁니다. 이처럼 합성섬유는 버려진 후에도 너무나

....

17. 비스코스 레이온 섬유: 주로 면 조각이나 종이조각을 화학용제로 녹여낸 실로 뽑아내는 재생섬유. 실크와 촉감이 비슷하여 비단 견자를 써서 인견(人絹)이라 불리기도 함. 인공적으로 만들어 낸 것이지만 식물성 소재가 사용되어 통기성, 흡수력 등기 천연섬유와 비슷하며, 비교적 짧은 시간 내 자연분해된다.

오랜 시간 썩지 않고 지구에 큰 흔적을 남깁니다. 사람들이 다시 천연섬유에 주목하기 시작한 이유죠. 다행히도 천연섬유는 합성섬유에 비하면 그나마 짧은 시간 안에 자연으로 다시 돌아갑니다.

천연섬유는 크게 동물성 섬유, 식물성 섬유로 나뉩니다. 동물성 섬유는 모, 견, 가죽 등이 있고 식물성 섬유는 면, 마 등이 있습니다. 지금부터 천연섬유 중 의류에 가장 많이 사용되는 면과 가죽, 양모 등에 숨은 비밀들을 하나씩 파헤쳐 볼까요?

지구를 바싹 말려버리는 천연섬유 면의 배반

면은 합성섬유 다음으로 가장 대중적으로 많이 쓰이는 천연섬유입니다. 면은 촉감이 좋고, 편안하며 땀을 흡수하고 배출하는 기능이 탁월합니다. 그래서 신생아 제품, 생리대, 속옷 등 피부에 직접 닿는 의류에도 널리 활용되고 있습니다. 특히 피부가 예민한 사람들도 애용하는데, 그만큼 자극 없고, 인체에 해롭지 않은 섬유로 알려져 있습니다. 그런데 면은 과연 지구에도 무해한 섬유일까요? 그것을 알아보기 위해 면의 원료를 살펴보기로 합니다.

면의 원료는 바로 목화입니다. 고려 시대 문익점 선생님께서 원나라에 갔다가 돌아오는 길에 목화밭을 발견하고, 그 씨앗을 붓대 속에 몰래 숨겨 들어왔다는 야사로도 유명하지요. 목화씨를 심으면 하얀 솜 같은 보송보송한 꽃이 핍니다. 요즘은 화원에서도 더러 목화꽃다발을 팔기 때문에 아마 여러분도 실물을 본 적이 있을 거예요. 그 솜으로 실을 뽑아 직조하여 생산한 섬유가 바로 면입니다.

다만 목화 재배에는 치명적인 문제가 있는데, 바로 '물'입니다. 목화밭은 엄청난 물을 빨아들이는데, 현재는 지구를 바싹 메마르게 할 만큼 엄청난 물이 목화밭으로 들어가고 있습니다. 이는 과장이 아니라 대규모 목화밭이 들어선 곳들의 공통된 문제입니다.

세계자연기금(WWF)에 따르면 1킬로그램의 면을 생산하기 위해 약 8,500리터의 물이 필요하다고 합니다. 이는 큰 욕조를 40개 채울 수 있는 엄청난 양입니다. 이로 인해 대규모 목화밭이 늘어선 지역에서는 사막화가 진행되고 있으며, 대표적인 사례가 세계적인 목화 산지 중 하나인 중앙아시아의 아랄해입니다. 아랄해는 1998년만 해도 면적 약 6만8,000제곱킬로미터의 세계에서 네 번째로 큰 호수였습니다. 하지만 수십 년 사이 10분의 1 크기로 줄었고, 주변은 사막화되었습니다.[18] 주요 원인은 목화의 대량 재배에 들어가는 엄청난 물로 수자원이 점점 고갈되었기 때문이죠. 하루가 다르게 말라가는 아랄해는 20세기의 충격적인 재난 중 하나로 꼽힙니다.[19]

중앙아시아의 카자흐스탄과 우즈베키스탄 사이에 위치한 아랄해는[20] 그리스어로 '섬들의 바다'라는 뜻입니다. 이름에 걸맞게 그 면적만 우리나라의 절반이 넘을 만큼 거대했죠. 그런데 1920년대

· ·
18. 이창욱, 〈전 세계 호수 절반이 말라간다〉, 《동아사이언스》, 2023.07.01.
19. 송은미, 〈"20세기 가장 충격적인 재난" 소멸되는 아랄해〉, 《OBS뉴스》, 2024.02.15.
20. 수도권매립지관리공사, 사라져 가는 호수, 아랄해(https://naver.me/Fu6N28AM, 2021.06.21.)

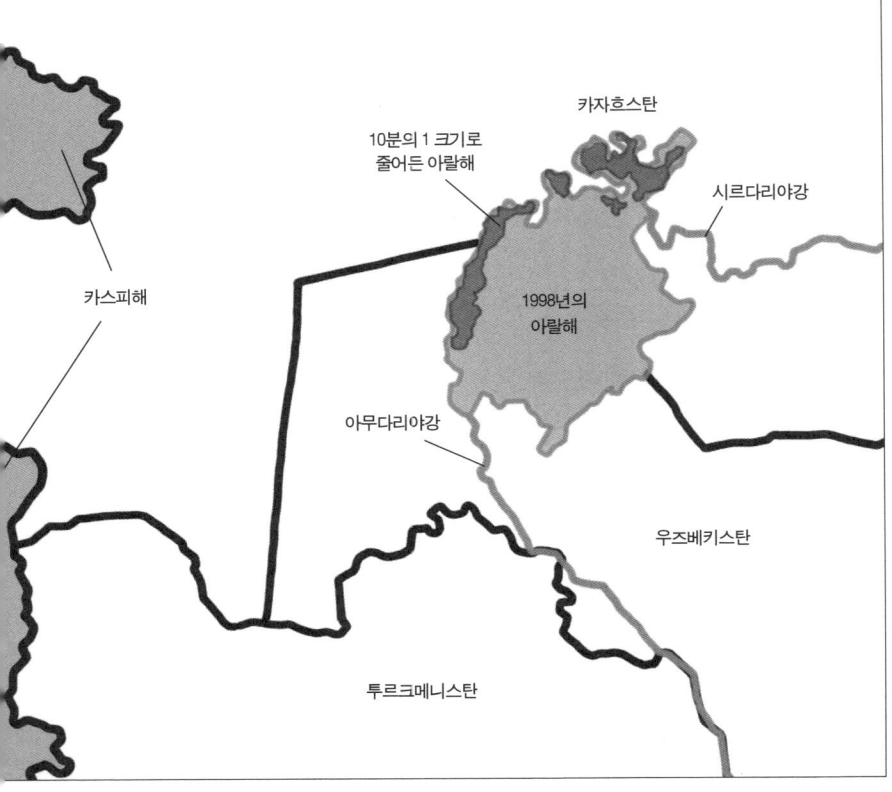

카자흐스탄

10분의 1 크기로
줄어든 아랄해

시르다리야강

카스피해

1998년의
아랄해

아무다리야강

우즈베키스탄

투르크메니스탄

점점 줄어드는 아랄해
대규모 목화밭이 들어서면서 아랄해는 과거에 비해 크기가 점점 줄어들고 있습니다. 물이 말라가며 염도가 높아지고 있습니다. 이제 아랄해 주변은 소금사막이 되어 생물들이 살아갈 수 없는 죽음의 공간이 되었습니다.

구소련 정부가 아랄해 인근 황무지를 개간해 목화 재배지로 만들게 됩니다. 이를 위해 아랄해로 들어오는 '아무다리야강'과 '시르다리야강'의 물줄기를 목화 재배지로 돌리는 공사를 진행했지요. 덕분에 우즈베키스탄은 세계적인 면화 생산국이 됐지만, 이 두 강을 통해 호수의 80퍼센트 이상의 물을 공급받던 아랄해는 규모가 점점 줄어들었습니다.

아랄해는 이름 끝에 붙은 바다 해(海) 자에서 추정할 수 있듯 염분이 있는 호수였는데, 물이 줄어들수록 염도가 크게 높아져 주변은 소금사막이 되었습니다. 이제는 물고기나 식물이 살 수 없는 죽음의 공간이 되고 말았죠. 아랄해의 어류로 생계를 유지하던 어민들은 생계를 잃었고, 주변의 울창한 숲도 모래와 염분이 섞인 바람에 병들어가며 90퍼센트 정도가 사라졌습니다.

천연섬유인 면은 피부에 자극이 없고, 자연에서도 비교적 쉽게 분해되어 무해한 줄로만 알았을 것입니다. 하지만 1장의 대규모 팜유 농장처럼 대량 생산·소비 체제를 감당하기 위한 면화의 대량 재배가 이루어지면서 이제는 지구에 유해해진 것입니다.

그 가방이 어떻게 만들어졌는지 아시나요?

두 번째로 살펴볼 것은 바로 '가죽'입니다. 특히나 천연가죽은 시간이 흐를수록 자연스러운 노화 과정을 통해 오히려 독특한 멋과 매력을 발산하기 때문에 명품브랜드에서 선호하는 소재이기도 합니다.

명품은 대량 생산하지 않고 제한된 수량만 생산합니다. 희소성을 높임으로써 소비자로 하여금 특별해진다는 기분을 가지게 하죠. 또한 오랜 역사와 전통을 유지한 브랜드들이 대부분이기에 그러한 브랜드의 제품을 소유함으로써, 사람들은 자신의 사회적 지위를 과시하고 주변으로부터 인정을 받습니다. 최근에는 인기 연예인에게 인간 샤O, 디O 같은 별명을 붙이는 것도 심심치 않게 볼 수 있습니다. 그래서인지 10대들도 웬만한 명품브랜드를 꿰고 있고, 한정판 명품을 사려고 백화점 영업시간 전부터 대기하는 오픈런도 흔할 만큼 명품을 선망하는 사람이 많아졌습니다.

한때는 살아 있는 동물이었습니다

명품 가방은 얼핏 비슷한 디자인 같아도 가죽에 따라 가격이 달라집니다. 주로 엘리게이터 스킨, 램 스킨, 카프 스킨, 언본 카프 스킨 등이 널리 사용되죠. 엘리게이터(alligator)는 악어라는 뜻이니까 악어의 살가죽이겠죠? 램(lamb)은 새끼 양이라는 뜻으로 생후 1년 미만 새끼 양의 살가죽, 카프(calf)란 송아지라는 뜻으로 역시 생후 1년 미만 송아지의 살가죽입니다. 언본 카프(Unborn calf) 스킨은 희소성 높은 고가 소재로 태어나지 않은(unborn) 송아지, 즉 어미 배 속에서 미처 빛도 보지 못한 송아지를 강제로 꺼내 도축하거나 어미가 보는 앞에서 갓 태어난 송아지의 가죽을 천천히 벗겨내 만듭니다. 그렇게 작업하는 이유는 모공이 열리기 전 태반에서 바로 꺼낸 송아지 가죽의 품질이 가장 좋기 때문이라고 합니다.

　동물가죽 제품 생산의 이면에 대해 경각심을 심어주고 싶었던 걸까요? 영국에서 가장 많은 동물을 보유한 ZSL 런던 동물원 양서·파충류관에서 살아 있는 악어를 대신하여 악어가죽 가방을 전시하기도 하였습니다.[21] 다음은 전시관 안내문의 주요 내용입니다.

"이 가방은 한때 동남아시아와 인도네시아의 강과 하천에서 천천히 헤 엄쳤다. 지난 75년간 시암 악어의 85퍼센트가 사라졌는데, 대부분이 시 암 악어의 가죽을 노린 불법 거래와 밀렵 탓이었다."

그런데 인간의 욕망은 야생의 악어를 포획하는 것만으로는 도저히 채울 수 없었나 봅니다. 한 명품 브랜드는 자체적으로 최대 5만 마 리의 바다악어를 양식할 수 있는 악어 농장[22]을 만들었습니다. 악 어 농장의 5만 마리 악어들은 과연 자신들의 존재 이유가 가방임을 알고 있을까요?

동물뿐만 아니라 환경에도 끔찍한 가죽제품들

가죽 소재의 제품은 동물에게도 끔찍한 죽음을 안겨 주지만, 사람 과 환경에도 유해한 영향을 미칩니다. 93쪽의 표에서도 정리했지 만, 가죽은 천연 소재임에도 자연에서 생각보다 쉽게 분해되지 않 습니다. 이는 동물의 살가죽을 옷이나 가방 등의 제품으로 만드는 과정에서 수많은 화학적 가공이 이루어지기 때문이지요. 동물의 살 가죽을 그대로 사용했다가는 쉽게 부패할 테니까요. 그래서 가죽에 는 크롬과 폼알데하이드 등 여러 중금속과 화학물질을 이용해 부패 하지 않고 부드러워지도록 무두질을 거칩니다. 이 중 크롬의 경우 다행히도 첨단 기술을 적용하면 오염을 94퍼센트까지 줄일 수 있지

....
21. 김지숙, 〈런던동물원에 악어 대신 '악어 가죽백'이 전시됐다〉, 《한겨레》, 2022.08.04.
22. 정소영, 〈'78억' 전세계 3개밖에 없는 악어가죽 핸드백 사겠습니까?〉, 《머니S》, 2020.11.28.

만, 가죽의 화학 처리를 주로 담당하는 인도, 방글라데시와 같은 국가에는 이러한 기술이 부족합니다. 가죽 공장에서 배출되는 화학물질은 그대로 강과 바다로 배출되어 해양생물을 죽입니다. 게다가 그곳에서 저임금으로 일하는 노동자들은 화학물질의 위험에 거의 무방비 상태로 노출되어 있습니다.[23]

  이러한 현실을 제대로 안다면 명품의 의미부터 다시 생각해 볼 필요가 있지 않을까요? 명품의 사전적 의미는 뛰어나거나 이름난 물건입니다. 이런 명품을 영어로 번역하면 'luxuries', 즉 사치품 혹은 고가품으로 해석됩니다. 사치란 필요 이상의 돈이나 물건을 쓰거나 분수에 넘치는 생활을 의미하지요. 혹시 우리는, 우리의 허영심을 채우기 위해 필요 이상으로 생명을 죽이고, 필요 이상의 해악을 자연에 끼치고 있는 것은 아닐까요?

들리지 않니? 사랑스러운 동물들의 끔찍한 비명이

여러분도 울(wool), 즉 양모 스웨터나 코트를 몇 벌쯤 갖고 있을 거예요. 양모는 말 그대로 양의 털인데, 보온성뿐만 아니라 열도 잘 배출하고 통기성도 좋아서 겨울뿐만 아니라 습한 여름철에도 쾌적함이 유지되는 우수한 천연 소재입니다.

....
23. 김윤형, 〈지금 신고 있는 신발에 스민 피, 땀, 눈물 아시나요〉, 《한겨레》, 2022.09.02.

버락의 이야기를 알고 있니?

양모는 양을 죽이지 않고, 털만 깎아서 얻으니까 괜찮다고 생각하나요? 털은 아무리 짧게 깎아도 시간이 지나면 다시 무성하게 자랄 테니 아마 그렇게 생각할 수도 있을 것입니다. 하지만 그렇게 간단한 문제가 아닙니다. 양모의 높은 수요를 감당하기 위해, 또 관리의 편의를 위해 벌어지는 일들의 면면을 살펴보면 분명 적잖이 놀랄 테니까요. 특히 더 많은 털을 얻기 위해 양들에 대한 품종 개량이 이루어지고 있는 점도 기억해야 합니다. 지금 소개할 '버락'이라는 이름의 양처럼 말이지요.

버락은 2021년 호주의 멜버른에서 숲을 배회하다가 털이 잔뜩 엉킨 채로 구조되었습니다. 버락은 귀에 인식표 자국이 남아있던 것으로 보아 과거 양모 생산 농장에서 살았던 것으로 추정되었죠. 버락의 방랑 생활은 꽤 오랜 시간 계속되었는지 발견 당시 어마어마한 털에 갇혀 있었고, 병들어 쇠약해진 상태였습니다. 양모 농장에서 생활하는 버락 같은 양들은 사람들이 주기적으로 털을 깎아주지 않으면 감당할 수 없을 만큼 털이 자라기 때문에, 털을 깎아주지 않는 것도 동물학대에 포함된다고 합니다.

버락을 구조한 후에 털을 깎아보니 무려 35킬로그램에 달했습니다. 버락을 처음 발견했을 때만 해도 털 때문에 덩치가 엄청나게 커 보였지만, 막상 묵은 털을 모두 깎아내고 나니 비쩍 마른 영양실조 상태였지요. 다행히도 버락은 구조된 후에는 털도 잘 관리하면서 건강도 회복했다고 하네요.

버락의 털은 왜 감당할 수 없을 만큼 자랐을까?

버락의 이야기가 세상에 전해지자 네티즌들은 입을 모아 버락을 응원하는 글을 남겼다고 합니다. 이런 응원의 메시지 중에는 더 늦기 전에 구조되어 털을 깎을 수 있어 다행이라는 얘기가 많았지요. 하지만 우리는 버락이 감당할 수 없을 만큼 털이 자라서 잔뜩 뒤엉킨 상태로 발견된 점에 주목해야 합니다.

양과 사람은 사람이 털을 밀어 양의 피부를 보호해 주고 사람은 양의 털로 옷을 만들어 입는 상생 관계로 생각하기 쉽습니다. 하지만 야생종 양들은 자연스레 털갈이가 이루어져 굳이 사람이 주기적으로 털을 깎아줄 필요가 없습니다. 버락은 양모 제공을 위해 개량된 품종이었기 때문에 감당할 수 없을 만큼 털이 자랐던 거죠.

'메리노울(Merino Wool)'은 양모 중에서도 가장 많이 사용되는 종류의 하나입니다. 울 앞에 붙어있는 '메리노'가 바로 버락과 같은 양의 품종을 가리키지요. 더욱이 메리노 품종의 양은 최대한 많은 양모를 얻기 위해 피부를 쭈글쭈글하게 개량한 종입니다. 더 많이 쭈글쭈글해질수록 피부 전체 면적이 넓어져서 훨씬 더 많은 털이 자랄 테니까요. 이처럼 피부가 쭈글쭈글하다 보니 털을 깎을 때 조심하지 않으면 피부에 상처가 나기 쉽겠죠? 하지만 양모 농장에서 털을 깎는 노동자들은 정해진 시간 안에 수확한 양털의 무게로 임금을 받기 때문에 주름진 피부를 일일이 조심스럽게 펴가며 작업하기보다는 조금이라도 더 빨리 깎으려고 양을 함부로 다루기 일쑤입니다. 자연히 양들이 다치는 일도 비일비재합니다.

그런데 그보다 훨씬 더 심각한 동물학대도 자행됩니다. 메리노 종은 쭈글쭈글한 피부 위에 자란 빽빽한 털 때문에 피부 통풍이 잘되지 않고, 피부 틈에 파리가 알을 낳아 구더기가 생기는 경우도 흔하다고 합니다. 이런 것을 방지하려고 메리노 양의 90퍼센트는 뮬싱(mulesing)이라는 피부 시술을 당하고 있어요. 뮬싱이란 배설물이 묻어 구더기가 생기는 것을 막겠다며 어린 양의 항문 주위 가죽을 도려내는 작업입니다. 이 시술은 대개 마취 없이 진행하며, 시술이 끝난 후에도 소독과 같은 별다른 사후 처리가 없다고 합니다. 뮬싱 과정에서 양들은 엄청난 고통과 충격, 스트레스 등을 경험한다고 합니다. 시술하는 내내 농장에는 양들의 고통스러운 비명이 끊임없이 울려 퍼진다고 하지요. 우리는 생살이 조금만 베어도 소스라치게 놀라며 아파서 어쩔 줄 모르는데 말입니다.

살아있는 내내 털이 뽑히는 오리와 거위들

털과 관련된 동물학대 사례를 하나 더 소개하면 바로 패딩의 충전재입니다. 패딩의 충전재로 가장 많이 사용되는 것은 오리나 거위의 솜털입니다. 깃털도 사용되기는 하지만, 몸을 덮은 깃털보다는 솜털의 보온성이 훨씬 뛰어나기 때문이죠. 아무튼 충전재 생산을 목적으로 대량 사육되는 오리나 거위는 생후 10주부터 아무런 마취도 없이 목, 가슴, 겨드랑이 등의 부위에서 솜털을 뽑히게 됩니다. 심지어 이런 고통은 한 번으로 끝나지 않습니다. 이들 오리와 거위들은 살아있는 동안 평균 15번 정도 털을 뽑히게 되는데, 이때의 고통을 사람으로 생각하면 머리카락이 통째로 뽑혀 나가는 것과 같다고 합니다. 심지어 털이 뽑힐 때 살갗이 함께 찢겨나가는 경우도 종종 벌어집니다.

동물복지를 지키기 위한 노력들

다행히도 동물복지에 대한 인식이 날로 높아지면서 동물학대를 지양하는 윤리적 생산 방식을 채택하려는 기업도 늘어나고 있습니다. 예컨대 나이키의 경우에는 제품에 뮬싱 과정이 없는 양모인 **RWS(Responsible Wool Standard)** 인증 울만 사용하겠다고 선언했습니다.[24] 또 패딩 충전재에 대한 **RDS(Responsible Down Standard)** 인증도 있습니다. RDS 인증을 받기 위해서는 오리나 거위 털로 충전재를 생산할 때, 살아있는 상태로 털을 뽑는 행위는 금지되며 청결한 사육 환경, 신선하고 안전한 물 공급, 동물복지에 관한 현지 법규 준수, 강제 급식 금지 등의 관리 수칙을 지켜야 합니다.

또 아직 상용화 단계는 아니지만, 버섯을 활용한 가죽 소재도 등장하기 시작했습니다. 버섯의 뿌리 부분인 균사체는 실처럼 가는 균사가 그물망처럼 치밀하게 얽혀 있는데, 이를 가죽 원단으로 가공할 수 있다고 합니다. 버섯 가죽은 제조 과정에서 오염물질을 만들지 않고, 다 쓴 후에도 생분해돼 퇴비로 사용할 수 있어 기존 가죽의 대체재로 연구되고 있습니다. 비록 대량 생산이 가능할 만큼

....
24. 최유리, 〈나이키, 뮬싱 프리 선언 'RWS 인증' 울 사용〉, 《비건뉴스》, 2023.06.27.

의 연구 개발은 이루어지지 않았지만, 가까운 미래에 버섯 가죽 가방을 메는 사람들을 많이 만날 수 있기를 기대합니다.

하지만 동물들의 고통을 생각한다면 우리의 관심과 노력도 필요합니다. 더 많은 털과 가죽을 인간에게 바치기 위해 개량된 희생양들의 비명은 지금도 지구 곳곳에서 계속 울려 퍼지고 있으니까요. 우리가 그들의 고통에 귀를 기울이지 않는다면 그 비명은 멈추지 않을 것입니다. 예컨대 옷을 살 때, 디자인과 가격만 보지 말고 동물복지에 관한 인증 마크를 확인한 후 구매해 보는 건 어떨까요?

앞으로 우리는 동물의 고통에 귀 기울인, 윤리적인 생산 방식을 따른 기업에게 소비를 통하여 힘을 실어주어야 할 것입니다.

왜 인간이 쓸 화장품을 토끼에게 바르는 거야?

이번에 소개할 내용은 의류와 직접 관련이 없어 보일지도 모릅니다. 하지만 현대 패션 산업은 옷을 넘어 자신을 아름답게 꾸미는 수단으로써 의미가 확장된 만큼 그의 연장선상에서 소개합니다.

'자신만의 아름다움을 표현하세요.'(Be Your Own Kind of Beautiful.)

이것은 글로벌 화장품 브랜드 '메이블린'의 광고문구입니다. 광고에서 말하듯이 화장품은 어떤 것을 선택하여 어떻게 사용하느냐에 따라 자신의 개성을 드러낼 수 있는 수단이 됩니다. 그런데 화장품의 주성분은 대체로 천연물질보다는 화학물질이 사용됩니다. 심지어 천연화장품이라고 불리는 제품에도 약간의 화학물질은 포함될 수 있습니다.[25] 발색력이나 반짝거림, 향기의 극대화 및 부패 방지 등을 위해 화학물질이 사용되는 거죠. 다만 이런 화학물질을 아무런 테스트 없이 외부 자극에 민감한 눈이나 입술, 피부에 직접 바르는 건 심각한 부작용이 일어날 수도 있어 매우 위험합니다.

동물실험이 인간의 안전을 보장해 줄까?

실제로 고대 이집트와 로마 시대에는 납으로 만들어진 하얀색의 화장품으로 얼굴의 잡티를 가렸습니다. 중세 유럽에서도 피부 미백에 강한 효과를 보이는 수은을 화장품의 재료로 많이 사용했습니다. 오랜 시간 화장품을 사용하면서 납과 수은은 몸에 축적되었고 중독 현상을 일으켜 많은 사람을 사망에 이르게까지 했습니다. 단지 미적인 효과만을 생각하며 안전성을 고려하지 않은 탓이었습니다.

현재 우리가 접하고 있는 화장품은 정상적으로 유통되는 것이라면 인체적용시험[26]을 거치고, 성분을 포함하여 복잡한 문구들을 제품 포장지에 기재합니다. 요즘은 소비자들도 화장품을 사기 전에 해당 제품에 혹시 알레르기 유발 물질이나 유해 성분이 포함되지

----

25. 천연 함량이 전체 제품의 95% 이상인 경우 천연화장품이라고 불릴 수 있다.
26. 화장품의 안전성과 유효성을 증명할 목적으로 해당 화장품의 임상적 효과를 확인하고 유해 사례를 조사하기 위하여 사람을 대상으로 실시하는 시험 또는 연구를 말한다.

않았는지 꼼꼼히 살펴보기도 합니다.

일반적으로 화장품의 안정성을 검증하는 가장 흔한 방법은 바로 동물실험입니다. 인간이 사용하기 전에 동물에게 여러 화학물질이 포함된 화장품을 먼저 사용해 본 후, 그 결과를 토대로 안전성을 확인받는 거죠. 그리고 이 실험에 가장 많이 희생되는 동물은 토끼입니다. 토끼를 가장 많이 이용하는 이유는 다루기 쉽고 번식이 빠르기 때문이지요.

토끼를 활용한 자극 실험의 방식을 잠깐 소개하면 먼저 토끼의 목에 동그란 틀을 씌워 토끼가 움직일 수 없게 한 후, 눈꺼풀을 고정해 놓고 자극에 민감한 안구에 화장품 원료를 바른다고 합니다. 발이 닿지 않는 부위인 목뒤나 등 부분의 털을 밀거나 일부러 상처를 내어 피부 자극을 확인하는 테스트를 하기도 합니다. 그다음에 실험 물질을 피부에 접촉을 시키고 필요에 따라서 거즈로 덮어 두는 거죠. 이런 과정을 통해 화학물질에 따른 자극 정도, 염증 반응, 눈물 반응, 가려움 정도를 알아내는 것입니다. 이렇게 희생되는 토끼의 수는 국내 기준 한 해에만 2만7,001마리였습니다(2019년 기준). 여러분은 사랑스러운 토끼가 이런 동물실험에 이용된다고 하니까 끔찍한가요? 아니면 안전성 확인을 위해 토끼의 희생은 어쩔 수 없다고 생각하나요?

하지만 동물실험으로 인간에 대한 안전성을 완전히 보장받을 수는 없습니다. 그 대표적인 사례가 입덧 방지를 위해 사용된 화학 성분 '탈리도마이드'입니다. '탈리도마이드'는 설치류를 대상으로 한 동물 임상실험에서는 아무런 문제가 없는 것으로 나와서 임산부들을 대상으로 판매되었습니다. 하지만 이를 복용한 임산부들에게서 탄생한 약 2만 명의 아이들은 양쪽 팔 또는 다리가 불완전한 형태의 장애를 보였습니다. 같은 약물 또는 물질로 실험하더라도 인간과 동물의 DNA 구조가 다른 만큼 반응이 얼마나 일치하는지를 정확히 알아내기는 그만큼 어려운 일입니다.

언젠가 동물실험이 사라지기를 바라며

최근에는 동물권에 대한 인식이 생기고, 실험 기술이 발전하여 동물실험을 대체하는 방법도 마련이 되고 있습니다. 특히 AI의 급속한 발달은 향후 동물실험이 사라질 수 있을 것인지에 대한 기대감을 높여줍니다. 컴퓨터 모델링을 통해 오로지 컴퓨터 프로그램으로 만든 가상의 인체에서 물질의 효과와 부작용을 실험해 보는 거죠. 또 인간의 세포와 장기를 모사한 오가노이드[27]와 장기칩을 사용해 물질의 독성을 실험하는 기술 역시 개발되고 있습니다.[28] 과학계뿐만 아니라 세계 여러 국가의 정부 역시 동물실험에 대한 대책을 마련하고 있습니다.

먼저 지난 2013년 유럽연합(EU)에서는 화장품 동물실험과 동물

....
27. 오가노이드(organoid)는 실험실에서 특정한 장기의 구조와 기능을 모방하여 성장시킨 3차원 세포 구조이다. 이러한 구조는 주로 줄기세포로부터 배양되며, 실제 인체 내 장기의 작은 모델로서 기능한다.
28. 홍아름, 〈전 세계 동물실험 폐지 움직임 '가시화'… AI와 오가노이드는 동물실험 대안 될까〉, 《ChosunBiz》, 2023.09.14.

다양한 크루얼티 프리 로고들
동물실험을 하지 않은 제품을 찾는다면 '크루얼티 프리' 로고가 붙은 제품을 찾아 구매하면 됩니다. 여기에 소개한 로고 외에도 찾아보면 크루얼티 로고들 대부분은 토끼가 그려져 있는 것을 확인할 수 있는데, 동물실험에 그만큼 많은 토끼들이 사용되고 있음을 의미합니다.

실험을 한 화장품 판매를 금지하였고, 뒤이어 인도·이스라엘·노르웨이·아이슬란드·스위스·멕시코 등이 유사한 법을 통과시켰습니다.[29] 소비자인 우리는 동물실험에 대한 반다 의사를 동물실험을 하지 않은 제품을 구입하는 것으로 표현할 수 있습니다.

앞으로 동물실험을 하지 않는 화장품을 소비하고 싶다면 방법이 있습니다. 바로 제품에 **크루얼티 프리(cruelty free)** 마크가 있는지 확인하는 거죠. 크루얼티 프리 마크에는 화장품 실험에 가장 많이 희생되는 토끼가 그려져 있으니, 화장품을 살 때 포장을 조금만 주의 깊게 살펴보면 쉽게 확인할 수 있을 거예요. 물론 동물실험을 하지 않은 제품을 산다고 해도, 당장은 아무것도 달라지지 않는 것처럼 느껴질지 모릅니다. 하지만 작은 실천들이 계속 쌓인다면, 분명 고통받는 동물들의 미래를 구할 수 있을 것입니다.

....
29. 허강우, 〈동물실험 화장품 판매금지 '확산일로'〉, 《코스모닝》, 2023.01.24.

환경을 생각하는 슬기로운 의생활

03

#합리적 선택 #패스트 패션

패스트 패션 산업과 온라인 쇼핑

요즘은 옷을 살 때, 온라인 쇼핑을 선호하는 사람이 많습니다. 이에 따라 온라인 패션 시장의 규모도 나날이 커지고 있지요. 굳이 밖으로 나가서 이 가게 저 가게 다니면서 수고롭게 발품을 팔 필요 없이 집에서 편안한 자세로 쉬면서 터치 한 번으로 검색하면 됩니다. 가격도 비교하여 고를 수 있으니 매우 편리하죠. 또 상품을 받아보고 영 마음에 들지 않으면 반품도 손쉽습니다.

온라인 쇼핑몰에서 유통되는 옷들은 유행을 발 빠르게 반영하며, 패스트 패션의 가파른 성장세를 이끌고 있습니다. 그와 함께 고객의 쇼핑 편의를 돕기 위한 기술적 발전도 두드러집니다.

온라인 쇼핑몰의 기술적 진화

온라인 쇼핑몰은 소비자가 옷을 입어 보지 않고 구매하다 보니 화면에 노출된 모델의 착장 이미지가 매우 중요합니다. 그래서 어떤 옷을 걸쳐도 멋들어지게 소화할 수 있는 비율 좋은 모델들을 고용해 옷의 매력을 극대화하지요. 아쉬운 점이라면 상품을 받아서 입어 본 소비자의 만족도와 직결되지 않는 점이었습니다.

그래서 온라인 쇼핑몰은 소비자들의 요구에 맞춰 빠르게 진화하였습니다. 모델에만 의존하지 않고, 고객 개개인의 욕구와 개성을 반영한 맞춤 정보를 제공하는 거죠. 예컨대 자신의 키와 몸무게, 신체 사이즈 등을 입력하면 해당 옷이 잘 맞는지, 큰지, 작은지 등을 알려주기도 합니다. 나와 비슷한 체형의 모델이나 고객이 착용한 사진을 볼 수 있게 하는 쇼핑몰도 늘고 있죠. 평소 자주 구매한 옷 스타일이나 검색한 내용 등에 관해 누적된 데이터를 분석하여 'ㅇㅇㅇ님을 위한 브랜드', 'ㅇㅇㅇ님의 취향 저격 상품' 등의 이름으로 고객 맞춤형 정보를 반복 노출하여 쇼핑 욕구를 자극하는 것입니다.

패스트 패션을 넘어 울트라 패스트 패션으로

온라인 패션이 인기 있는 또 다른 이유는, 자고 나면 변화하는 트렌드를 매우 빠르게 반영하기 때문입니다. 최근에는 패션의 유행 주기가 과거처럼 길지 않습니다. 좀 먼 과거로 돌아가 볼까요? 중세 이후 옷의 유행은 대략 한 세기, 즉 100년에서 최소 수십 년이었습니다. 그러던 것이 대량 생산과 노동의 기계화를 가져온 산업혁명

#온라인쇼핑몰_#패스트 패션_#맞춤추천_#알고리즘

알고리즘 추천의 늪

나날이 발전하는 온라인 쇼핑의 기술은 오프라인 쇼핑몰을 돌아다니며 제품을 하나씩 착용해 보는 수고로움을 크게 덜어줍니다. 실제로 빅데이터 분석을 해 보면 MZ 세대 패션 소비와 관련된 주요 키워드 중 하나가 '추천'입니다. 하지 만 알고리즘의 추천은 옷이 정말 필요할 때만 우리 곁에 있는 것은 아닙니다. 쇼핑과 관련 없는 SNS나 검색 활동을 할 때도 알고리즘에 의한 패션 광고는 계속해서 화면 한켠에 등장하지요. 실수로 터치라도 하게 되면 온라인 쇼핑몰 을 둘러보도록 하여 불필요한 소비를 하게 만듭니다.

이 일어난 19세기 후반 이후부터는 대략 10년 주기로 크게 줄어들 었고, 어느새 1년 주기로 바뀌었죠. 그러다가 20세기 후반부터 소 위 SPA 브랜드(Speciality retailer of Private label Appare)[30]들이 속속 등장했습니다. 이들 브랜드는 매 시즌마다 새로운 유행을 선보였 고, 그렇게 패스트 패션 시장은 나날이 성장했죠.

그런데 지금은 그보다도 더 빨라진 나머지 패스트 패션을 넘어 '울트라 패스트 패션'이라는 신조어까지 생겨났습니다. 처음 패스 트 패션이라는 말이 생긴 이유도 패스트푸드처럼 빠르게 생산되는 옷을 의미했습니다. 패스트 패션은 보통 한 달에 한 번 정도 트렌드 를 반영하여 옷을 대량 생산하는 것을 의미했는데, 울트라 패스트

....
30. 기존의 대량생산 방식이 아니라 다양한 제품을 조금씩 생산하는, 즉 다품종 소량 생산하는 브랜드를 의미한다.

패션은 그 속도마저도 1~2주로 단축시켰습니다. 마케팅 전략은 단순합니다. 빠르게 변화하는 유행을 따라가지 못하면 어쩐지 뒤처지는 것 같은 불안 심리를 이용하여 새로운 옷을 계속 소비하도록 소비자를 부추기는 거죠. 자주 사야 하니까 너무 비싸면 곤란하겠죠? 그래서 가성비를 중시하는 소비자들의 욕구에 맞게 가격까지 아주 착합니다. 빛이 있으면 그림자가 존재하듯, 싼값에 제품을 생산하려면 반드시 누군가의 희생이 필요해집니다.

싼값에 가려진 노동자의 피, 땀, 눈물

옷 한 벌이 만들어지기까지는 생각보다 많은 사람의 손을 거치게 됩니다. 그렇다면 의류 생산에 종사하는 사람들은 패션 산업이 성장한 만큼 정당한 대우를 받고 있을까요? 생각해 보면 유행 주기가 매우 짧은 패스트 패션 의류들은 저렴한 가격이 강점입니다. 어떻게 이토록 싸게 공급할 수 있는 걸까요? 거기에는 꽤 불편한 비밀들이 숨어 있습니다. 바로 지금부터 살펴볼 이야기처럼요.

시중에 판매되는 의류의 가격은 천차만별입니다. 앞서 소개한 것처럼 온라인 쇼핑몰, SPA 브랜드의 패스트 패션 의류들은 대체로 싼값에 판매되지요. 소재도 주로 저비용으로 대량 생산이 가능한 합성섬유로 만들어진 것들이 대부분이에요. 하지만 부담 없이 자주 살 만큼 값싸게 만들려면 값싼 소재만으로는 부족합니다. 지금처럼 저렴한 의류 가격을 가능하게 만든 더 큰 이유는 바로 엄청나게 낮은 인건비 덕분입니다.

혹시 패스트 패션을 주도하는 SPA 브랜드 의류 회사들의 생산 공장이 주로 어디에 있는지 알고 있나요? 이들은 방글라데시, 캄보디아, 인도 등 인건비가 저렴한 나라에 생산 공장을 짓고, 이곳에서 생산해 각국으로 수출합니다. 이미 짐작하고 있겠지만, 이런 의류 공장의 노동자들은 매우 열악한 환경에서 일하고 있습니다. 당연하게 보장되어야 할 기본적인 노동인권조차 철저히 외면당하고 있었죠. 그러다가 의류 공장 노동자의 참혹한 현실이 전 세계에 알려지는 사건이 일어납니다.

건물이 무너지는데 일을 하라고요?

라나 플라자는 방글라데시의 수도 다카 인근 지역의 9층짜리 빌딩입니다. 이 건물에는 상점과 사무실도 약간 있지만, 대부분 의류 봉제공장이 입점해 있었죠. 그런데 2013년 4월 24일에 이 건물이 무너져 내린 것입니다. 무려 1,136명이 목숨을 잃었고, 2,500명 이상이 부상을 입었습니다. 더욱 충격적이었던 사실은 이 참사가 '예측되어 있었다'는 것입니다. 사고 발생 하루 전, 라나 플라자 건물 곳곳에 균열이 발견되었고, 경찰이 해당 건물 근무자들에게 대피를 권고하기도 했습니다. 하지만 공장주들은 노동자들의 대피를 막고 계속 일을 하도록 지시했습니다. 뻔히 위험이 경고된 상황에서도 대피조차 하지 못한 천여 명의 노동자가 하루아침에 목숨을 잃고

만 것입니다.

사고 이후 조사하면 할수록 그간 쉬쉬해 온 어처구니없는 일들이 계속 밝혀집니다. 라나 플라자 붕괴 이전인 2006년부터 2010년 사이에 230여 개의 공장에서 사고가 발생해 500여 명의 노동자가 사망하였고, 사고가 발생하기 직전인 2012년 11월에도 다카 인근의 공장에서 불이 나 백십여 명이 사망한 것으로 밝혀진 거죠. 라나 플라자 참사가 일어난 지 벌써 10년이 넘었지만, 공장주나 사업주들에 대한 처벌은 미비하고, 간신히 탈출하여 목숨을 건진 일부 생존자들은 여전히 악몽에 시달리고 있다고 합니다.[31]

보호장비는 어디에?

의류 산업에 종사하는 생산직 노동자를 위협하는 것은 비단 부실한 건물만이 아닙니다. 노동자들의 상당수는 마땅한 보호장비조차 갖추지 않은 채 온갖 위험한 상황에 내몰리거나 독성물질에 노출되기도 하니까요. 의류를 생산하는 데 무슨 독성물질이 사용되나 싶겠지만, 생각보다 꽤 많습니다. 예컨대 신발을 만드는 공장에서 많이 사용하는 접착제와 세척용 화학물질만 해도 독성이 강한 편이죠. 이런 물질들은 심지어 휘발성도 강하기 때문에 보호장비를 갖추지 않으면 호흡기나 피부 등을 통해 쉽게 흡수되고, 장기적으로 노출되면 체내에 쌓여 신경 손상, 혈액암 등의 위험도 있습니다.

....

31. 유창엽, 〈1천134명 목숨 앗아간 방글라데시 의류공장 붕괴참사 10주년〉, 《연합뉴스》, 2023.04.25.

하지만 대부분의 개도국 신발공장에서 일하는 노동자들은 제대로 된 보호장비는커녕 안전 장갑도 없이 환기도 잘되지 않는 공간에서 작업을 하고 있지요. 심지어 기한 내 납품해야 할 엄청난 작업량을 맞추기 위해 별도로 분리된 공간이 아닌 작업대 위에서 식사까지 한다고 합니다. 작업대는 물론 공기 중에도 독성물질이 그득할 텐데 말입니다.

난민과 어린아이까지 동원되는 노동 현장

인건비를 쥐어짜기 위한 시도는 끝이 없습니다. 기업은 계속해서 조금이라도 더 값싼 노동력을 제공할 노동자를 찾고 있으니까요. 그렇게 찾아낸 노동자가 바로 난민이었습니다. 대표적으로 내전을 피해 튀르키예로 넘어온 시리아의 난민들이 있습니다.

신발 생산직 이야기를 계속하면 시리아 난민들은 절박한 현실 속에서 선택지가 거의 없다 보니, 먹고 살기 위해 어쩔 수 없이 상당수가 신발공장에서 생산 노동자로 일하고 있다고 합니다. 심지어 이들 중 가장 어린 노동자는 고작 6살에 불과했죠. 튀르키예의 아동 노동자 수는 공식 통계상 70만 명, 노동조합 추산 200만 명에 이릅니다.[32] 지속적으로 노출되면 뇌 발달 장애, 폐 질환, 중독 가능성이 높은 독성물질 그득한 위험한 환경에 내몰린 채 거의 온종일 신발을 만들고 있는 거죠.

....
32. 류재성, 《6살 데려다 착취… 당신 신발에 담긴 추한 현실입니다》, 오마이뉴스, 2023.01.24.

우리가 착한 가격으로 가볍게 소비하고 또 싸기 때문에 아까운 마음 없이 쉽게 버리는 옷, 신발 뒤에는 한 달을 꼬박 일해도 20만 원을 겨우 받는 노동자들[33]의 노고가 있습니다. 게다가 그들은 언제 무너질지 모르는 공장에서 안전 장비는커녕 환기도 제대로 되지 않아 독성물질이 그득한 쾌쾌한 연기를 한껏 들이마시고 있습니다. 지금 우리가 몸에 걸치고 있는 옷과 신발에도 어쩌면 이런 노동자의 피, 땀, 눈물이 배어 있을지 모릅니다.

지속가능한 의생활을 위하여

앞서 살펴본 이야기들이 조금 무겁고 불편했나요? 어쩌면 이미 들어 알고 있는 내용도 있었을 것이고, 처음 접하고 깜짝 놀란 친구도 있을지 모르겠습니다. 중요한 건 옷과 신발 등 의류 생산에는 겉으로 드러나지 않을 뿐, 동물과 인간, 자연환경 등을 아우르는 수많은 희생이 뒤따른다는 점입니다.

특히 옷이 환경에 미치는 영향은 더 이상 간과할 수 없는 위중한 문제입니다. 전 세계 폐수의 약 20퍼센트는 옷이 만들어지며 사용된 염색제, 표백제 등으로 발생한 오염물질 때문이라고 합니다. 또 아까 설명한 것처럼 세탁할 때마다 배출되는 미세플라스틱 문제도

....
33. 김은형, 〈지금 신고 있는 신발에 스민 피, 땀, 눈물 아시나요〉, 《한겨레》, 2022.09.02.

청바지를 만들기까지

튼튼한 소재로 만들어졌으며, 다양한 상의와 매칭하기 쉬워 1초에 73장씩[34] 판매된다는 패션 아이템, 청바지. 여러분의 옷장에도 분명 자리를 차지하고 있을 청바지가 어떻게 생산되는지 아나요? 청바지의 푸른색은 인디고라는 푸른 염료에서 나오는 것으로 원래는 식물에서 추출하는 천연염료였습니다. 하지만 연간 50억 벌 정도의 수요를 감당하기 위해 화학적 합성이 필요해졌습니다. 현재 청바지를 염색하는 물질의 생산 과정은 석유에서 얻는 벤젠을 출발물질로 해서 유독한 화합물인 아닐린을 거쳐 인독실이 만들어지고 이를 산화해 인디고가 나옵니다. 이 과정에서 어마어마한 양의 물이 사용되며, 중간물질인 아닐린은 발암물질입니다. 개도국에서는 적절한 보호장비 부족으로 인해 이러한 위험 독성물질들을 흡입하는 공장 근로자들이 대부분입니다.

또 청바지의 멋스러움을 살려주는 물 빠짐 효과를 위한 공정에서는 많은 물과 전기, 카드뮴, 납, 수은과 같은 위험한 중금속을 함유한 물질이 사용됩니다. 다수의 청바지 공장이 있는 중국 광동성의 폐수에서는 중국 국가 기준의 128배[35]가 넘는 카드뮴이 검출되었습니다. 우리가 멋스러움을 따지고 있을 때, 지구 한 편의 강은 죽음의 푸른 빛으로 물들어가고 있습니다.

··········
34. KBS뉴스, 〈[지구촌 Talk] '세계인의 옷' 청바지가 감추고 있는 진실은?〉, 《KBS》, 2021.05.27.
35. 환경부 공식 블로그, 〈청바지와 속옷에 숨겨진 더러운 비밀〉, 2013.02.04.

심각하지요. 좀 더 구체적인 수치로 들여다보면 옷 세탁으로 배출되는 미세플라스틱은 해양으로 배출되는 미세플라스틱의 35퍼센트[36]를 차지하며, 옷이 만들어지고 폐기되는 과정에서 배출하는 탄소의 양은 전 세계 온실가스 배출량의 10퍼센트가량[37]에 이른다고 하니까요. 인간의 삶에서 옷과 신발은 꼭 필요한 것인데, 어느덧 지구가 감당하기 힘들 정도가 되어버린 거죠. 그렇다면 지속가능한 의생활을 위해 우리는 어떻게 해야 할까요?

옷을 살 때는 한 번 더 생각합니다

먼저 옷을 살 때를 생각해 볼까요? 첫째, 관리하기 쉬운 옷을 고릅니다. 옷의 태그를 살펴 옷 관리법을 꼼꼼히 읽은 뒤 스스로 관리할수 있는지 보는 거죠. 관리하기 어려운 옷은 쉽게 손상될 수 있습니다. 따라서 보풀이 잘 일어나지는 않는지, 얼룩이 묻었을 때 잘 지워지는지 등을 고려하여 옷을 고릅니다.

얼룩이 묻은 옷을 그냥 버리는 사람도 적지 않은데, 얼룩을 제거하여 옷을 관리하는 몇 가지 팁을 소개합니다. 얼룩 제거에 가장 중요한 원칙은 생기는 즉시 세탁해야 지워질 확률이 높다는 것입니다. 바로 세탁기에 넣을 수 없는 상황이라면 그 부분만이라도 빨리 부분 세탁해야 합니다. 얼룩의 종류에 따라 지우는 방법은 조금씩

....
36. 이미지, 〈"물속 미세플라스틱 35%가 옷에서?" 친환경 공정 도입하는 의류기업들〉, 《동아일보》, 2022.07.26.
37. 손령, 〈[특파원이 간다] 입던 옷들이 바다에? '패스트 패션'의 그늘〉, 《MBC NEWS》, 2024.03.21.

다른데 우유의 경우 알코올 성분이 있는 물파스로 얼룩을 제거한 후 찬물로 씻어냅니다. 또한 우유는 단백질 성분으로 열을 만나면 응고돼 없애기가 어려워지므로 찬물로 씻어내야 합니다. 비비크림이나 파운데이션 같은 화장품으로 인한 얼룩은 메이크업 클렌징 제품, 김치 얼룩은 주방세제를 사용하면 좋습니다.

둘째, 사기 전에 혹시 옷장에 이미 비슷한 옷이 있는지 살펴봅니다. 같은 옷을 자꾸 사들이는 것은 아닌지 따져 보는 거죠.

셋째, 유행이나 광고로 인해 사는 것은 아닌지 생각해 봅니다. 패스트 패션의 평균 전시 기간은 2주에 불과합니다. 나에게 어울리지 않는데, 당장 유행이라서 혹은 모델이 입은 사진이 멋지게 보여서 등의 이유로 옷을 사려는 것은 아닌지 고민해 봅시다.

넷째, 중고시장을 방문해 봅니다. 중고시장의 옷들은 가격도 저렴하고, 꼭 남이 입었던 옷만 있는 것도 아닙니다. 아무도 입었던 적 없는 재고 의류도 있으니까요. 나에게 더 이상 필요 없는 옷은 기부하고, 관리 잘 된 중고 의류도 구매해 봅시다. 물론 중고 의류가 싸다고 막 사들이는 것은 곤란하겠죠?

다섯째, 버리는 대신 바꿔 입어 봅시다. 실제로 구매한 옷 중 한 번도 입지 않고 보관만 해둔 옷의 비율이 평균 21퍼센트로 조사되기도 했습니다. 결코 적지 않은 수치입니다. 21퍼센트의 옷을 그냥 버리기보다는 주변 사람과 혹은 SNS를 활용하여 바꿔입어 봅시다. 직접 바꿔 입기 힘들다면 아름다운 가게, 숲스토리, 옷캔, 굿윌스토어 등에 기부해도 좋습니다.

돌려입기의 고수 되기! 캡슐옷장

캡슐 옷장이란 '최소한의 옷을 조합하여 여러 가지 의상을 만들 수 있는 옷장'을 뜻합니다. 이는 1970년대 영국의 의류 디자이너 수지 폭스(Susie Faux)가 처음 제안한 개념으로, 계절마다 30~40개의 기본 아이템을 선택해 스타일링하는 방식입니다. 그녀는 '유행을 타지 않으면서 시즌별 의상과 조합할 수 있는 필수 의류 품목 컬렉션'을 소개하였고, 적은 수의 옷으로도 계절과 유행에 크게 구애받지 않고 다양한 스타일을 연출할 수 있음을 증명했습니다. 캡슐 옷장을 꾸리기 위한 몇 가지 팁을 소개합니다.

★ **기본 색상 선택하기**: 검정, 흰색, 남색, 회색 등의 기본 색상은 다른 색상과 쉽게 매치할 수 있어 다양하게 활용될 수 있습니다. 컬러감이 있는 것을 좋아한다면, 자신이 좋아하고 피부색에 잘 어울리는 1~2가지 포인트 컬러를 추가하여 자신의 개성을 더하는 것도 좋습니다.

★ **좋아하는 아이템 목록 만들기**: 현재 나의 옷장을 살펴보고 내가 자주 입고 좋아하는 패션 아이템 목록을 만들어 봅니다. 이러한 목록은 자기의 착장에서 기본을 구성해 주는 옷이 됩니다. 자주 입는 옷이 아닌 경우 한 달 또는 일 년에 몇 번 입는지를 생각해서 별로 입지 않고 공간만 차지하고 있는 것들은 과감한 정리가 필요합니다.

★ **품질 좋은 제품 고르기**: 캡슐 옷장은 적은 수의 옷을 여러 차례 돌려 입기 때문에 제품의 착용 횟수가 늘어납니다. 이렇게 되면 자연히 제품의 마모가 더 빠르게 일어납니다. 따라서 조금 비싸더라도 내구성이 뛰어난 소재로 만든 옷을 선택하여 오래 착용할 수 있도록 합니다.

새 옷을 절대 사지 말라는 것은 아닙니다. 다만 눈만 깜박해도 지나가 버리는 요즘 유행을 따라잡겠다며 계속 쇼핑해 봤자 남는 것은 딱히 입을 만한 옷은 보이지 않는 미어터지는 옷장과 채워지지 않는 공허한 마음뿐입니다. 왜냐하면 아무리 옷장을 채우고 또 채워도 유행은 이미 저만치 멀리 도망가고 있을 테니까요. 하나뿐인 지구와 지구에서 살아가는 수많은 생명을 위해 절제와 경계의 자세를 보여주세요.

세탁이 환경에 미치는 영향을 생각합니다

오염된 옷을 오래 방치하면 묵은때가 잘 빠지지 않거나 옷감이 상할 수도 있습니다. 따라서 잘 세탁해서 관리해야 하죠. 하지만 요즘은 깨끗한 옷도 찝찝하다며 그냥 세탁해 버리는 경우가 많지요? 무조건 세탁기 안에 던져넣고 돌리기 전에 조금만 생각하면 환경에 미치는 영향을 줄일 수 있습니다.

첫째, 빨래 횟수와 탈수 시간을 줄입니다. 세탁을 너무 자주 하면 옷의 형태나 색이 변하게 됩니다. 자연히 옷감도 빨리 닳아 오래 입을 수 없게 되지요. 그뿐만 아니라 세탁으로 인한 미세플라스틱 배출도 많아집니다. 특히 옷의 소재가 폴리에스터 같은 합성섬유라면 말할 필요도 없겠지요.

둘째, 세탁기에 세탁물을 채워 세탁합니다. 세탁물을 세탁기에 채운 후에 세탁하면 옷 사이의 마찰이 줄어 미세플라스틱이 적게 나올 뿐만 아니라 물과 전기도 절약할 수 있습니다.

셋째, 식물성 계면활성제가 포함된 세제를 선택합니다. 계면활성제는 옷에서 얼룩과 때를 분리시키고 헹굴 때 물과 함께 빠져나가게 하는 역할을 하는 성분입니다. 원료에 따라 지방산계, 석유계, 식물계로 나뉩니다. 이 중 식물성 계면활성제가 물속에서 분해가 빨라 그나마 수질을 가장 적게 오염시키므로 세제를 선택할 때도 어떤 것을 선택할지 잘 살피는 게 좋습니다.

넷째, 섬유유연제 대신 백식초를 사용합니다. 시판되는 섬유유연제에는 대부분 합성향료와 미세플라스틱이 들어있습니다. 섬유에 오래도록 배어나는 향긋한 향은 그냥 얻어지지 않습니다. 따라서 세탁 마지막 단계에는 섬유유연제 대신 식초를 활용해 봅시다.

다섯째, 뜨거운 물보다는 찬물 세탁을 이용합니다. 물의 온도가 높아질수록 세탁 시 미세플라스틱이 더 많이 발생한다는 연구 결과가 있습니다.

세탁 시에 발생하는 미세플라스틱을 줄이기 위해 기업이 할 수 있는 일도 있습니다. 바로 물과 함께 배출되는 미세플라스틱 섬유를 물리적으로 걸러낼 수 있도록 물이 하수구로 배출되기 전에 이 섬유들을 수집하는 미세플라스틱 저감 장치를 세탁기에 설치하는 것입니다. 프랑스는 2025년부터 새로 판매되는 세탁기에 미세플라스틱 필터를 부착하도록 지난 2000년 의무화했습니다. 반면 우리나라는 아직 의무화가 아닌 만큼, 빠른 시일 내에 의무화가 자리 잡을 수 있도록 시민들이 목소리를 높여야 합니다. 시민이 지속적으로 한목소리를 낸다면 결국 기업과 정부도 움직일 것입니다.

그녀의 붉은 드레스

2020년 2월, 우리나라 최초로 영화 〈기생충〉이 아카데미 작품상을 수상하며, 우리나라는 물론 세계가 열광했습니다. 그런데 작품상 못지않게 시상식에서 주목받은 것이 하나 더 있습니다. 바로 작품상의 시상자로 초대된 배우 제인 폰다가 입은 붉은 드레스입니다. 이 드레스는 2014년 그녀가 프랑스 칸 영화제에서도 입었던 것이었죠. 이것이 화제가 된 이유는 배우들이 공식 석상에서 똑같은 옷을 다시 입는 경우가 드물뿐더러, 심지어 저마다 화려함을 한껏 뽐내는 자리인 레드카펫에서 한 번 입었던 드레스를 다시 입는 것을 좀처럼 찾아보기 어렵기 때문이지요.

제인 폰다는 배우이면서 오랜 시간 활동해온 사회운동가이기도 합니다. 그녀가 아카데미 시상식 날 드레스 위에 걸친 붉은색 코트 역시 기후위기 시위를 위해 산 것이라고 하면서 이런 말을 남겼다고 합니다.

> "(시위에 참석하기 위해) 붉은 옷이 필요해서 세일하는 것을 샀다. 이 옷은 내가 사는 마지막 옷이 될 것이다."

여기서 우리는 지속가능한 의생활을 위하여 가장 중요한 원칙을 배울 수 있습니다. 그것은 바로 **쉽게 사지 않는 것**입니다. 화려한 새 옷보다 하나뿐인 지구와 다양한 생명을 생각하는 자세가 우리를 더욱 빛나게 해주는 일임을 기억하면 좋겠습니다.

사라지지 않는
플라스틱과의 전쟁

코로나19 팬데믹으로 사회적 거리두기는 일상이 되었습니다. 이제 거리두기는 완화되었지만, 짧은 기간 동안 쇼핑, 외식문화에 많은 변화가 생겼습니다. 당시 외출이 어려워져 택배 및 배달 음식 소비가 눈에 띄게 늘다 보니 일회용품 쓰레기양도 증가했죠. 우리 주변에도 일회용 플라스틱이 넘쳐납니다.

세 번째 장에서는 우리가 편리하게 사용하고 있는 플라스틱이 환경에 미치는 영향에 대해 알아보고자 합니다.

너무 편리한 나머지 무분별하게 사용되고 쉽게 버려진 플라스틱은 썩지 않고 계속 쌓여가며 지구의 땅과 바다를 오염시키고 있습니다. 심지어 사라지는 대신 잘게 부서져 보이지 않는 미세플라스틱이 되어 우리를 위협하고 있죠. 이러한 현상은 환경은 물론 인간에게도 부정적인 영향을 미칠 거라는 데 모두 공감할 것입니다. 한번 만들어지면 지구에서 좀처럼 사라지지 않는 플라스틱, 대체 어떻게 사용해야 할까요?

CHAPTER

03

플라스틱

판타스틱?
플라스틱!

#플라스틱 #당구공 #일회용품 #가소성

지금은 플라스틱 시대

플라스틱이 처음 등장했을 때, 사람들은 이를 '신의 선물'이라고 극찬했습니다. 플라스틱 덕분에 모두가 전보다 훨씬 풍요로운 생활을 할 수 있게 되었으니까요. 플라스틱이 등장하며 가늘면서도 튼튼한 섬유로 옷을 짓게 되었고, 사용하기 편하고 값싼 생활용품도 얻게 되었습니다. 그런데 어쩌다가 신의 선물이라는 찬사를 받던 플라스틱이 환경오염의 대명사라는 오명을 쓰게 되었을까요?

우리나라는 전 세계에서 손꼽히는 플라스틱 '다소비국가'입니다. 유럽플라스틱제조자협회(EUROMAP)에 따르면 우리나라의 연간 1인당 플라스틱 원료 사용량은 132킬로그램(2015년 기준)이라고 합니다. 170킬로그램인 벨기에와 141킬로그램인 대만 등과 함께 플라스틱을 많이 소비하는 나라로 꼽힙니다.[1] 현재 우리는 플라스틱이 없는 세상을 도무지 상상하기 어렵습니다. 단 하루라도 플라스틱을 사용하지 않으면 일상을 살아갈 수 없으니까요. 믿기 어렵다고요? 다음의 이야기를 한번 살펴봅시다.

> 아침에 일어난 지구는 욕실에 들어가 칫솔에 치약을 짜서 양치질하고, 샤워기를 들어 몸을 씻었습니다. 씻고 나온 지구는 새로 산 옷을 꺼내 입었습니다. 냉장고를 열어 밀폐용기에 담긴 과일을 먹고, 일회용 마스크를 챙겨 가방을 멘 후 등굣길에 나섰습니다. 교통 카드로 버스비를 내고 올랐더니 운이 좋게도 자리가 비어 앉을 수 있었습니다. 의자의 파란 시트가 편안하게 몸을 감쌌습니다. 시원한 바람이 드는 창가, 귀에 꽂힌 이어폰에서 좋아하는 음악 소리가 흘러나옵니다. 목이 말라 학교 앞 편의점에서 생수 한 병을 사 들고 교실에 도착했습니다.

위의 이야기에서 플라스틱이 조금이라도 사용된 것들은 무엇일까요? 옷, 밀폐용기, 일회용 마스크, 가방, 냉장고, 샤워기, 칫솔, 치약, 교통 카드, 파란 시트, 이어폰, 생수병 등등 대부분이 플라스틱입니다. 짧은 등굣길만 봐도 다양한 플라스틱을 사용하고 있는 거죠. 우리의 일상은 이렇게나 플라스틱으로 가득 채워졌습니다. 역

....
1. 양효선, 〈전세계 '플라스틱 한국'에 주목하는 이유⋯ "일회용품 규제 허점 투성"〉, 《천지일보》, 2024.02.12.

사에서 도구를 만들 때 사용했던 재료로 시대를 구분해온 것처럼, 어쩌면 훗날 후손들은 지금을 '플라스틱 시대'라고 부를지도 모르겠습니다. 우리를 플라스틱으로 다양한 도구를 만들고 사용했던 인류로 기억하는 거죠.

플라스틱은 어떻게 세상에 나온 걸까?

플라스틱은 가볍고, 일정 압력을 견딜 만큼 단단합니다. 무엇보다 다양한 형태로 자유롭게 성형할 수 있다는 장점 덕분에 광범위하게 물건의 주요 소재로 사용되고 있지요. 현대에 이르러 기술의 발전과 함께 플라스틱의 활용은 우리의 상상을 뛰어넘을 만큼 진화하였습니다. 젖지 않는 방수 코트, 고무보다 질긴 합성섬유로 만든 끈, 손톱보다 작은 부품 등도 플라스틱을 이용하면 어렵지 않게 만들 수 있죠. 이렇게 다양한 쓰임새를 가진 플라스틱은 대체 언제 어떻게 세상에 나왔을까요?

최초의 플라스틱이라고 부르는 물질이 개발된 것은 19세기입니다. 플라스틱의 탄생 계기는 좀 의외일지 모르지만, '당구'라는 스포츠 덕분입니다. '당구'는 기다란 큐대로 규칙에 따라 당구공을 맞혀 점수를 내는 스포츠입니다. 플라스틱이 세상에 나오기 전까지 당구공은 코끼리의 상아를 둥글게 깎아서 사용했다고 합니다. 큐대로 공을 쳤을 때, 당구대 밖으로 쉽게 날아가 버리지 않고 묵직하게 굴

러갈 수 있는 소재로 코끼리 상아만 한 것이 없었죠.

초창기에 당구는 상류층의 전유물이었지만, 점차 대중적으로 큰 인기를 얻게 되었습니다. 당구를 즐기는 사람들이 늘면서 코끼리 상아로만 당구공을 제작하기에는 수요를 감당하기 어려워집니다. 코끼리 상아 하나로 만들 수 있는 당구공은 고작 6~7개가 전부였으니까요. 그로 인해 코끼리 밀렵이 성행해 코끼리 개체 수가 급감하기도 했죠.

그러자 당구공 제조사는 상아를 대체할 수 있는 물질을 만들어내는 이에게 당시로는 엄청난 액수였던 1만 달러의 보상금을 제안했습니다.[2] 1868년 아마추어 발명가였던 존 웨슬리 하얏트(John Wesley Hyatt)가 도전장을 내밉니다. 오랜 실험 끝에 그는 최초의 플라스틱인 '셀룰로이드'를 발명했습니다. 하지만 아쉽게도 셀룰로이드는 당구공의 재료로는 부적절했습니다. 서로 부딪힐 때마다 불꽃이 일며 마치 폭탄이 터지는 듯한 커다란 소리와 함께 깨지기 일쑤였다고 하니까요. 하얏트의 셀룰로이드 당구공은 상용화에 실패했고, 보상금도 받지 못했습니다.

그러나 운명의 장난처럼 이 실패는 전화위복이 됩니다. 플라스틱이라는 물질의 남다른 능력을 발견하는 계기가 되었으니까요. 전에 없던 새로운 물질의 등장과 함께 지금껏 꿈꾸지 못한 플라스틱 시대의 서막이 열리게 되었습니다.

....
2. 19세기 미국의 1달러를 2020년 기준으로 환산한다면 약 20~30달러 정도의 가치로 평가할 수 있다.

실험실을 나온 플라스틱, 일상을 점령하다

지금은 우리가 일상에서 흔히 사용하는 머리빗이 과거에는 누구에게나 허락되지 않는 귀중품이었다는 사실을 아나요? 과거 머리빗은 자연에서 직접 재료를 발굴해야 했기에 무척 값비싼 물건이었습니다. 셀룰로이드가 발명되기 전 머리빗은 상아나 호박을 직접 수공하여 만들었습니다. 이러한 천연 재료로 만들어진 값비싼 머리빗은 경제적 위치와 신분을 나타내는 수단이 되기도 했지요. 하지만 플라스틱으로 대량의 머리빗을 만드는 것이 가능해진 뒤로는 신분에 상관없이 모든 이들이 머리빗을 사용할 수 있게 되었습니다. 그렇게 플라스틱은 머리빗뿐만 아니라 점점 더 다양한 제품의 재료로 활용되었습니다. 지금부터 플라스틱이 어떻게 실험실에서 나와 우리의 일상 곳곳에 스며들었는지 알아볼까요?

전쟁과 함께 폭발하듯 증가한 플라스틱 생산

전쟁 중에는 많은 인력이 전쟁에 투입되는 만큼 천연자원을 채굴하여 제품을 생산하는 노동력이 부족해집니다. 또 자연 재료에 의존해 전쟁이라는 특수한 상황에 적합한 물건을 만들기에도 한계가 있었죠. 그래서 제2차 세계대전 당시(1930~1940년대) 석유 화학자들이 폴리에틸렌[3]을 비롯한 다양한 합성 플라스틱을 만들어냅니다.

....
3. 폴리에틸렌(polyethylene): 에틸렌을 중합해서 얻는 열가소성 수지(내약품성·내수성(耐水性)·전기 절연성·가공성 등이 뛰어나 절연 재료·그릇·포장·잡화·도료 따위에 씀).

플라스틱은 전기를 전달하지 않는 절연체[4]로서 당시 군용 레이더를 개발하는 영국의 케이블 피복재[5]로 활용되었습니다. 또 플라스틱은 면, 실크, 금속과 비교해 볼 때, 가볍고 물에 젖지 않으며, 산화도 되지 않는 등 내구성이 훌륭합니다. 이런 장점을 이용해 전쟁터에서 플라스틱이 적극적으로 활용된 것입니다. 군사용품으로 플라스틱이 곳곳에서 유용하게 쓰이다 보니, 전쟁 전과 비교하여 플라스틱 생산량은 4배 가까이 증가하게 되었죠.

하지만 제2차 세계대전이 끝난 뒤 군용 물품의 수요는 눈에 띄게 감소합니다. 이에 플라스틱 공장들은 플라스틱을 어떻게 활용해야 할지 새로운 고민에 빠졌죠. 전쟁 중 증가한 플라스틱 생산력을 이동시킬 만한 새로운 수요처가 필요했던 것입니다. 그 결과 기업은 소비재 시장으로 눈을 돌립니다. 오랜 전쟁을 겪으며 20년 남짓 자원 부족과 가난에 허덕였던 대중에게 플라스틱은 모든 가능성에 대한 약속처럼 보였습니다. 플라스틱은 다루기 쉽고, 광물처럼 채굴해야 하는 과정이 필요하지 않기 때문에 생산 비용을 크게 절감할 수 있었습니다. 계급과 경제 수준에 따라 살 수 없던 생활용품도 플라스틱을 활용하면 대량 생산이 가능하니 모두가 풍요로운 시대를 누릴 수 있게 되었죠. 그래서 당시 플라스틱은 신분과 계급을 무너뜨리는 '민주주의'의 상징으로 여겨졌습니다.

....

4 절연체: 전기나 열을 전달하기 어려운 성질을 가지는 물질. 전기를 통하기 쉬운 도체(전도체)에 비교해서 부도체라고도 한다.

5. 피복재: 전선에서 전기를 전달하는 광섬유를 보호하기 위해 바깥 부분을 감싸는 데 쓰이는 물질.

한 번 쓰고 버리는 일회용품의 보편화

플라스틱은 빠르게 전 세계인의 일상에 스며들었습니다. 하지만 우수한 내구성 때문에 재구매에 이르기까지 너무 오랜 시간이 걸렸죠. 이에 기업은 플라스틱 소비를 늘리기 위해 일회용 플라스틱 제품 개발을 시작했습니다. 지금 우리는 일회용 플라스틱을 쉽게 쓰고 버리지만, 당시에는 일회용 종이컵 문화도 겨우 자리 잡을 수 있었습니다. 그마저도 20세기 초 스페인독감의 대유행 후 위생에 대한 우려가 생겼기 때문이었죠. 그 시절 사람들은 대체로 한번 물건을 사면 완전히 망가지거나 더는 쓸 수 없게 될 때까지 계속 사용했습니다. 절약하고 낭비하지 않는 생활습관이 몸에 배었던 거죠.

1950년대에 처음 플라스틱 일회용품이 등장했을 때도, 한 번 쓰고 버리자는 기업의 의도와는 달리 대중은 일회용 플라스틱 접시나 컵을 버리지 않았습니다. 그 대신 집에 가져가 설거지해 여러 번 재사용했습니다. 종이컵과 달리 내구성이 강한 플라스틱 컵은 한번 쓰고 버리기엔 아까울 만큼 멀쩡해 보였던 거죠. 이에 기업은 대중에게 "일회용품을 한 번 쓰고 버리는 것이 얼마나 위생적이며 집안일의 부담을 줄일 수 있는지" 대대적으로 홍보해야 했습니다.

오늘날 일회용품 사용을 줄여야 한다는 구호를 아무리 외쳐도 사용량이 쉽게 줄어들지 않는 것을 생각하면 참으로 대조적입니다. 현재 생산된 플라스틱 중 3분의 1의 수명이 한 달 미만이라는 결과를 본다면 당시 기업의 목표가 결국 얼마나 큰 성공을 거두었는지 새삼 놀랍기만 합니다.

#세상에_이런_#편리한_물질이!

플라스틱은 무엇이든 될 수 있을까?

플라스틱의 어원은 그리스어 동사 'plassein'인데, '주물하다' 혹은 '형태를 만들다'라는 뜻입니다.[6] 이는 플라스틱의 주요 특징 중 하나인 높은 가소성(plasticity)과 관련되지요. 가소성이란 "물체가 힘이나 열과 같은 외부 자극을 받으면 그 형상(모양)이 변하는 것"을 의미합니다. 이처럼 플라스틱이 높은 가소성을 갖는 이유는 고분자 화합물[7]인 만큼 플라스틱의 분자가 수없이 연결되어 길고 유연한 사슬 형태를 이루고 있기 때문이지요. 그래서 음료를 담는 병, 바람을 막는 옷감 등이 자유자재로 만들어질 수 있습니다.

플라스틱은 가소성의 반복 가능성에 따라 '열가소성 플라스틱'과 '열경화성 플라스틱'으로 구분할 수 있습니다. 열가소성 플라스틱은 열을 가했을 때마다 유연해져 일정 온도 이상이 되면 액체처럼 흐물흐물 녹아 원하는 모양으로 반복해서 성형할 수 있습니다. 따라서 열가소성 플라스틱은 분자 간의 상호작용이 약하며, 재활용하기 쉽다는 특징이 있습니다. 이와 달리 열경화성 플라스틱은 한번 성형되어 굳어지면 다시 열을 가해도 녹지 않고 그대로 바스러지는 성질을 가지고 있습니다. 그 결과 단단하여 내구성이 좋지만, 재활용이 어렵다는 단점이 있습니다.

....
6. 수진 프라인켈, 《플라스틱 사회》(김승진 옮김), 을유문화사, 2012, 29쪽.
7. 고분자 화합물: 분자가 극히 큰(1만 이상) 화합물, 천연 고분자와 합성 고분자로 나뉜다. 플라스틱의 경우 자연 상태에서 만들어지지 않는 인위적인 합성에 의한 화합물이다.

모두 같은 플라스틱인 줄 알았는데…

플라스틱 제품을 자세히 들여다보면 라벨 뒷면이나 용기 표면에 아래 표의 가장 왼쪽 칸에 정리된 마크를 발견할 수 있습니다. 플라스틱은 제조과정에 들어가는 화학물질의 종류에 따라 전혀 다른 성질을 가지게 됩니다. 아래 표의 플라스틱 마크는 사람에게 고유한 이름이 있는 것처럼 성질에 따라 다른 이름을 붙여 구분한 것입니다. 이처럼 다양한 플라스틱은 자신이 가진 각각 기능을 살려 편리한 제품으로 만들어집니다. 하지만 저마다 성질이 너무 다르기에 사용 후 배출 시에도 철저한 기준을 따라야 합니다. 아무리 우리 눈에는 똑같은 플라스틱으로 보여도, 이들은 절대 하나의 몸이 될 수 없기 때문입니다. 분리배출이 제대로 이루어지지 않으면 플라스틱은 재활용하지 못하거나 성능이 떨어진다고 하니 앞으로 좀 더 주의해야겠죠?

| 플라스틱 유형에 따른 플라스틱 제품과 재활용 분류 |

플라스틱 재활용 분류	플라스틱 유형	제품 종류
♺1 PETE	폴리에틸렌 테레프탈레이트	폴리에스테르 섬유, 랩, 식료품 포장재, 식료품병 등
♺2 HDPE	고밀도 폴리에틸렌	플라스틱병, 청소용 세제용기, 가스와 식스 파이프, 생활용품 등
♺3 V	폴리염화비닐	장화, 샤워커튼, 창틀, 파이프, 바닥재, 전선, 인조가죽 등
♺4 LDPE	저밀도 폴리에틸렌	비닐봉지, 비닐랩, 쓰레기봉투, 튜브, 우유팩 코팅 등
♺5 PP	폴리프로필렌	식료품 포장재, DVD케이스, 차량 내부 패널, 범퍼, 유아용 카시트 등
♺6 PS	폴리스티렌	식료품 포장재, 스티로폼 포장재, 단일재 등
♺7 OTHER	그밖에 다양한 플라스틱 (PC, PA, PMMA, PUR, ABS, ASA, SAN, 열가소성 플라스틱)	캐리어, CD, DVD, 의류, 끈, 낙하산, 칫솔모, 장난감, 전자기기 케이스 등

다재다능 플라스틱의 한계

마치 마법을 부리는 것처럼 무엇으로든 자유자재로 변신하며 놀라운 가공력과 내구성을 자랑하는 플라스틱. 사람들에게 플라스틱은 다재다능한 만능물질처럼 여겨졌습니다. 그에 따라 플라스틱 사용이 걷잡을 수 없이 늘어났고, 단점이라곤 없어 보이던 플라스틱의 치명적인 문제점이 비로소 드러나게 됩니다.

인류의 기나긴 역사 전체를 두고 볼 때, 플라스틱이 인류와 함께한 시간은 매우 짧습니다. 하얏트가 코끼리 상아를 대신하는 당구공을 만들기 위해 최초의 플라스틱 물질인 셀룰로이드를 개발했던 것을 시작으로 봐도 대략 150년이 플라스틱 역사의 전부니까요. 하지만 짧은 역사에 비해 플라스틱은 너무나 많은 흔적을 남기고 있습니다. 실제로 우리 옆에는 100년 아니 150년 전의 플라스틱이 아직 썩지도 않고 존재하니까요.[8]

플라스틱 발견 당시 화학자들은 내구성을 엄청난 장점으로 인식했을 뿐, 이것이 단점으로 돌아올 거라는 생각은 미처 하지 못했던 걸까요? 어쩌면 알고 있지만, 이렇게 천문학적인 양이 생산되고 버려질 거라는 예상까지는 못 했을지도 모르죠. 지금껏 밝혀진 플라스틱이 지구 환경에 끼치는 문제점들을 하나씩 파헤쳐 봅시다.

....
8. 최근 썩는 플라스틱인 PLA(생분해성 포장재)가 나오기는 했지만, 생분해가 되기 위한 조건이 생각보다 까다롭고, 분해된 상태로 파편화되어 미세플라스틱처럼 작은 입자로 지구에 흡수되는 문제 등이 해결되지 않아 아직까지는 완벽한 해결책이라고 할 수 없다.

플라스틱은 자연분해되지 않는다

수많은 분자가 사슬 구조로 연결되어 구조적으로 매우 안정적이기에 유리처럼 충격에 약하지 않고, 목재처럼 썩지도 않습니다. 또한 플라스틱은 강철마저 녹일 만큼 강력한 산성에도, 강한 염기성에도 부식되지 않는 뛰어난 내구성을 가집니다. 분해되지 않는 플라스틱을 사라지게 하는 거의 유일한 방법인 연소는 다양한 유해 물질이 발생합니다. 만약 그 많은 플라스틱 쓰레기를 모두 소각하려 한다면 대기, 토양 등은 화학적 오염을 감당하기 어려울 것입니다. 세상의 모든 동·식물은 죽으면 다시 자연으로 돌아가며 순환합니다. 하지만 천연물질이 아닌 플라스틱은 분해되지 않고 잘게 부서져 파편이 될 뿐입니다. 오늘도 플라스틱은 사라지지 않고 인류의 흔적만큼 쌓이며 지구를 차지하고 있습니다.

플라스틱 환경호르몬은 건강에 악영향을 미친다

플라스틱은 생산 과정에서 고유한 특성을 부여하기 위해 화학 첨가물을 더합니다. 화학 첨가물은 분자 구조에 단단하게 결속되지 않고 느슨한 상태로 붙어 있곤 합니다. 그렇기에 가벼운 충격에도 쉽게 떨어져 나올 수 있습니다. 예를 들어 딱딱한 플라스틱을 부드럽게 만들기 위해서 PVC에 첨가하는 화학물질 프탈레이트는 플라스틱 분자와 느슨하게 연결되어 있어 지방질을 만나면 쉽게 분자에서 떨어져 나옵니다. PVC는 일상생활 속 장난감, 비닐 바닥재, 일회용 배달 용기, 화장품과 향수 등의 제품 제조에 다양하게 활용됩니다.

그래서 우리가 원치 않아도 일회용 플라스틱 그릇에 담겨 따뜻하게 배달된 음식을 먹으면 음식에 녹아있는 프탈레이트가 어느새 우리 몸으로 들어오게 되는 거죠. 프탈레이트와 같은 화학물질은 우리 몸에서 생성되는 성호르몬과 유사한 작용을 하며, 우리 몸의 진짜 성호르몬 작용을 교란합니다.

이와 같이 외부에서 들어와 마치 우리 몸의 호르몬인 척 몸에 혼란을 주는 물질을 환경호르몬이라 합니다. 이것들은 한번 몸에 들어오면 쉽게 배출되지 않고 체내에 축적되는 특징을 가지고 있습니다. 그 결과 임산부의 양수와 혈액 등에 쌓여있던 화학물질이 태아에게 전달되기도 합니다. 이처럼 플라스틱이 인간의 건강에 미치는 영향은 대단히 위협적입니다. 하지만 과학자들의 계속된 연구에도 신체에 미치는 결과를 정확하게 예측할 수 없어 제대로 된 예방과 대책 마련이 어렵습니다.

플라스틱의 생산 및 처리 과정은 불평등하다

현재 플라스틱이 생산되는 노동 환경은 대부분 열악합니다. 게다가 플라스틱 쓰레기를 처리할 때, 타국으로 떠넘기는 무책임한 일마저 일어나고 있습니다. 기업과 소비자인 우리는 플라스틱 제품 생산에서 값싼 비용을 유지하기 위해 착취적인 구조를 묵인하고 있죠. 플라스틱이 생산·재활용되는 과정은 해로운 화학물질을 다루기에 인체에 유독한 것이 확실하지만, 근무 환경은 개선되지 않은 채 계속 값싼 노동력을 찾아 이동하고 있습니다.

처음 등장했을 때만 해도 플라스틱은 신분의 차별 없이 모두에게 편리함을 안겨주고, 자원의 해방을 약속하는 존재였습니다. 하지만 어느새 누군가에게 질병과 고통의 원인이 되었다니 참으로 모순입니다. 또한 자국의 플라스틱 쓰레기를 더는 감당할 수 없다는 이유로 경제적 약소국에 떠넘기는 것 역시 환경적 불평등을 심화시키는 점에서 플라스틱은 더 이상 평등을 상징한다고 말하기 어렵습니다.

지구는 좀처럼 사라질 줄 모르는 플라스틱으로 하루하루 뒤덮여가며 고통 속에 신음하고 있습니다. 하지만 우리는 여전히 플라스틱의 편리함을 포기하지 못한 채 플라스틱에 더 의존합니다.

물론 플라스틱은 희소한 자원을 보호하려는 환경친화적 마음이 담겨 있는 결과물인 것도 잊지 않아야 합니다. 하지만 신의 선물 같았던 다재다능한 플라스틱도 지구에서 사라지는 일만큼은 스스로 해낼 수 없습니다. 그렇기에 우리는 앞으로 하나의 플라스틱을 사용할 때조차 그것이 지구에 머무는 긴 시간을 떠올리며 책임감을 가져야 합니다.

플라스틱 수프가
되어버린 바다

#GPGP #해양플라스틱 #비치코밍

생명의 시작, 바다

지구 면적의 70퍼센트를 차지하는 바다. 이토록 드넓은 바다가 없었다면 지구는 어떻게 되었을까요? 지구에서 처음 생명체가 탄생한 장소는 대기가 아닌 물속, 즉 바다로 알려져 있습니다. 따라서 바다가 없었다면 생물체 자체가 지구상에 존재하지 않았을지도 모릅니다. 어떻게든 생물체가 탄생했다 하더라도, 바다 없이 지금껏 무사히 생존했을 거라 장담하기 어렵습니다.

해양 생물학자 헬렌 스케일스[9]는 "바다는 인간이 내뿜는 이산화탄소에 갇힌 열의 90퍼센트 이상을 흡수합니다. 그렇지 않았다면 세계 육지 온도는 산업화 이전보다 36도 이상 높아져 미국 전역의 여름철 평균기온은 섭씨 71도를 웃돌 것"이라 했습니다. 산업혁명 이후 성장과 발전이라는 명목으로 용인되어온 인간의 모든 활동은 결과적으로 지구에 상당한 부담으로 돌아왔습니다. 무엇보다 어마어마한 이산화탄소를 발생시키고 있지요. 이를 고려할 때, 바다가 없었다면 지금 우리가 경험하는 것과 비교할 수 없을 만큼 훨씬 더 끔찍한 기후변화가 일찍 찾아왔을 것입니다. 그렇기에 바다의 존재는 지구의 모든 생명체에게 행운이 아닐 수 없습니다.

하나로 이어져 대륙과 대륙 사이를 끊임없기 흐르는 바다는 오랫동안 인간의 호기심, 도전 욕구를 자극하는 신비롭고 매력적인 공간이었습니다. 그로 인해 끊임없는 탐험의 무대가 되고, 동시에 인간의 힘으로 완벽하게 정복할 수 없는 미지의 공간으로 남아 있었죠. 비교적 인간의 세계와 멀게 느껴지는 바다는 환경문제에서 자유로울까요? 안타깝지만 바다의 오염도 심상치 않습니다. 바다는 하나로 이어져 경계가 모호해 오염의 정확한 책임을 묻기 어렵습니다. 또 인류는 바다의 뛰어난 자정 작용을 지나치게 맹신하며 쓰레기와 오염물질을 죄책감 없이 흘려보냈습니다.

그 결과 바다 역시 한계에 도달해 신음하고 있지요. 생명이 시작되고 유지되기 위해서도 꼭 필요한 바다. 이제 우리가 바다의 목소리에 귀를 기울여야 하지 않을까요?

....
9. 헬렌 스케일스(Helen Scales): 영국의 해양 생물학자. 살아있는 지구와 바다의 경이로움을 탐험하고, 그 앞에 닥친 재앙을 알리는 저명한 작가이자 우아한 디이기꾼으로 알려져 있다. 지은 책으로는 《눈부신 심연》 등이 있다.

지도에 없던 수상한 섬의 등장

1997년 찰스 무어(Charles Moore)는 요트로 북태평양을 항해하다가 하와이 인근의 바다 한가운데서 기괴한 것을 발견합니다. 분명 지도상으로는 망망대해여야 하는 곳에 마치 섬처럼 보일 만큼 거대한 규모의 덩어리가 보였기 때문입니다. 그것의 정체는 한데 모여 있는 플라스틱이었습니다.

찰스 무어는 GPGP, 즉 북태평양에 떠도는 거대한 플라스틱 쓰레기 섬(Great Pacific Garbage Patch)을 최초로 발견한 인물입니다. 이를 계기로 환경 운동가로 활동 중인 그는 "'GPGP'는 섬이 아닌 플라스틱 조각을 넣어 끓인 수프 같았다."라고 표현합니다. 과거 콜럼버스는 신대륙을 발견하고 환호했겠지만, GPGP를 마주한 무어는 망연자실했던 거죠. 그의 발견으로 바다 역시 인간의 영향에서 더 이상 자유롭지 않다는 사실이 증명되었습니다.

어디로든 흘러가는 바다 위에서 GPGP는 어떻게 하나의 땅처럼 모이게 되었을까요? 바다에는 일정한 방향과 속도로 이동하는 바닷물의 흐름인 '해류'가 존재합니다. 해류는 기온과 바람의 영향으로 움직이며, 그중 일정한 지역을 돌며 머무르는 환류가 있습니다. 북미, 중남미, 아시아에서 흘러들어온 쓰레기들이 환류에 갇힌 채 흩어지지 않고 하나의 덩어리처럼 모여있게 된 것입니다. 이러한 환류는 전 세계적으로 분포되어 있으며 GPGP와 같은 쓰레기 섬은 5곳으로 추정됩니다.

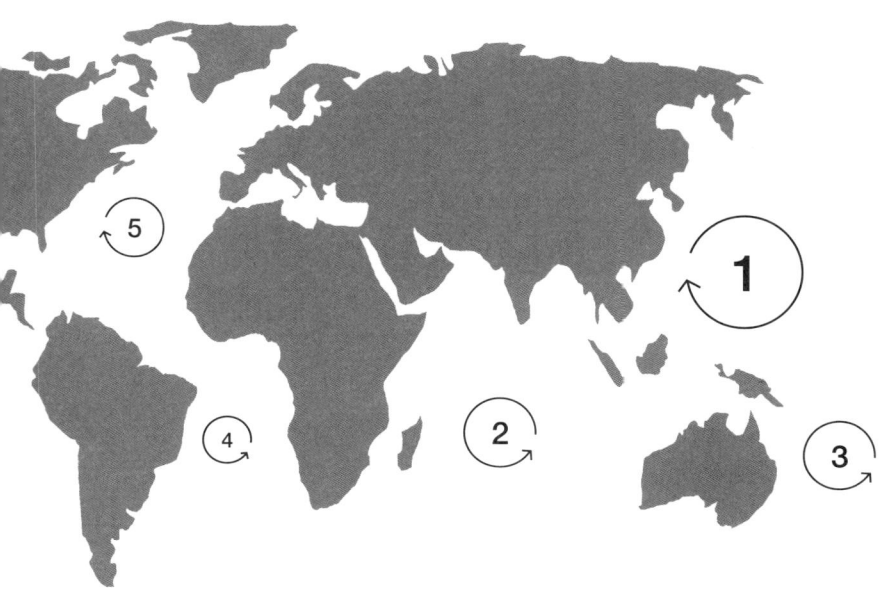

The Ocean Cleanup 이 발표한 세계 5대 해양 플라스틱 축적지역
조사에 따르면 GPGP와 같은 거대한 쓰레기 섬은 전 세계에 5곳으로 추정됩니다.

찰스 무어가 발견한 GPGP는 위의 지도에서 표시한 1번 환류에 발이 묶여 있으며, 160만 제곱킬로미터의 크기를 자랑합니다. 이것이 얼마나 엄청난 크기인지 상상할 수 있나요? 대한민국의 영토인 10만 제곱킬로미터와 비교하면 16배 크기와 같습니다. 비영리 연구단체 오션클린업(The Ocean Cleanup)[10]은 GPGP를 조사해 플라스틱의 무게와 개수를 수치화하여 해양 플라스틱의 문제점을 알리고

....
10. The Ocean Cleanup(오션클린업파운드): 2013년 보얀 슬랫(Boyan Slat)에 의해 설립된 네덜란드의 비영리 단체. 단체의 주목적은 태평양 거대 쓰레기 섬을 청소하는 것이다. 다양한 장비를 개발하여 바다 플라스틱 쓰레기를 수거하여 제거한다.

자 노력했습니다. 그들의 조사에 따르면 GPGP에 떠다니는 플라스틱 조각은 1조 9천억 개로 추산하고 있으며, 예상하는 무게만 하더라도 8만 톤에 달합니다. 이 조사 결과가 전하는 시사점은 플라스틱은 썩거나 분해되지 않으니 사라지지 않고, 계속 잘게 부서질 뿐이라는 것입니다. 지금, 이 순간도 햇빛과 짠 바닷물은 바다로 흘러온 플라스틱을 작게 더 작게 쪼개고 있습니다.

플라스틱이 바다로 간 이유

주로 육지에서 사용되는 플라스틱이 어쩌다가 망망대해를 떠다니게 되었을까요? 어업에 사용되다 버려진 그물이나 통발, 부표 같은 폐어구들이 해류에 의해 풍화되었을 거라고 짐작하나요? 물론 제대로 수거되지 않은 폐어구들은 바닷물에 휩쓸려 떠돌다가 바다생물을 옭아매는 덫이 되기도 하고, 작은 플라스틱으로 분화되어 바다생물의 몸속에 농축되고 있을 것입니다. 하지만 그보다는 육지에서 버려진 쓰레기가 해양 플라스틱의 대부분을 차지합니다.

해양수산부에 따르면 2018년 기준 우리나라 연간 해양 쓰레기 발생량은 14만 5,000톤에 달합니다. 이 중 9만 5,000톤은 육상에서 (초목류 포함), 5만 톤은 해양에서 유입된 것입니다.[11] 육상에서 온

....
11. 이홍석, 〈인천, 해양쓰레기 발생량 '해양환경 위협' 수준… 최근 5년간 2만6200t 수거〉, 《헤럴드경제》, 2023.10.25.

플라스틱은 주로 강, 하천을 통해 유입되는데, 홍수나 태풍이 일어나면 가벼운 플라스틱은 쉽게 바다로 쓸려나갑니다. 일단 바다로 들어온 쓰레기는 도착지가 정해지지 않은 여행을 시작합니다. 언제 어디로 도착하게 될지 아무도 모르는 여행이죠.

누군가는 자신은 직접 바다에 쓰레기를 버리지 않았으니 해양 플라스틱 문제에 책임이 없다고 생각할 수 있습니다. 하지만 우리가 일상에서 반복하는 행동의 상당 부분이 바다 위를 떠도는 플라스틱과 깊이 연결되어 있답니다. 2022년 영국 가디언의 일간 보도에 전 세계 바다를 뒤덮고 있는 플라스틱 쓰레기의 절반가량은 배달과 포장 등에 사용되는 일회용 용기에 해당한다는 연구 결과가 발표되었습니다.[12] 또 대한민국 경기도해양수산자원연구소에서도 바닷속 미세플라스틱을 조사한 결과 스티로폼에 쓰이는 PS, 일회용 배달 용기에 쓰이는 PP, 종이컵이나 비닐봉지에 쓰이는 PE 순으로 높은 비율을 차지하는 것으로 조사되었습니다.

우리가 매일 옷을 세탁하며, 양치하고, 담배를 피우는 행동에서도 눈에 보이지 않는 작은 크기의 플라스틱이 끊임없이 만들어집니다. 어디 그뿐인가요? 손가락 터치 한 번으로 간편하게 시켜 먹는 배달 음식과 내가 선택한 상품의 과대 포장이 결국에는 바다로 흘러 들어가는 거죠. 그런데도 과연 우리에게는 아무런 책임이 없다고 쉽게 말할 수 있을까요?

....
12. 이희경, 〈"전 세계 바다 뒤덮은 해양쓰레기 절반은 배달·포장 플라스틱"〉, 《세계일보》, 2021.06.11.

플라스틱과 전쟁 중인 바다

플라스틱은 인간에게 유용한 도구가 되어줬지만, 바다 입장에서는 플라스틱이 대단히 위협적인 무기처럼 여겨졌을 것입니다. 지금도 바다는 매일매일 흘러들어오는 플라스틱과 소리 없는 전쟁 중입니다. 대체 플라스틱은 바다에 어떤 영향을 미치고 있을까요?

플라스틱은 해양생물의 생존을 위협한다

플라스틱은 물에 젖지 않고 가라앉지 않는다는 특징 덕분에 어업 도구의 재료로 활용됩니다. 비교적 저렴하다 보니 부서지거나 잃어버리면 다시 새것을 사서 보충합니다. 하지만 제대로 수거되지 않은 폐어구는 해양생물의 몸에 감기거나 그들을 가두는 덫이 됩니다. 바다생물이 버려진 그물에 몸이 묶이면 자력으로 끊어내기가 쉽지 않습니다. 이리저리 무거운 그물을 끌고 다니다가 탈진하거나 제대로 먹이활동을 하지 못해 굶어 죽고 말지요. 실제로 2018년 멕시코 수역에서는 약 300마리의 바다거북이 버려진 그물에 걸려 죽는 일이 발생했습니다.[13]

그뿐만 아니라 해양 동물은 플라스틱을 먹이로 착각합니다. 바닷속 가장 작은 생물인 플랑크톤부터 큰 고래에 이르기까지 죽은 생물의 소화 기관에는 다양한 크기의 알록달록한 플라스틱들이 관찰

---

13. 안치용 ESG코리아 철학대표, 이은서·현경주 바람저널리스트, 이윤진 ESG연구소 연구위원, 〈전 세계 바다에서 공포를 키우고 있는 유령〉, 《OhmyNews》, 2022.10.23.

#플랑크톤부터_#고래까지_#차곡차곡_쌓여가는_#플라스틱

되었습니다. 심지어 바닷새 앨버트로스의 사체 뱃속에서는 빨간 병뚜껑이 발견되었죠. 이들이 가장 좋아하는 먹이가 빨간 날치알이라는 점을 미뤄볼 때, 결코 우연이라 여길 수 없습니다. 그들은 자신의 새끼를 위한 먹이로 플라스틱을 물어다 주는 경우도 허다합니다. 하지만 동물의 소화 기관은 플라스틱을 분해하지 못합니다. 비닐봉지와 병뚜껑은 그들의 몸속에서 배출되지 못한 채 가득 차게 됩니다. 플라스틱으로 배가 가득 찬 새끼 앨버트로스는 갈증과 배고픔을 느끼지 못하고, 결국 탈수와 굶주림으로 죽게 됩니다.

플라스틱은 해양생태계를 위협한다

혹시 플라스틱을 타고 히치하이킹하는 해양생물이 있다는 걸 알고 있나요? 최근 해안 근처에서 주로 서식하는 해양생물이 서식지로부터 수천 킬로미터나 떨어진 태평양 한가운데서 속속 발견되고 있습니다. 이는 GPGP에 속한 플라스틱 잔해를 수집해서 확인된 결과로 플라스틱 조각 70퍼센트에서 해양무척추동물 46종이 발견되었습니다.[14] 심지어 이 중 80퍼센트는 해안에 주로 서식하는 해양 동물로 이미 무리를 이뤄 번식까지 한 것으로 드러났습니다. 해양무척추동물은 이동성이 떨어지는 생물이기에 본래 서식지인 육지 인근에서 벗어날 수 없지만, 해류를 타고 어디든 흘러갈 수 있는 플라스틱에 몸을 맡기면 장거리 이동도 어렵지 않습니다. 하지만 이러

....
14. 이후림, 〈플라스틱에 '히치하이킹'? 해안 서식종은 어쩌다 망망대해로 갔을까〉, 《뉴스펭귄》, 2023.04.19.

한 이동은 수백만 년간 안정적으로 유지되었던 바다 생태계의 경계를 허무는 원인이 됩니다. 부유하는 플라스틱으로 인해 무너진 생태계가 어떤 결과를 맞이할지 누구도 쉽게 예측할 수 없습니다.

이에 끝나지 않고 해저에 쌓인 플라스틱들은 수중 생태계를 파괴하고 있습니다. 바닷속에 쌓여가는 엄청난 규모의 플라스틱은 오랫동안 분해되지 않는 침적 쓰레기가 됩니다. 해저에 버려진 채 굴러다니는 얇은 그물은 많은 생명체를 쓸어 죽이는 덫이 되기도 하고, 울퉁불퉁 산호는 플라스틱 조각과 그물의 채찍질로 고통받고 있습니다. 해저는 인간이 헤아릴 수 없는 다양하고 신비로운 생명체가 서로 돕고 의존하며 생태계를 유지해 왔습니다. 인간의 손길이 닿기 어려워 비교적 생물다양성이 보장되었고, 유기적인 관계를 유지할 수 있었습니다. 하지만 이제 넘쳐나는 플라스틱으로 인해 아름다웠던 해저마저 흔들리고 있습니다.

플라스틱은 결국 인간을 위협한다

해양 플라스틱은 결국 다시 인간에게 돌아와 부정적 영향을 끼칩니다. 세계적으로 매년 1,200만 톤의 플라스틱이 바다로 유입됩니다.[15] 이는 1분에 트럭 한 대 분량의 쓰레기를 바다에 쏟아붓는 셈입니다. 인간이 버린 플라스틱 쓰레기는 해양 동물의 몸에 축적되고, 플라스틱의 편리함을 위해 첨가한 화학물질은 생물의 내분비계

....
15. 양훼영, 〈[사이언스 취재파일] 미세플라스틱, 1시간이면 전신에 퍼져… 신생아 태변에서도 검출〉, 《YTN사이언스》, 2021.11.25.

를 교란합니다. 인간이 해산물을 먹음으로써 오염된 바다에서 살아가는 그들의 몸에 축적된 온갖 물질도 공유하게 되는 것입니다. 화학물질은 생물의 몸에서 독성으로 작용하고, 소화 기관에 염증을 유발하여 영양 불균형으로 이어질 수 있습니다.

또한 입자가 작은 해양 플라스틱은 구름 속으로 파고들어 플라스틱 비를 내리게도 합니다.[16] 비가 된 플라스틱은 땅에 가라앉았다가도 언제든지 가볍게 대기 중으로 흩어져 대기오염 및 인간의 호흡기와 면역력에도 문제를 일으킵니다.

다시 모두가 바라는 깨끗한 바다로

바다는 육지와 달리 경계 없이 존재하며 끊임없이 순환합니다. 그래서 더욱 특정 국가에 해양 폐기물과 플라스틱 쓰레기의 책임을 묻기란 쉽지 않습니다. 게다가 광활한 바다의 쓰레기를 수거하기 위해서는 천문학적인 예산이 필요하니 누구라도 팔을 걷어붙이고 나서기 어렵죠. 하지만 바다는 모두의 공간이며, 미래 세대의 터전이 될 것이니 발 빠른 대처가 필요합니다. 다음은 플라스틱으로부터 바다를 보호하기 위한 개인, 기업, 정부의 노력을 정리해 본 것입니다.

....
16. 김형근, 〈이제 "플라스틱 비" 일상화된다… 육지와 바다 넘어 하늘의 대기까지 확산〉, 《NewsQuest》, 2023.10.01.

개인이 할 수 있는 실천들

무엇보다 개인이 가장 먼저 시작해야 할 실천은 플라스틱 사용량 줄이기입니다. 우리가 플라스틱 사용량을 지금과 같은 수준으로 계속 유지한다면 아무리 막대한 돈을 들인다고 해도 해양 플라스틱 문제를 근본적으로 해결하기 어렵습니다. 좀 전에 언급했던 GPGP 같은 바다 위의 플라스틱 섬을 이루고 있던 것들 대부분이 우리가 일상에서 편하게 사용하고 무심코 버린 일회용품이었다는 사실을 기억하지요? 그렇기에 우리는 일회용품 대신에 다회용기를 챙겨 다니는 습관을 들여야 합니다. 또한 과대 포장이 된 제품을 사기보다 포장재가 덜 사용된 제품을 구매해 친환경 소비자로서 목소리를 낼 수 있습니다. 불필요한 플라스틱 사용을 거부하는 개인이 모이면 큰 변화를 만들어갈 수 있습니다.

최근 시민들은 바다를 깨끗하게 돌리기 위한 운동인 비치코밍을 실천하기도 합니다. 비치코밍이란 해변(beach)을 빗질하듯(combing) 해양 표류물과 쓰레기를 주워 모으는 행위입니다. 손이 닿지 않는 바다까지 쓰레기가 흘러가지 않도록 사전에 문제를 해결하는 방법이죠. 이미 버려진 쓰레기 하나도 주의하며 바다에 유입되지 않도록 예방하는 것은 무척이나 중요합니다.

기업 및 정부가 주도해야 할 실천들

기업이 할 수 있는 실천은 플라스틱을 최소화한 제품 개발 연구가 있습니다. 기업은 이윤을 추구하는 단체이지만, 이제 환경에 대한 고려도 중요해졌습니다. 특히 기업의 다양한 활동은 개개인과 비교할 수 없을 만큼 많은 플라스틱을 생산하기 때문에 환경에 미치는 영향이 막대합니다. 따라서 제로 플라스틱을 경영 목표로 하여 새로운 플라스틱을 생산하는 것을 줄이는 한편, 이미 생산된 플라스틱을 활용한 제품을 개발하는 등의 노력을 해야 합니다.

정부 역시 플라스틱을 줄이고 다시 사용할 수 있도록 제도를 만들어야 합니다. 정부는 적극적으로 일회용품 사용 규제 제도, 플라스틱 재활용 제품에 대한 지원 등을 운영해야 합니다. 모든 환경문제가 그렇듯, 플라스틱을 줄이기 위해서도 사회 구성원 모두의 변화가 필요하기에 더 적극적인 친환경 정책이 필요합니다.

이미 바다로 흘러간 플라스틱은 어떻게 하지?

안타깝게도 지금껏 바다로 흘러간 플라스틱의 규모는 막대한 수준입니다. 이미 바다에 흘러가 버린 플라스틱에 대한 해결책은 없는 것일까요?

오션클린업에서는 두 대의 배에 커다란 그물을 매달아 해류와 바람을 이용하여 해양 쓰레기를 건져 올리는 방법을 제안합니다. 2022년 기준 U자형 여과막을 활용해 145만 톤을 수거하였으며 태평양의 플라스틱 섬 제거를 목표로 삼고 있습니다. 쓰레기를 수거하며 동시에 그물에 해양생물이 걸리지 않도록 감시 프로그램을 연구하여 바다 생태계를 지키려는 노력도 함께하고 있습니다.

하지만 이들이 제안한 방법 역시 명확한 한계가 존재합니다. 오션클린업이 바다를 청소하기 위해 사용하는 여과막은 작은 플라스틱도 모두 수거해야 하기에 촘촘한 형태로 제작됩니다. 이 여과막에 플라스틱이 쌓이면 여과 성능이 떨어진다는 단점이 있습니다. 수면이 아닌 해저 플라스틱을 수거하기 어렵다는 점과 장치를 운영하는 데 실효성에 비해 들어가는 비용이 지나치게 크다는 점도 한계로 지적됩니다. 하지만 한계를 핑계로 주춤하기보다 작은 것부터 하나씩 개선하고, 실천하려는 노력이 중요합니다.

오염된 바다에 대한 책임은 우리 모두에게 있습니다. 하나로 연결된 이 바다를 다시 모두가 바라는 깨끗한 바다로 만들 수 있을까요? 여러분 마음속에 있는 푸른 바다를 떠올리며 더 늦기 전에 플라스틱으로부터 바다를 지켜주세요.

삐뽀삐뽀, 지구에 내려진 플라스틱 주의보

#미세플라스틱 #일회용품 #파이로플라스틱

플라스틱 컵으로 달나라까지

1969년 인류가 처음 달에 착륙하고 1972년까지 10여 명의 우주인이 달 탐사를 떠났죠. 1972년 '아폴로 17호' 이후 뜸했던 우주 탐사 뉴스가 다시 세간에 오르내립니다. 2024년 6월, 중국의 무인우주탐사선 '창어 6호'가 달 뒷면에 성공적으로 착륙하였고, 토양 시료 2킬로그램까지 세계 최초로 채취했다[17]는 소식이 전해지며 전 세계가 주목하고 있습니다. 바야흐로 우주 패권전쟁이 시작되었다는 얘기도 들리지만, 여전히 지구와 달 사이의 거리는 멀게만 느껴집니다.

....

17. 임지우·신유리, 〈中탐사선 창어6호, 달 뒷면 착륙… "세계 첫 뒷면 토양 채취시도"(종합)〉, 《연합뉴스》, 2024.06.02.

그런데 혹시 알고 있나요? 우리나라 사람들이 1년간 배출하는 플라스틱 컵을 쌓으면 달과 지구 사이를 연결하고도 남는다는 것을 말이죠(158쪽 그림 참조). 불과 1년 만에 우주탐사선도 쉽게 도달할 수 없는 그 먼 거리만큼 플라스틱 쓰레기가 배출되고 있습니다.

플라스틱 컵의 높이는 평균 11센티미터입니다. 코로나19 팬데믹 이전인 2017년 우리나라에서 1년간 배출된 플라스틱 컵은 33억 개로 일렬로 세우면 지구와 달 사이 거리(384,403km)의 약 0.9배에 이릅니다. 그 직전 해의 세계 1인당 플라스틱 배출량 조사에서도, 1위 미국(130kg)과 2위 영국(99kg)에 이어 우리나라는 3위(88kg)를 차지했습니다. 인접 국가인 일본(38kg)과 중국(16kg)에 비해서도 월등히 높은 수치였죠.

코로나19 팬데믹 이후로 상황은 더욱 심각해졌습니다. 2019년까지만 해도 우리나라 국민이 가장 시급히 해결해야 한다고 꼽은 환경문제 1위는 미세먼지였습니다. 그러나 2020년부터 2022년까지는 쓰레기·폐기물 처리가 그 자리를 빼앗았습니다. 3위로 꼽힌 과대 포장에 따른 쓰레기 발생 역시 쓰레기 문제와 관련되어 있습니다. 이는 바로 코로나19 상황으로 인한 일회용품 사용량의 폭증을 누구나 체감했기 때문일 것입니다. 실제 2022년 발표 자료에 따르면 2021년 플라스틱 폐기물 발생량은 코로나19 이전인 2019년에 비해 17.7퍼센트가 증가하였습니다.[18]

....
18. 장용철 외, 〈플라스틱 대한민국 2.0〉, 그린피스, 2023.03.22.

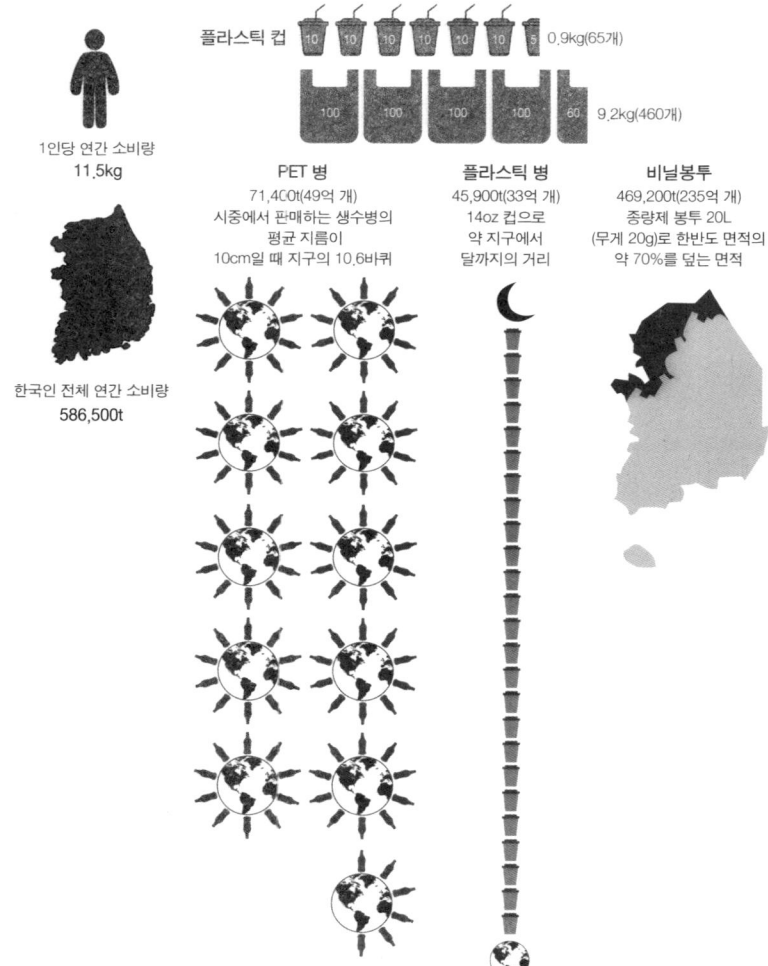

플라스틱 컵 0.9kg(65개)

9.2kg(460개)

1인당 연간 소비량
11.5kg

PET 병
71,400t(49억 개)
시중에서 판매하는 생수병의
평균 지름이
10cm일 때 지구의 10.6바퀴

플라스틱 병
45,900t(33억 개)
14oz 컵으로
약 지구에서
달까지의 거리

비닐봉투
469,200t(235억 개)
종량제 봉투 20L
(무게 20g)로 한반도 면적의
약 70%를 덮는 면적

한국인 전체 연간 소비량
586,500t

우리나라의 플라스틱 폐기물 발생 현황[19]

우리나라 사람들이 2020년 한 해 동안 소비한 플라스틱 소비량은 무려 58만톤을 훌쩍 넘고, 1인이 소비하는 양도 11.5킬로가 넘는다고 합니다.

....

19. 조승한, 〈한국인1년간 쓰는 플라스틱컵 33억개… 늘어놓으면 지구-달 거리〉, 《동아사이언스》, 2020.01.05.

더 이상 버릴 곳도 없다면?

일회용 플라스틱의 과도한 사용으로 인한 심각성은 이미 많은 사람들이 공감합니다. 문제는 공감과 별개로 실천이 제대로 따라주지 않다 보니 눈에 띄는 감소는 일어나지 않는 점입니다. 그만큼 편리함에 길들여진 탓이겠지요. 이 어마어마한 일회용 쓰레기는 대체 어떻게 처리되고 있을까요?

일회용 쓰레기를 가장 간편하게 처리하는 방법은 매립, 즉 땅에 묻는 것입니다. 1964년 서울시에서는 군자동, 염창동 등의 지역을 전용 매립지로 지정하여 쓰레기를 매립하기 시작했습니다. 하지만 서울시 인구가 폭발적으로 증가함에 따라 기존의 매립지는 아파트 개발지역이 되기 시작했고 서울의 외곽에 위치한 난지도를 새로운 매립지로 지정합니다. 난지도마저 1993년에 이미 더 이상 매립하기 힘든 포화상태가 되어버렸고 서울, 인천, 경기 수도권의 쓰레기를 함께 매립하는 수도권 매립지를 조성하게 되었습니다. 현재 인천에 위치한 수도권 매립지 역시 2016년에 폐쇄 예정이었으나 쓰레기를 자체적으로 처리하기 어렵다고 판단한 지자체들의 치열한 공방 끝에 인천시에 경제적 보상을 해주는 대가로 사용 기한을 2025년까지 연장하였습니다. 하지만 이런 방법은 근본적인 해결책이 될 수 없다는 것을 잘 압니다. 수도권 쓰레기 대란은 시기의 문제일 뿐, 이미 예견된 상황이나 마찬가지입니다.

국내에서 모든 플라스틱 폐기물의 처리를 감당하기 어려워지자 해외로 폐기물을 수출하기도 합니다. 그런데 2019년 1월 필리핀으로 수출했던 6,500톤의 폐기물이 평택항으로 돌아왔습니다. '재활용이 가능한 플라스틱 조각'으로 신고돼 필리핀으로 수출됐는데, 11월 필리핀 세관에서 컨테이너를 검사하던 중 내용물이 신고 내용과 달리 각종 유해물질과 플라스틱이 뒤섞인 쓰레기로 가득 차 있었기 때문이었죠. 우리는 감당할 수 없을 만큼의 플라스틱 소비를 하고, 그 뒷감당은 다른 나라로 떠밀고 있으면서도 최소한의 분리배출도 제대로 하지 않고 있는 거죠.[20]

좀 오래된 이야기지만, 2009년 덴마크 코펜하겐에서 열린 유엔기후변화협약 당사국 총회장에는 대형 걸개에 한 그림이 내걸렸습니다. 이는 당시 뉴욕에서 활동하던 광고 디자이너 이제석 씨가 기획한 그림이기도 합니다. 빗자루와 쓰레받기를 든 채 자기 몸집의 몇 배나 되는 어마어마한 코끼리 똥 앞에 서 있는 작은 참새를 그린 그림인데, 다음과 같은 문구도 함께 적혀 있었죠.

Small countries can't clean all.

Large countries must take charge.

즉 "작은 나라(참새)에 오염물질 떠넘기지 말고 많이 싼 나라(코끼리)에서 직접 치우라."는 메시지를 전달하고 있습니다. 총회 참석

20. 이효정, 〈한국산 쓰레기 5100톤, 1년 반만에 필리핀서 반송된다〉, 《경향신문》, 2020.01.20.

인사들은 "오염물 배출의 주범이면서도 오염물질 해결에는 뒷전이었던 선진국을 겨냥한 통쾌한 포스터"라며 박수를 보냈습니다.[21]

실제로 2021년에는 1월부터는 유해폐기물과 그 밖의 폐기물의 국가 간 불법 거래를 방지하기 위한 국제협약인 바젤 협약 대상에 플라스틱이 포함되었습니다. 이제는 우리가 배출한 쓰레기는 우리 스스로 치워야 합니다. 코끼리가 싼 똥을 참새에게 치우게 떠넘길 순 없는 법이니까요.

어디에나 존재하는 플라스틱

플라스틱이 지구 전체를 잠식해 나가는 신호는 세계 곳곳에서 나타나고 있습니다. 해변에서 발견되고 있는 수상한 돌들처럼요. 얼핏 보기에는 그냥 평범한 돌 같지만, 그냥 돌은 아닙니다. '뉴 락(New rock)'이라는 이 돌의 또 다른 이름은 '파이로플라스틱(pyroplastics)' 입니다. 이름에서 추측할 수 있듯 자연에서 형성된 돌이 아닌 플라스틱 조각이 녹거나 소각돼 바다에 버려지면서 형성된 것입니다. 오랜 시간 바다를 떠도는 동안 돌과 비슷한 색상으로 변해가고 표면 또한 매끄러워져 전문가가 아닌 이상에는 진짜 돌과 구분하기도 어렵습니다.

....
21. 윤지희, 〈쓴소리를 솔깃하게 '광고천재 이태백'〉, 《세계일보》, 2015.05.01.

상위 포식자에게 더 심각한 생물농축

더욱 충격적인 것은 돌들의 성분입니다. 이 새로운 돌들의 성분을 분석해 본 결과,[22] 자연을 떠돌며 흡착된 납과 크롬 같은 유해 중금속이 함유되어 있었습니다. 이런 유해 중금속에 인체가 지속적으로 노출되면 암을 일으키거나 알레르기, 두통, 어지럼증 등 신경계에 악영향을 끼칩니다.

게다가 이런 물질들은 몸속으로 한 번 들어오면 쉽게 배출되지 않고 쌓이지요. 파이로플라스틱을 해양생물이 섭취할 경우, 생물들의 몸속에도 중금속이 추적되며 먹이사슬을 통해 우리 인간에게까지 오게 될 것입니다. 특히 이런 중금속 물질은 작은 생물체부터 먹이사슬을 거치면서 상위 포식자로 갈수록 점점 더 생체 내의 농도가 증가합니다. 즉 이런 생물농축 현상은 최상위 포식자인 인간에게 더욱 심하게 나타날 것입니다.

미세플라스틱, 어디서 왔니?

미세플라스틱에는 치약 속 알갱이나 화장품 속에 있는 마이크로 비즈처럼 생산 당시부터 작게 만들어진 1차 미세플라스틱과 대형 플라스틱 제품이 자연으로 유입된 후 계속 쪼개져 작아진 길이 또는 지름이 5밀리미터 이하[23]인 2차 미세플라스틱이 있습니다.

....

22. 이후림, 〈[퍼스트펭귄] "자갈 아니야?" 짝퉁 돌 '파이로플라스틱'의 습격〉, 《뉴스펭귄》, 2021.11.24.
23. 일부 해양 연구자는 1밀리보다 작은 모든 플라스틱 입자로 정의하기도 하는 등 연구자에 따라서 미세플라스틱을 정의하는 크기는 차이가 있다.

우리는 플라스틱 쓰레기를 분리수거함에 넣으며 재활용될 거라고 막연하게 생각합니다. 하지만 소비재, 산업 부품, 수산업 및 양식업에 사용되고 버려진 플라스틱 쓰레기의 상당 부분은 해양으로 흘러갑니다. 또한 자동차 주행 중 타이어와 도로 간 마찰로 마모된 타이어에서 조금씩 빠져나온 플라스틱도 빗물에 의해 하천을 거쳐 결국 해양으로 유입됩니다. 게다가 플라스틱은 완전히 분해되지 않습니다. 장시간에 걸쳐 자외선에 의한 분해와 부식, 풍화작용에 의해 미세플라스틱이나 더 작은 초미세플라스틱으로 아주 잘게 부서져 보이지 않을 뿐, 사라지지는 않는 거죠.

지구를 구석구석 오염시켜가는 플라스틱

이제 플라스틱은 눈에 보이지도 않는 작은 크기로 지구 곳곳에 침투해 있습니다. 지구의 가장 깊은 곳인 마리아나 해구뿐만 아니라, 지구에서 가장 높은 산인 에베레스트 정상 브근에서도 미세플라스틱이 발견되고 있으니까요. 눈 1리터당 평균 12개의 미세플라스틱 섬유가 발견되는데, 등반하는 사람들의 옷에서 떨어져 나온 것으로 추정됩니다.[24] 심지어 에베레스트보다 더 높은 공기층에서도 미세플라스틱은 발견되고 있습니다. 미세플라스틱은 그 크기와 질량이 매우 작아 바람을 타고 대기로 날아올라 빗물을 타고 지구의 땅, 바다, 대기 어느 곳이든 가리지 않고 오염시킬 수 있습니다.

....
24. 문광주, 〈에베레스트산 고도 8,440미터에서 미세플라스틱 발견〉, 《더사이언스플러스》, 2020.11.23.

미세플라스틱, 돌고 돌아 결국 우리 몸속으로

여러분도 인간이 마구 버린 플라스틱 쓰레기들로 인해 고통받는 동물들의 사진들을 본 적이 있을 것입니다. 바다를 떠돌던 폐어구에 몸이 감겨 죽어가는 고래와 물개, 일회용 마스크를 몸에 매달고 있는 오리, 비닐봉지나 플라스틱병에 몸이 낀 펠리컨이나 펭귄들, 고무줄에 감겨 몸이 조여진 물고기, 인간이 버린 빨대가 콧구멍에 박혀 피를 흘리는 거북이 등입니다.

사진을 보면 잠시 동물들에게 미안함과 안타까움을 느끼지만, 돌아서면 금세 잊어버리곤 합니다. 나 자신의 문제라는 자각 없이 그저 불쌍한 해양생물의 일이라고 생각하기 때문입니다. 하지만 이미 우리 몸속에도 플라스틱으로 만들어진 신용카드가 한 장씩 차곡차곡 쌓이고 있다고 해도 결코 과장이 아닙니다. 이미 우리가 생존을 위해 반드시 섭취해야 하는 소금에서도 미세플라스틱이 발견되고 있지요. 환경단체인 그린피스의 조사 결과, 소금에서 산출된 미세플라스틱 평균 개수와 세계 평균 하루 소금 섭취량(10g)을 기준으로 계산하면 1인당 매년 2,000개의 미세플라스틱이 소금을 통해 섭취되는 셈이라고 합니다.[25]

문제는 소금만이 아닙니다. 과일과 채소에서도 발견되고 있죠. 연구에 따르면 미세플라스틱은 상추와 밀의 뿌리를 통해 흡수돼 우

25. 강찬수, 〈미세플라스틱에 오염된 소금 식탁에 오른다··· 90%에서 검출〉, 《중앙일보》, 2018.10.17.

리가 먹는 부분인 잎과 낟알까지 이동하는 것이 확인되었습니다. 심지어 우리가 매일 섭취해야 하는 물 또한 디세플라스틱의 공습에서 안전하지 않습니다. 국제 연구팀이 시중에 판매되는 생수 4종을 분석했더니 1밀리리터(ml)당 평균 1억 6,000만 개가 넘는 나노 플라스틱[26]이 검출되었습니다. 성인이 하루 2리터의 물을 마신다고 가정하면 연간 120조 개가 넘는 나노 플라스틱을 먹게 되는 셈입니다.[27] 세계자연기금의 조사에 따르면 이처럼 작은 플라스틱 섭취가 모이고 모여 일주일간 성인이 섭취하는 플라스틱의 양이 신용카드 크기 한 장(5g), 한 달이면 칫솔 한 개(21g)라고 합니다.[28]

물론 칫솔 한 개만큼의 플라스틱이 몸에 들어오더라도 계속 배출되기만 한다면 우리의 삶에는 큰 지장이 없을지도 모릅니다. 하지만 미국 애리조나 주립대학에서 인간의 시신을 연구한 결과, 폐, 간, 비장, 신장 등 47개 기관과 조직에서 예외 없이 미세플라스틱이 검출되었다고 합니다.[29]

또한 플라스틱의 원료는 화학물질이므로 환경호르몬을 포함하고 있는 경우가 대다수입니다. 앞에서도 설명했지만, 환경호르몬은 외부에서 유입된 물질임에도 마치 우리 몸속에서 정상적으로 만들어진 물질인 것처럼 우리 몸이 착각하게 하여 인체의 정상 기능을

....
26. 크기가 100억 분의 1미터 이하인 플라스틱 입자를 말함.
27. 장자원, 〈'생수에서도 검출' 미세플라스틱 논란, 해결책 있을까?〉, 《코메디닷컴》, 2023.06.05.
28. 임은진, 〈"1인당 섭취 미세플라스틱, 매주 신용카드 1장 분량"〉, 《연합뉴스》, 2019.06.12.
29. 한성간, 〈"인체 모든 조직, 미세플라스틱 오염"〉, 《연합뉴스》, 2020.08.18.

방해하는 유해 물질입니다. 예컨대 플라스틱을 투명하게 만드는 데 사용되는 물질인 '비스페놀A'는 환경호르몬으로 갑상선 기능의 이상을 일으키거나 비만, 당뇨병, 심혈관 질환을 일으킬 수 있습니다.

미세플라스틱은 어른에게도 해롭지만, 성장기의 유아, 청소년에 장기적으로 미칠 악영향은 훨씬 더 치명적입니다. 심지어 임신 기간 중 뱃속의 태아에게까지 전달됩니다. 2021년 9월 뉴욕주에서 태어난 신생아 3명의 태변(신생아가 태어나 처음 보는 변)에서도 미세플라스틱이 검출되었다고 합니다. 이처럼 미세플라스틱이 태아 때부터 뇌에 축적되면 신경 발달에 부정적인 영향을 미쳐 불안·우울, 사회성 결여 등 비정상적인 행동을 유발할 수 있다는 연구 결과까지 발표되었습니다.[30]

일회용 플라스틱을 사용하는 것은 아주 잠깐입니다. 하지만 함부로 버려진 플라스틱 쓰레기들은 우리 아니 우리의 후손까지 지구에서 모두 사라진 후에도 계속 남아 있을 예정입니다. 지금도 자연을 돌고 돌아 우리 눈에 보이지 않을 만큼 잘게 부서져 인간을 포함한 생태계 전반을 위협할 만큼 치명적인 상태로 다시 돌아오고 있습니다. 플라스틱이 미세플라스틱이 되지 않기 위해서는 일회용 쓰레기가 자연으로 방출되지 않도록 잘 회수하려는 모두의 노력과 관심이 필요합니다.

....

30. 강찬수, 〈이런 변이 있나… 신생아 배내똥, 유아 대변에도 미세플라스틱 [뉴스원샷]〉,《중앙일보》, 2021.09.25.

지속가능한 미래를 여는
슬기로운 자원 순환 생활

#비헹분섞 #제로웨이스트 #순환경제

우리나라는 재활용 선진국일까?

요즘은 어린아이들도 재활용 쓰레기를 일반쓰레기 봉투에 그냥 넣어서 버리면 안 된다는 것쯤은 알고 있습니다. 그만큼 이제 우리 대부분은 학교에서든 집에서든 재활용 분리배출을 당연히 지켜야 할 것으로 여기지요. 플라스틱 쓰레기가 최대한 나오지 않도록 줄이는 것이 제일 좋지만, 어쩔 수 없이 쓰레기가 나온다면 개인으로 할 수 있는 가장 친환경적인 실천은 쓰레기가 재활용되도록 분리배출을 제대로 하는 것입니다. 언론에서는 종종 우리나라를 세계적으로 손꼽히는 분리배출 선진국으로 표현합니다. 그런데 과연 제대로 분리배출을 하고 있는지 되돌아볼 필요가 있습니다.

분리배출의 기본원칙을 알고 있니?

분리배출의 기본원칙은 **비·헹·분·섞**입니다. '비우고, 헹구고, 분리하고, 섞지 않는다'의 줄임말입니다. 혹시 플라스틱 용기 안에 내용물이 남은 상태로 그냥 버리거나, 겉에 붙은 라벨을 제거하지 않은 채 분리수거함에 넣고 있지 않은가요? 만약 그렇다면 오늘부터는 용기의 내용물을 깨끗이 비우고 물로 헹궈주면 어떨까요? 그다음 라벨처럼 재질이 다른 부분은 플라스틱에서 제거한 후 각각을 분리배출해야만 재활용될 확률이 높아집니다.

환경부에서 조사한 통계에 따르면 우리나라의 플라스틱 재활용률은 약 73퍼센트로 유럽연합(EU)에서 발표한 EU의 플라스틱 재활용률 32.5퍼센트[31]와 비교할 때 두 배 이상을 훌쩍 뛰어넘지요. 수치만 보면 선진국이라는 표현이 하나도 아깝지 않습니다. 하지만 자세히 들여다보면 조금은 석연치 않은 점을 발견할 수 있습니다.

열적 재활용에 편중된 우리나라 플라스틱 재활용

플라스틱 재활용은 크게 **열적 재활용**, **물질 재활용**으로 나뉩니다. 열적 재활용이란 폐플라스틱을 분쇄하고 이를 목재 등과 혼합하여 알갱이 형태로 압축하여 난방 연료나 공장 또는 발전소 연료로 공급하는 방법입니다. 바로 이 방식이 우리나라 플라스틱 재활용률의 70퍼센트를 차지합니다. 하지만 열적 재활용은 폐기물의 부피

....
31. 장용철 외, 〈플라스틱 대한민국 2.0〉, 그린피스, 2023.03.22.

는 감소시키지만, 연소 과정에서 유해가스와 미세먼지가 발생합니다. 또 물건의 쓰임새를 바꾸거나 다른 것으로 다시 만들어서 쓴다는 재활용 본래 의미와 달리 플라스틱을 반복해서 이용할 수 없게 되지요. 이런 점 때문에 유럽이나 국제기구에서는 플라스틱 재활용 통계에 열적 재활용을 포함하지 않습니다. 만약 열적 재활용을 뺀다면 우리나라의 재활용률은 22.7퍼센트로 크게 낮아집니다.[32]

플라스틱을 다시 플라스틱으로

물질 재활용이란 회수한 폐플라스틱을 잘게 분쇄해 작은 알갱이 형태로 만든 다음 세척·선별·혼합 등을 거쳐 기존 원료와 적당한 비율(20~50%)로 혼합해 플라스틱 소재로 만드는 방법입니다. 비교적 단순한 기계적 처리 공정만을 거치므로 매우 친환경적이며 특별하게 많은 열을 가하지도 않고 변형도 주지 않기 때문에 에너지 투입도 가장 적은 에너지 효율적 방법입니다. 하지만 이물질이 섞인 채 배출되면 물질 재활용이 어렵다 보니 우리나라에서 수거된 플라스틱 쓰레기 중 단 20퍼센트 정도만 물질 재활용을 통해 재활용되고 있습니다.[33] 따라서 진짜 재활용 선진국이 되려면 개인은 분리배출 시 '비·헹·분·섞'을 꼭 지키고, 정부는 물질 재활용의 비율을 높이는 재활용 시스템을 마련해야 합니다.

....

32. 최준선, 〈"우리나라 재활용률 90% 육박"… 정부 통계 믿어도 되나요? [지구, 뭐래?]〉,《헤럴드경제》, 2022.01.04.
33. 이한, 〈[대한민국 환경보고서] 플라스틱을 재활용하는 3가지 방법〉,《그린포스트코리아》, 2022.04.29.

그냥 버리지 말고 확인하세요!

테이크아웃 일회용기가 제대로 재활용되려면 개인이 '비·헹·분·섞'을 열심히 실천하는 것만으로는 부족합니다. 왜냐하면 브랜드명이나 로고가 인쇄된 일회용컵은 재활용을 위해 녹였을 때 인쇄용 잉크로 인해 완전히 투명해지지 않아 재생 원료로서의 가치가 떨어지기 때문입니다. 또 서로 다른 재질의 플라스틱이 섞인 채 한꺼번에 버려진 경우에도 재활용이 어렵습니다. 겉으로 보기에는 똑같은 투명한 일회용컵이더라도 그 재질이 PP, PET, PS 세 가지로 나뉘는데, 빠르게 지나가는 선별장 컨베이어 벨트에서는 같은 재질끼리 분류하기가 어렵다 보니 대부분 소각이나 매립되지요.[34]

플라스틱 문제에 대처하기 위한 제도가 바로 **일회용컵 보증금제**입니다. 일회용컵에 담아 음료를 구매할 때, 컵값에 대한 보증금을 추가 지불하게 하고, 다 마신 후 그 컵을 다시 카페나 특정 장소에 반환하면 보증금을 돌려받는 제도죠. 일회용컵 사용시 비용은 증가하고, 보증금을 반환받기 위해 다시 반환 장소로 가야 하는 불편함을 주어 각자 자신의 다회용컵 사용을 장려하는 효과가 있습니다.

2022년 제주특별자치도와 세종특별자치시에서는 전국 최초로 일회용컵 보증금제를 시범적으로 시행하였습니다. 그리고 2023년에 조사된 두 지역자치단체의 일회용컵 반납률은 평균 78퍼센

----

34. 테이크아웃 컵은 재활용이 안 된다던데 맞나요? | 도와줘요 쓰레기박사 | 홍수열 자원순환사회경제연구소장(https://www.youtube.com/watch?v=K0SrwNQYBdE)

트로 월평균 약 50만 개의 일회용컵이 반환되는 성과를 거두었습니다.[35]

다만 일회용품 보증금제는 2022년 6월부터 시행 예정이었다가 반발에 부딪혀 6개월 뒤인 2022년 12월로 유예됐고, 이후 제도 시행 여부를 지방자치단체 자율에 맡기기로 했다[36]가 결국 폐기수순을 밟고 있지요. 카페 운영자 입장에서는 동일한 인력으로 보증금 반환까지 처리하는 것에 부담이 있으며, 씻지 않은 채 반납되는 일회용컵으로 인한 악취 등 여러 불편 사항이 예상되었기 때문입니다. 하지만 정부는 제도 의무화를 이대로 폐기할 것이 아니라 일회용컵 무인 반환기 설치, 일회용컵 전문 반환 수집소 등 편리한 반환 절차를 위한 보조 수단 마련 등 적극적인 조치가 필요합니다.

도전, 플라스틱 없는 삶

다행히도 플라스틱 문제의 심각성을 알고, 스스로 플라스틱 없이 사는 삶을 실천하려는 개인들이 늘어나고 있습니다. 이러한 움직임을 **제로웨이스트(zerowaste)**라고 부릅니다. '쓰레기(waste)'의 배출을 '0(zero)'에 가깝게 최소화하자는 뜻이지요.

35. 박상은, 〈제주·세종 스벅서 다회용컵 써보니… 일회용 年300만개 줄어〉, 《국민일보》, 2024.03.26.
36. 박영주, 〈엇박자 타는 환경부의 '일회용품 규제'… 결국 서민들만 울상〉, 《파이낸셜리뷰》, 2024.04.01.

5R원칙이 뭐지?

제로웨이스트의 기본원칙 5가지를 알아볼까요? **거절하기(Refuse)**는 물건을 살 때 포장을 위해 주는 비닐봉지나 포장재를 거절하는 것입니다. 더 넓게는 편리함과 유행만 추구하는 소비를 거절하고 낭비 없이 주체적인 소비생활을 하자는 의미로 쓰이기도 합니다. **줄이기(Reduce)**는 꼭 필요한 물건만 사되, 포장재가 최소화된 제품을 골라 쓰레기 발생량 자체를 줄이는 것을 말합니다. **재사용하기(Reuse)**는 중고시장에서 물건을 사거나 여러 번 사용이 가능한 제품은 되도록 오래 사용하는 것입니다. **재활용하기(Recycle)**는 올바른 분리배출을 통해 물건이 재활용될 수 있도록 돕는 것입니다. 끝으로 **썩히기(Rot)**는 재활용이 불가한 음식물 쓰레기를 썩혀 퇴비나 에너지 자원으로 사용하는 것을 말합니다.

이 중 재활용하기와 썩히기는 **새활용(Upcycling)**에 포함되기도 합니다. 새활용이란 버려지는 자원에 디자인을 더하거나 활용 방법을 바꿔 새로운 가치를 만들어 내는 것입니다. 흔히 새활용이라고 하면 디자인을 변화시켜 새로운 물품으로 제작하는 것만 떠올리는데, 넓은 의미로는 버려진 쓰레기를 고품질의 재생 원료로 바꾸는 것도 새활용에 포함됩니다. 우리가 주변에서 가장 쉽게 접하는 업사이클링은 버려진 유리병을 적절한 높이로 자르고 열처리하여 화병을 만든다거나 양말 공장에서 나오는 양말목을 공예품으로 만드는 것 등이 있습니다. 여기에 더 나아가 버려진 페트병을 다시 페트병으로 만드는 것도 새활용에 속한다고 할 수 있습니다.

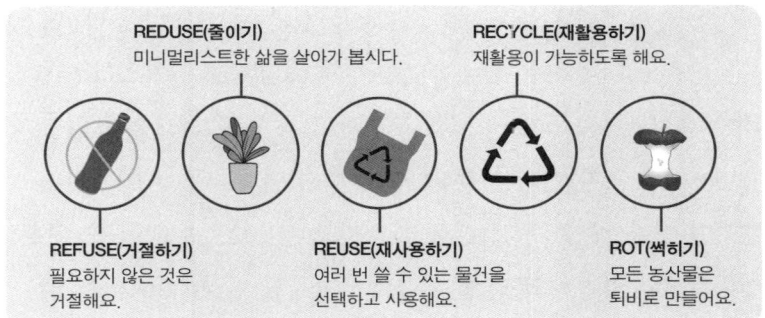

5R원칙[37]
거절하기(Refuse), 줄이기(Reduce), 재사용하기(Reuse), 재활용하기(Recycle), 썩히기(Rot)가 있습니다.

모두 함께 실천하는 제로웨이스트 생활

소비자들의 이런 움직임에 포장재 없이 운영하는 제로웨이스트 가게들도 생겨나고 있습니다. 무포장 가게라고도 불리는 이 가게들은 세제, 견과류, 과자 등을 포장 없이 판매하기 위해 불편하더라도 소비자들이 다회용기를 가져와 채워갈 수 있도록 합니다. 다회용기를 가져오지 않은 소비자들은 가게에 마련된 다회용기(플라스틱이 아닌 유리 등의 소재)를 함께 구매하여 담아갑니다. 판매하는 상품들도 대나무 칫솔, 다회용 빨대, 손수건, 텀블러 등 다 쓰고 난 후 자연으로 쉽게 돌아가거나 오래 사용할 수 있는 제품들뿐이지요.

제로웨이스트 가게와 같은 소규모 가게를 이용하는 것을 넘어 대

....
37. 김예진·이성훈 · 임지원, 〈아낌없이 내어준 지구를 위해 무엇을 해야 할까?〉, 《미디어한남》, 2020.10.14. 기사 참조 재구성.

기업에 플라스틱을 줄이도록 요구하는 소비자들도 있습니다. 한 예로 어느 소비자단체는 기존의 통조림 햄에 부착된 플라스틱 뚜껑을 빼고 출시해 달라며 기업에 요구했습니다. 이를 위해 플라스틱 뚜껑 585개와 포장 절감을 원한다는 내용의 편지 56통을 전달하였고, 편지를 받은 해당 기업들은 플라스틱 뚜껑 없는 명절 선물 세트를 만들겠다고 약속하였죠. 또 어떤 소비자들은 멸균 음료팩에 붙여진 일회용 빨대를 반납하는 캠페인을 벌이기도 했습니다.

이처럼 환경을 생각하는 소비자들이 늘어나면서 기업도 생수병의 라벨 제거, 종이 받침대를 활용한 제품 포장 등 변화를 보이고 있지요. 한 커피 회사에서는 플라스틱 빨대 없이 마실 수 있는 컵 뚜껑으로 포장을 바꾸었고 월평균 빨대 사용량의 절반 가량이 감소하였습니다. 기업의 변화 덕분에 월평균 약 1,500만 개였던 일회용 빨대 사용량이 절반 수준인 약 750만 개로 줄어든 것입니다.[38]

개개인의 노력도 중요하지만, 기업의 경영과 정부의 제도 변화는 눈에 띄는 효과를 불러옵니다. 그렇기에 우리가 기업에 친환경적인 경영을, 정부에 환경적인 제도 시행을 적극적·지속적으로 요구하는 것이 중요하죠. 같은 상품이라면 포장이 적거나 환경에 미치는 영향이 적은 것을 구매함으로써 우리의 뜻을 계속 전달해야 합니다. 지구를 생각한 슬기로운 소비는 화폐를 통해 우리의 미래를 향해 던지는 투표와도 같습니다.

....
38. 신민경, 〈'빨대 없는 리드' 효과… 스타벅스 빨대 사용량 절반 '뚝'〉,《디지털투데이》, 2023.11.14.

친환경 포장재면 안심하고 써도 될까?

플라스틱 쓰레기 문제와 친환경에 대한 높은 관심으로 인해 등장한 친환경 포장재 중 하나가 바로 바이오 플라스틱 또는 생분해성 플라스틱입니다. '생분해' 또는 '친환경'이라는 마크가 붙은 음식물 쓰레기 봉투나 비닐봉지를 자주 찾아볼 수 있을 텐데 엄격하게 따지면 두 플라스틱의 의미는 차이가 있습니다.

플라스틱인데 분해가 된다고?

먼저 **바이오 플라스틱**이란 바이오 기반 플라스틱과 생분해성 플라스틱을 모두 포함하는 개념입니다. 여기서 바이오 기반 플라스틱이란 콩, 사탕수수, 옥수수 등의 식물에서 추출한 성분을 원료로 하여 만들어진 플라스틱이지요. 한편 생분해성 플라스틱은 미생물에 의해 분해되는 플라스틱을 말합니다. 따라서 바이으 플라스틱이라고 하여 식물 성분으로 만들어지며 생분해도 잘 이루어진다는 뜻이 아니라 둘 중 하나의 특성만 가져도 가질 수 있는 이름입니다.

　바이오 기반 플라스틱은 석유로 만든 기존의 플라스틱과 함께 배출되어 재활용될 수 있으며 재활용이 되지 않더라도 소각되는 과정에서 기존의 플라스틱보다 온실가스 배출이 적다는 장점이 있습니다. 생분해성 플라스틱의 경우, 기존의 플라스틱과 비교하여 자연환경에서 분해가 잘 일어나기 때문에 자연에 버려질 가능성이 높은 농업용 비닐, 어업용 어구 등에 사용할 수 있습니다.

생분해될 수 있는데, 생분해될 기회가 없다?

문제는 최근 생분해 플라스틱이 자주 보이는 곳이 편의점 비닐봉투나 배달 업체의 포장 용기라는 점입니다. 안타깝게도 이런 용도로 사용되면 생분해 플라스틱의 장점을 제대로 살리기가 어렵습니다. 가정에서 이런 생분해성 비닐이나 용기는 종량제 봉투에 버려지거나 플라스틱으로 분리배출됩니다. 종량제 봉투에 배출되어 소각된다면 어차피 생분해되지 않으므로 큰 의미가 없습니다.

또 매립되는 경우라도 생분해되기가 쉽지 않습니다. 왜냐하면 우리나라에서 생분해 인증을 받기 위해서는 58±2℃ 상태에서 6개월 이내에 생분해되는 비율이 90퍼센트 이상이면 됩니다. 그런데 현재 우리나라의 쓰레기 매립지 중에는 이와 같은 조건을 갖춘 곳이 없으므로 생분해 플라스틱이 종량제 봉투에 담긴 채 배출되어 매립되더라도 생분해되지 않을 가능성이 크지요.

그럼 플라스틱으로 분리배출을 하면 어떨까요? 이 또한 좋은 방법이 아닙니다. 왜냐하면 생분해 플라스틱이 기존 플라스틱 용기와 뒤섞인 채 배출되어 재활용회수 센터로 가게 되면 오히려 다른 플라스틱까지 재활용할 수 없게 만들기 때문이죠. 이런 문제로 현재 생분해성 플라스틱의 분리배출 원칙은 종량제 봉투에 넣어서 버리도록 하는 것입니다. 상황이 이렇다 보니 생분해 플라스틱을 원칙에 맞게 분리배출한다고 해도 쓰레기의 양도 줄지 않을뿐더러 환경에 미치는 영향 역시 기존의 플라스틱과 다르지 않은 거죠.

문제는 이런 상황이 소비자들에게 제대로 알려지지 않는 점입니다. 생분해 플라스틱을 사용해 본 시민들의 인식을 조사했을 때, 사용자 2명 중 1명은 생분해 플라스틱이 친환경적이라고 인식했습니다. '퇴비화가 가능하다'는 이유였죠. 실제로 퇴비화가 되는 비율은 그리 높지 않음에도 말이지요.

'지구가 좋아하는 포장', '자연으로 빠르게 돌아가는 플라스틱'과 같은 친환경 마케팅에 속아 플라스틱 쓰레기를 버리는 것에 대한 죄책감이나 경각심만 희석되는 것은 아닌지 우려가 됩니다. 따라서 친환경 인증 기준은 좀 더 엄격해져야 할 것이며, 친환경 제품에 대한 정보를 소비자들이 더 쉽게 접할 수 있는 환경이 마련되어야 합니다. 정말로 지구가 좋아하는 포장이 되기 위해서는 각각의 장점에 맞는 쓰임과 시스템이 필요합니다.

쓰레기, 다시 자원이 되다!

플라스틱 문제의 심각성에 대한 시민들의 공감대는 높지만, 당장 내일부터 플라스틱을 우리 삶 속에서 금지한다면 분명 대혼란 속에 크게 반발할 것입니다. 그 정도로 플라스틱은 우리 삶 속 곳곳에 녹아들어 있습니다. 아예 쓰지 않을 수는 없으니 현명하게 공존할 방법은 없을까요?

지금 우리가 물질과 자원을 생산하고 소비하는 방식은 **선형경제**입니다. 선형경제란 자원을 구하여 사용한 후 버리기까지 일방향

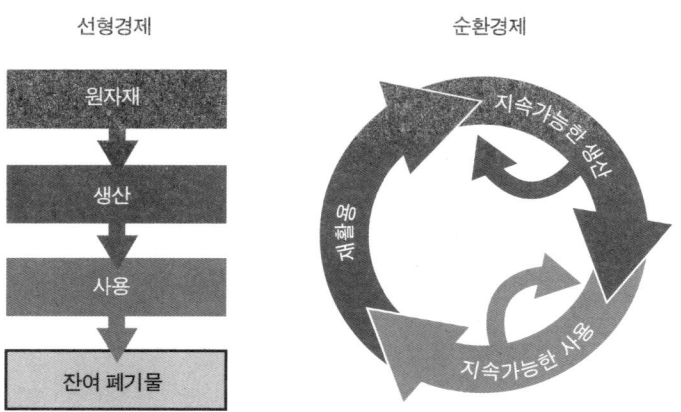

선형경제

순환경제

원자재

생산

사용

잔여 폐기물

지속가능한 생산

지속가능한 사용

재활용

선형경제와 순환경제 모델

선형경제 모델(좌)에서는 자원을 채굴하여 생산 및 사용된 후에 버려지기까지 일방향으로 진행되기 때문에 폐기물이 계속 쌓이게 됩니다. 한편, 순환경제 모델(우)에서는 자원 생산부터 사용된 후 다시 재활용되면서 무한 순환되는 구조로 버려지는 쓰레기 없이 지속적으로 자원이 순환될 수 있습니다.

으로 진행되는 구조입니다. 원료를 캐내어 제품으로 만들고 사용한 후 성능이 다 되면 버리고, 그 후 소각되거나 매립되어 폐기되는 형태입니다. 선형경제에서는 새로운 자원을 끊임없이 필요로 하기 때문에 자원 고갈의 문제가 발생합니다. 또한 폐기물을 매립·소각하는 과정에서의 처리 비용과 환경오염 문제가 발생합니다. 그 결과 미래 세대의 몫인 자원과 환경까지 앞당겨 쓰도록 만들었습니다. 이제 선형경제 모델은 한계치에 도달한 듯 보입니다.

이에 반대되는 개념인 **순환경제**는 제품을 사용 후 폐기하는 구조에서 벗어나 자원을 재사용·재활용하여 지속적으로 순환시키는 경제 구조입니다. 제품을 사용한 후 다시 원료의 형태로 바꾸어 다시 같은 종류의 제품을 만드는 경우를 '닫힌 고리 순환', 원래보다는 등급이 다소 떨어진 제품으로 재탄생하여 폐기되는 경우를 '열린 고리 순환'이라고 합니다. 닫힌 고리 순환의 대표적인 예가 페트병을 다시 페트병으로 만드는 경우입니다. 열린 고리 순환의 대표적인 예에는 페트병 사용 후 이를 잘게 부수어 섬유로 뽑아 옷으로 만드는 경우가 있습니다. 이 중 닫힌 고리 순환이 잘 유지되는 경제 구조를 만든다면 쓰레기가 줄고 자원이 절약되며 환경에 미치는 나쁜 영향 역시 줄어들 것입니다.

지금 사용되고 있는 플라스틱을 폐기할 때, 재사용과 재활용이 잘 이뤄지도록 시스템을 마련하여 더는 새로운 플라스틱을 생산하지 않아도 되는 날이 온다면 플라스틱과의 평화로운 공존도 가능해지지 않을까요?

# 더 이상 예전 같지 않은
지구에서 산다는 것

지구 곳곳에서 심상치 않은 이상 기상 현상이 점점 더 빈번하게 나타나고 있습니다. 이러한 기후변화는 지구의 인내심이 정말로 거의 한계치에 도달한 것은 아닌지 하는 불안감마저 들게 합니다.

기후변화의 중심에도 인간이 일으킨 환경문제가 깊이 자리하고 있습니다. 인간이 더 편리하고 풍요로워질수록 지구는 점점 더 뜨거워지고 있습니다. 기후조건의 갑작스러운 변화에 적응하지 못한 채 지구에서 사라져가는 생명체들도 점차 늘고 있지요. 인간의 무분별한 개간 속에 서식지를 잃어가고 있는 것으로 모자라, 빠르게 진행되는 기후변화 속에서 생물다양성이 사라져가는 것입니다. 네 번째 장에서는 너무 빠르게 진행되어 모두에게 더욱 위협적인 기후변화와 생물다양성 문제를 자세히 들여다보겠습니다.

CHAPTER

04

기후변화와
생물다양성

기후변화,
생존을 위협하다

#기후변화 #지구온난화 #온실가스 #이상기후

오랜 시간 안정된 기후가 왜 갑자기?

2024년 봄, 지구온난화로 지구의 자전이 늦어져 세계 시간을 인위적으로 1초 앞당기게 될 거라는 연구 결과가 발표되었습니다. 극지방의 얼음이 녹으면서 지구의 모양이 더욱 구형에 가까워지고, 이에 자전 속도가 느려진다는 것이죠.[1] 자연 현상의 복합적 작용으로 지구의 자전 속도가 조금씩 달라질 순 있지만,[2] 인간의 활동이 단기간에 영향을 미친 점은 놀랍기만 합니다.

1. 김현정, 〈지구온난화, 지구 자전 속도까지 늦췄다〉, 《아시아경제》, 2024.03.28.
2. 이 때문에 원자시계 측정과 천문현상 기준의 차이가 생겨 국제도량형국(BIPM)이 1972년 '윤초' 개념을 도입했다.

기후에 순응하며 살아온 과거 인류

오늘날 인류는 생태계의 관점에서 보면 대단히 위협적인 존재가 되었습니다. 처음부터 의도한 것은 아니었겠지만, 인간의 각종 활동으로 인해 자연 현상마저 거스르게 되었으니까요.

지금과 달리 과거 인류는 기나긴 역사 중 아주 오랜 시간을 자연에 순응하며 살아왔습니다. 농업을 발달시키기 전의 인류는 수렵과 채집을 하며 살았죠. 먹을 것이 있는 곳을 찾아 살 곳을 이리저리 옮겨 다닌 것입니다. 농경 이전의 인류가 수렵과 채집 생활을 하며 옮겨 다닐 수밖에 없었던 가장 큰 이유는 무엇일까요? 그건 기후 변동성이 워낙 컸기 때문입니다. 한곳에 정착하여 계속 살아갈 만한 조건이 마련되지 않았던 것이지요.

그런데 약 1만 년 전부터 지금과 같은 온난한 기후가 안정적으로 이어지기 시작했습니다.[3] 1장에서 보았듯 그와 함께 인류도 드디어 정착하여 기후에 맞춰 농사를 짓고 풍요로운 수확의 기쁨을 누리기 시작했습니다. 농사로 먹고살 수 있으니 굳이 번거롭게 옮겨 다닐 필요 없이 특정 지역에 뿌리를 내리게 되었고, 이는 문명의 발달로 이어졌지요. 아열대, 온대, 건조, 한냉 등 지역마다 형성된 기후대는 그 후로 계속 안정적으로 유지되었습니다. 지금껏 인류가 누려온 풍요와 그 안에서 이뤄낸 성장과 발전은 안정된 기후 조건이 뒷받침되었기에 가능했던 일입니다.

....
3. 이때도 엄밀히 말하면 기후변화가 일어난 것이지만, 자연적인 원인으로 발생한 것이다.

기후라는 매우 복잡하고 거대한 체계를 바꾼 인류

기후는 크게 대기권, 수권, 지권, 생물권[4], 설빙권[5]의 다섯 가지 권역이 상호작용하며 수분과 에너지를 지구에 어떻게 분배하느냐에 따라 결정됩니다. 조금 구체적으로 설명하면 지구는 둥글기 때문에 태양과 가까운 적도 부근에는 태양열이 많고, 반대로 먼 극지방에는 적기 마련입니다. 이러한 에너지의 차이를 대기가 순환하며 균형을 맞춰주지요.

또 바다가 기후에 미치는 영향도 큽니다. 물의 밀도 차이와 바람의 영향으로 바닷물은 커다란 흐름(해류)을 만들며 끊임없이 움직이고 있습니다. 해류를 따라 에너지가 순환하는데, 수온이 높아 수증기가 많아지는 때에는 에너지 불균형을 해소하고자 강력한 태풍이 자연적으로 생성됩니다. 지표면은 대기와 맞닿아 있어 끊임없이 열에너지를 주고받으며 날씨를 만들고, 다양한 생물들은 주어진 환경에 맞춰 적응하며 살아갑니다. 빙하나 해빙과 같이 물이 고체로 존재하는 설빙권 역시 지구의 기온을 유지하는 데 매우 중요한 역할을 해왔습니다.[6] 이처럼 기후는 함부로 조작하거나 쉽게 바꿀 수 없는 복잡한 체계입니다. 특히나 한 생물에 의해 기후가 바뀌는 일은 거의 불가능하다고 믿어왔습니다. 그런데 그 어려운 일을 우리 인간이 기어이 해낸 셈이죠.

....
4. 생물이 서식하는 범위. 물속이나 땅속, 공중 따위에 걸쳐 있다.
5. 지구 지표면의 얼어 있는 권역이다.
6. 이지유, 《기후변화 쫌 아는 10대》, 풀빛, 2020, 21~27쪽 참조.
　 다비드 넬스·크리스티안 제러, 《기후변화 ABC》(강영옥 옮김), 동녘사이언스, 2021, 20~21쪽 참조.

기후가 이상해!

최근 몇 년간 뉴스에 자주 등장하면서 우리는 '기후변화'라는 용어가 꽤 익숙해졌습니다. 요즘에는 '기후변화'를 넘어 '기후재앙'이라는 말까지 들려오지요. 여기서 기후변화와 날씨의 변화를 혼동해서는 안 됩니다. 날씨라는 것은 일기예보에서 알 수 있듯이 매일매일 다르고, 하루 안에서도 맑았다 흐렸다, 추웠다가 풀리는 등 변덕스럽게 바뀔 수 있습니다. 하지만 오랜 기간 그 지역에서 일관되게 나타난 대기 상태를 뜻하는 기후는 날씨의 변화무쌍함을 아우르며 비교적 안정적으로 유지되어왔던 거죠.

예컨대 우리나라에서 봄여름가을겨울의 사계절이 해마다 반복되는 것처럼 기후는 특정 지역에서 해마다 비슷한 패턴으로 거의 일관되게 나타납니다. 봄에 날씨가 풀리는가 싶다가도 느닷없이 꽃샘추위가 찾아오거나 햇살이 쨍쨍하던 여름날 갑자기 많은 양의 비가 쏟아지는 등 날씨는 오락가락하지만, 패턴은 해마다 반복되어 어느 정도 예측할 수 있지요. 그래서 때에 맞춰 농사를 짓고, 얇거나 두꺼운 옷을 준비하며, 눈이나 장마, 태풍 등의 주기적인 자연재해에 미리 대비할 수 있는 것입니다.

오늘날 뉴스에서 이야기하는 **기후변화**는 이처럼 오래 유지되어 온 어떤 패턴이 점점 무너지고 있다는 것을 의미합니다. 지구의 기후를 안정적으로 유지해 온 거대하고 복잡한 시스템에 균열이 생기고 있다는 것이죠. 기후변화는 우리가 경험해 보지 못한 낯선 날씨

현상으로 체감됩니다. 더 심각한 문제는 기후변화의 가속화인데, 이미 세계 곳곳에서 관련된 피해 상황이 늘어가고 있죠.

고작 이백 년 남짓한 기간에 그 복잡하고 어려운 기후변화를 일으킨 장본인은 바로 우리 인간입니다. 자연적인 기후변화라면 이처럼 급속하게 진행될 리 없으니까요. 기후변화의 주요 원인으로 꼽히는 도시화, 산업화, 산림파괴 등은 모두 인간에게서 비롯되었습니다. 문제는 기후변화와 함께 지구가 예전 같지 않아지면서 지구에서 살아가는 모든 것이 위태로워졌다는 점입니다. 이런 위태로움 속에서 오랜 시간 우리가 누려온 풍요가 과연 앞으로 지속될 수 있을까요? 인간은 안전한 지구 없이 생존할 수 없습니다. 기후변화 문제를 알고, 지구와 우리를 위해 현명한 선택을 할 줄 아는 지혜로운 생태시민이 되어야 하는 이유입니다.

이상기후가 이상하게 느껴지지 않는 때가 오면

현재 지구 환경 문제 중 가장 우려되는 것은 지구온난화의 가속화입니다. 지구온난화는 대기 온도가 높아져 지구의 온도를 올리는 현상입니다. 이는 이산화탄소(CO_2), 메탄(CH_4), 아산화질소(N_2O), 수화불화탄소(HFCs), 과불화탄소(PFCs), 육불화유황(SF_6) 등과 같은 온실가스와 밀접한 관련이 있죠. 하지만 온실가스의 존재가 생물의 생존에 무조건 나쁜 일만 일으키는 것은 아닙니다. 온실가스는 태양으로부터 받은 지구 복사에너지를 흡수하여 다시 지표면으로 방출하는 기체입니다. 대기 중 1퍼센트도 채 되지 않지만, 만일 지구에 온실가스가 없었다면 태양으로 받은 에너지 대부분이 우주로 빠져나갔을 테니, 지구는 평균온도 약 영하 18도의 추운 행성이 되었을 것입니다.[7] 다만 이것은 온실가스가 적당한 양을 유지할 때의 이야기입니다.

산업혁명 이후 인간이 땅속에 고이 묻혀있던 석탄, 석유 등을 인위적으로 추출하여 사용하면서 온실가스가 대기 중에 지나치게 많아졌습니다. 그리고 이제 필요 이상의 열에너지가 대기에 갇힌 채 우주로 빠져나가지 못해 점점 지구를 뜨겁게 만들어 문제입니다.

이상기후 ❶ 폭염

지난 2023년 여름 뉴스를 잠깐 되돌아볼까요? 세계 곳곳에서 여름철 최고 온도 기록을 갈아치웠다는 소식이 전해졌습니다. 일본은 125년 만에 여름철 최고 평균기온을 기록하였고, 중국의 한 지역은 최고 기온이 52.2도까지 치솟았습니다.[8] SNS에는 햇볕에 익혀지는 계란 후라이나 맨홀 뚜껑 위에서 팬케이크를 굽는 영상이 화제를 일으키기도 하였습니다. 에어컨을 켠 시원한 실내에서 이 영상을 시청하는 사람들에게는 그저 황당한 모습이지만, 누군가에게는 피

7. 권승문, 〈[오늘부터 시작하는 탄소중립] 온실가스는 죄가 없지만… 너무 많아서 문제〉, 《그린포스트코리아》, 2022.06.19.
8. 김현경, 〈열 받은 지구… 세계 곳곳 '가장 더운 여름'〉, 《한국경제TV》, 2023.09.07.

하고 싶어도 그럴 수 없는 매서운 현실이기도 합니다.

우리나라는 2023년 3월 102년 만에 가장 이른 벚꽃이 피었고, 곧이어 5월에는 때 이른 더위가 찾아와 서울 기준 낮기온이 30도를 넘어섰죠. 같은 해 12월에는 역대 12월 최고 기온을 갈아치웠습니다.[9] 2021년에 기상청이 발간한 《우리나라 109년 기후변화 분석 보고서》에 따르면 지난 109년 중 최근 10년간 폭염이 가장 많이 발생했다고 합니다. 지난 30년에 비해 최근 10년 동안 열대야 일수는 4.6일, 폭염 일수는 2.8일이 증가했지요.[10]

우리나라는 33도 이상으로 2일 이상 지속되면 폭염주의보, 35도 이상 2일 이상 지속되면 폭염경보를 냅니다. 사람들이 지속적인 폭염에 노출되면 열사병, 열탈진 등 다양한 온열질환에 걸리거나 심각하면 사망에도 이를 수 있기 때문입니다. 아무리 더운 날에도 농사일을 멈출 수 없었던 60대 이상 농민, 폭염 속 대형마트 주차장에서 쇼핑카트 정리 업무를 수행하던 30대 노동자, 뜨거워진 자동차 안에서 꼼짝없이 갇혀있어야 했던 어린이 등 매 여름이면 안타까운 사망 소식이 들려옵니다. 폭염으로 인한 피해는 사실 불공정합니다. 에어컨 없이 밀폐된 실내나 야외에서 작업해야 하는 노동자들, 냉방장치가 없는 곳에서 생활하는 저소득층이나 돌볼 사람이 없는 독거노인에게는 소리 없는 죽음의 살인자나 다름없지요.[11]

....
9. 이지현, 〈2023년은 '역대 가장 더운 해'… "올해는 더 덥다"〉, 《JTBC》, 2024.01.03.
10. 기상청·국립기상과학원, 〈우리나라 109년(1912~2020년) 기후변화 분석 보고서〉, 2021.04.30.
11. 박양수, 〈'살인적 폭염'에… 노인·현장근로자는 몸이 떨린다〉, 《디지털타임스》, 2023.08.01.

이상기후 ❷ 장마와 폭우

기후변화로 인해 길어진 장마와 폭우로 인한 피해도 폭염 못지않습니다. 2020년 우리나라에서는 6월 24일 시작된 중부지역 장마가 54일 동안 지속되며 역대급 최장 장마를 기록하였습니다. 평균기간이 32일 안팎이라는 것을 고려하였을 때, 평년보다 20일이 넘게 장마가 지속된 것입니다.

그뿐만이 아닙니다. 2022년 여름에는 115년 만에 최악의 폭우가 수도권에 쏟아지면서 도로 위 차량이나 지하철역 등이 물에 잠기는 아수라장이 되었습니다. 반지하에 살던 어느 일가족은 갑자기 들이닥친 물에 갇혀 미처 빠져나오지 못해 결국 사망하기도 하였습니다. 이상기후로 재난이 발생할 때마다 짧게는 며칠, 길게는 몇 주만 잘 버티면 된다고 생각할지도 모릅니다. 하지만 그 규모가 더욱 커지고 빈번하게 일어날수록 인내심을 발휘하는 것만으로는 도저히 극복할 수 없는 더 큰 어려움에 직면하게 될 것입니다.

이상기후 ❸ 홍수와 가뭄

190쪽의 그래프에서 보듯 기온이 상승하면 홍수와 가뭄은 더 강하고 빈번하게 찾아오게 됩니다. 약 150년 전을 기준으로 10년에 한 번 경험할 법한 홍수나 가뭄을 1도가 오른 현재 우리는 각각 1.3배, 1.7배나 빈번하게 마주하고 있습니다. 그 강도 또한 더욱 세졌습니다. 심지어 미래에 온도가 1.5도, 2도, 4도 오를 때 마주하게 될 강도는 훨씬 더 강하고 횟수도 빈번할 것으로 예상됩니다.

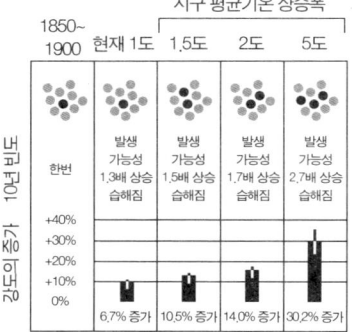

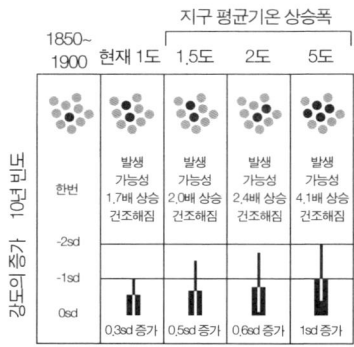

홍수(10년 기준)
1900년대 이전
10년에 1번 꼴로 발생한
홍수의 빈도 및 강도가 증가함.

지구 평균기온 상승폭

		현재 1도	1.5도	2도	5도
1850~1900					

한번 / 발생 가능성 1.3배 상승 습해짐 / 발생 가능성 1.5배 상승 습해짐 / 발생 가능성 1.7배 상승 습해짐 / 발생 가능성 2.7배 상승 습해짐

강도의 증가 10년 빈도
+40%
+30%
+20%
+10%
0%
6.7% 증가 / 10.5% 증가 / 14.0% 증가 / 30.2% 증가

가뭄(10년 기준)
1900년대 이전
10년에 1번 꼴로 발생한
가뭄의 빈도 및 강도가 증가함.

지구 평균기온 상승폭

		현재 1도	1.5도	2도	5도
1850~1900					

한번 / 발생 가능성 1.7배 상승 건조해짐 / 발생 가능성 2.0배 상승 건조해짐 / 발생 가능성 2.4배 상승 건조해짐 / 발생 가능성 4.1배 상승 건조해짐

강도의 증가 10년 빈도
-2sd
-1sd
0sd
0.3sd 증가 / 0.5sd 증가 / 0.6sd 증가 / 1sd 증가

※SD: 표준편차(standard deviation)

※자료: https://www.youtube.com/watch?v=tz0dFazDKxw (IPCC 6차 기후변화 보고서 참조 재구성)

기온 상승에 따른 홍수와 가뭄의 빈도와 강도
기온이 상승함에 따라 홍수와 가뭄 또한 더 강하고 빈번해지는 경향을 보입니다. 150년 전 기준으로 10년에 한 번 만나볼까 말까 한 홍수나 가뭄이 현재에 이르러 빈번해지고, 강도도 세진 것을 알 수 있습니다.

먹거리를 뒤흔드는 기후변화

살면서 단 한 번도 집이 물에 잠기거나 심각한 가뭄으로 물이 끊겨본 적이 없는 사람들에게는 아직 기후변화는 다소 비현실적인 먼일처럼 느껴질지 모릅니다. 하지만 이 문제는 생각보다 우리 모두에게 가까이 다가와 있습니다. 일단 기후변화로 인해 우리가 먹을 수 있는 먹거리의 선택지가 줄어들었기 때문이지요. 2023년 이야기를 다시 하면, 여름철 집중호우로 인해 농작물 재배 지역 중 서울의 절반 정도 면적이 물에 잠기고 맙니다. 농작물이 썩고 약 87만 마리의

190 내일도 지구가
안녕하면 좋겠어!

가축이 죽었습니다.[12] 그 피해는 직접적으로 손해를 본 농·축산업 종사자뿐만 아니라 일반 국민에게도 돌아옵니다. 재해로 인해 농축산물의 공급이 줄어들면 고스란히 물가 상승으로 이어지니까요. 사과를 구체적인 예로 들어볼까요? 2024년, 사과값은 금값에 비유될 만큼 가파른 상승세를 보였습니다. 이상기후로 작년 사과 생산량이 줄었기 때문이었죠. 지난봄 이른 고온 현상으로 사과나무꽃도 이르게 피고 말았습니다. 하지만 갑작스럽게 다시 찾아온 한파로 인해 꽃은 열매를 맺지 못한 채 얼어 죽고 말았지요. 같은 해 여름철 강우도 문제였습니다. 이전보다 비가 자주 내리면서 고온다습한 날씨가 길어졌고, 과일에 까만 점이 생기면서 점차 썩어들어가는 탄저병이 더욱 확산된 것입니다.[13] 이처럼 수확량이 급감하면, 물가는 크게 상승합니다. 먹고 싶어도 가격이 비싸 쉬이 사 먹을 수가 없지요. 비단 사과만의 이야기가 아닙니다.

역대급, 최악 등의 수식어가 무뎌지기 전에

우리나라 주식인 쌀의 상황도 한번 살펴볼까요? 인도는 전 세계 쌀 무역량의 40퍼센트를 차지하는 세계 1위 쌀 수출국입니다. 폭염, 가뭄, 폭우 등으로 작물 생산량이 기대에 미치지 못하자 인도 정부는 자국의 물가를 안정시키기 위해 쌀 수출부터 막았죠. 그로 인

12. 주종국, 〈[영상] 수해에 전쟁·이상기후까지… 지구촌 일제히 먹거리 비상〉, 《연합뉴스》, 2023.07.28.
13. 이오성, 〈기후위기의 무서운 풍경, 2070년 '사과 소멸' 시나르 오〉, 《시사IN》, 2024.01.18.

해 다른 나라의 쌀 수출 가격까지 오르면서 그 부담은 수입국가들의 국민이 짊어지게 됩니다. 밀이나 옥수수, 콩 등이 주로 재배되는 미국, 러시아, 호주 등에서도 가뭄이 갈수록 심화되며 곡물 생산량이 줄어들고 있습니다. 생산량이 줄어들면 자국민의 식량 확보가 우선일까요, 해외로의 수출이 우선일까요? 곡물자급률이 OECD 국가 중 최하위권인 우리나라 입장에서는 더욱 긴장할 수밖에 없습니다. 특히 쌀, 밀, 옥수수 등은 생존에 필수적인 식량 자원이니까요. 우려되는 건 이러한 일이 매년 점차 악화되는 점입니다.

'역대급', '최악의', '전례 없는' 등의 수식어와 함께 기후변화에 대한 뉴스가 매 계절 보도됩니다. 때로는 너무 자주 들려서인지 이상기후에 자꾸 무뎌지는 것 같습니다. 하지만 당장 체감되는 피해가 없다고 마냥 괜찮을지는 아무도 확신할 수 없습니다. 이상기후가 여전히 이상한 일로 여겨지는 때, 지금이 바로 행동할 때입니다.

빙하가 녹으면 북극곰만 위험할까?

기후변화로 인한 피해는 세계 곳곳에서 나타나고 있지만, 북극은 어느 지역보다도 피해가 심각합니다. 이는 북극에서의 가열화 속도가 지구 전체 평균보다 2~3배 빠르게 일어나고 있기 때문입니다. 여러분도 녹아버린 빙하 위에 위태롭게 앉아 있는 북극곰 사진을 본 적이 있을 것입니다. 녹아버린 빙하 때문에 자유롭게 움직일 수

#역대급 #최악의 #전례없는 #이상기후

도, 먹이를 사냥할 수도 없게 된 북극곰 한 마리가 어찌할 줄 모르고 주변을 두리번거리는 모습을 담아낸 공익광고는 2011년 국제공익광고제 대상을 수상했죠. 그래서인지 북극곰은 지구온난화를 상징하는 대표적인 동물로 꼽히기도 합니다.

그러나 이 공익광고는 북극곰의 안타까운 현실을 담아낸 데서 끝나지 않습니다. 위태로운 얼음 위 북극곰 뒤로는 바닷물이 차오르며 자동차 위에 고립된 사람들과 오버랩됩니다. 또 바싹 메말라 버린 땅 위로 동물 뼈와 쩍쩍 갈라진 땅 위의 버려진 농기계, 무너져 내리는 빙하와 산사태로 쏟아져 내려버린 흙이 번갈아 등장하죠.

아직도 지구온난화가 나와는 상관없는 일이라고, 나와 먼 세계에서 일어나는 일이라고 생각하는 사람들에게 이 광고는 이미 우리 자신의 일이라는 경각심을 일깨웁니다. 하지만 벌써 십 년이 훌쩍 지난 지금도 사람들은 북극곰만 불쌍히 여길 뿐, 자기 자신들을 불쌍히 여기는 것 같지는 않습니다. 극지방의 빙하와 해빙이 녹으면서 위험에 처한 건 북극곰만이 아닌 이유를 알아볼까요?

빙하가 녹으면 기후변화 속도가 빨라진다

과학 시간에 하얀 물체는 빛을 대부분 반사하여 상대적으로 열이 적고, 검은 물체는 빛을 흡수하며 열이 많기 때문에 온도가 높다는 이야기를 들어본 적 있을 것입니다. 같은 원리로 하얀 빙하는 태양에서 방출되는 복사에너지를 반사해서 북극 온도를 낮게 유지하는 역할을 합니다. 빙하가 사라지면 상대적으로 짙은 색인 검푸른 바

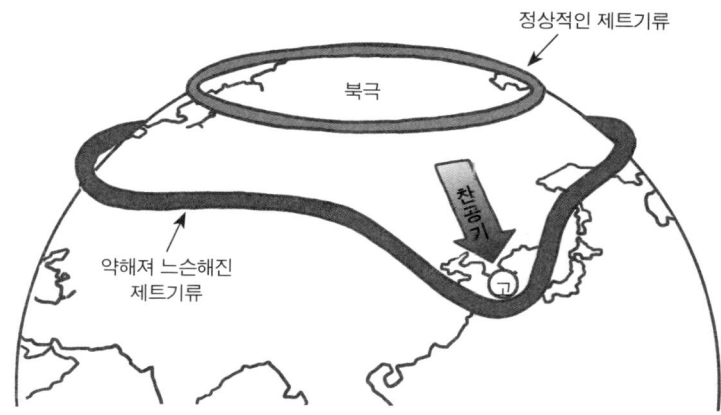

제트기류가 약해진 모습

지구온난화로 북극의 얼음이 녹으면서 북극의 차가운 공기를 가두고 있던 제트기류의 힘이 약해지면서 느슨하게 휘어지는 현상이 나타납니다. 이렇게 내려온 찬공기가 우리나라 겨울에 종종 몰아치는 북극한파의 원인이기도 합니다.

다가 드러납니다. 따라서 빙하가 줄어들면 흡수되는 태양열이 많아지고 다른 어느 지역보다 북극은 더 빠르게 온도가 상승합니다. 이에 북극의 얼음이 더 빨리 녹게 되어 악순환은 반복되지요.

북극의 얼음이 사라지는 것이 북극만의 문제는 아닙니다. 얼음이 사라져 북극의 온도가 높아질수록 북극과 중위도 간의 기온 차이가 줄어들어 북극의 차가운 공기를 가두는 역할을 하는 **제트기류**가 약해집니다.[14] 이에 차가운 공기가 한반도를 포함한 중위도까지 내려오면서 극단적인 한파를 일으키는 거죠. 2020년 북극 해빙 면적이

14. 천권필, 〈여름·겨울 오간 한국의 11월… 북극 온난화가 이렇게 무섭다〉, 《중앙일보》, 2023.11.12.

10월 기준 역대 작았던 때, 이듬해 제주도는 이례적인 한파경보에 대비해야 했습니다. 한겨울에도 평균기온 영상 5~10도를 유지하던 미국 텍사스는 2021년 겨울, 기온이 갑자기 영하 22도로 떨어져 난방 수요가 급증해 전력난을 겪기도 하였습니다.[15]

빙하가 녹으면 해수면이 올라가 침수 지역이 넓어진다

해수면이 상승하는 원인은 지진이나 화산 폭발, 해류의 변화 등 여러 가지가 있지만, 가장 큰 상승 요인은 빙하가 녹으며 늘어난 바닷물의 양 때문입니다. 현재 남극 얼음은 2,540만세제곱킬로미터, 북쪽의 그린란드 얼음은 290만세제곱킬로미터를 차지하는데, 만약 남극의 모든 얼음이 녹으면 해수면이 56.2미터, 그린란드의 얼음이 모두 녹으면 해수면 7.1미터 상승할 거라고 예측됩니다.[16] 더욱이 지구온난화는 기온뿐만 아니라 바다수온도 상승시켜 해양 온난화 현상을 만듭니다. 바닷물이 따뜻해지면 물의 밀도는 낮아지고 부피는 커지므로 이 역시 해수면을 상승시키는 요인이지요.

해수면 상승으로 인한 해안 지역의 침수는 이미 시작되었습니다. 지난 2021년, 남태평양에 위치한 작은 섬나라인 투발루의 외교장관은 무릎까지 바닷물이 차오른 곳에서 연설로 전 세계에 기후위기 대응을 호소하였습니다. 불과 수년 전 육지였던 그곳은 지구온

....
15. 호준석·엄지민(앵커), 빈기성(출연), 〈[더뉴스], "북극이 뚫렸다"… 미국 '체감 영향 50도' 역대급 한파〉, 《YTN 더뉴스》, 2022.12.26.
16. [핫클립] 해수면 상승의 원인은? / YTN 사이언스(https://www.youtube.com/watch?v=dNnzSld4c5c)

난화로 매년 해수면이 4밀리미터씩 상승하고 있는데요.[17] 해수면이 상승하면서 국토가 줄어드는 것은 물론 작물을 키울 땅과 흙조차 부족해져 투발루 주민들은 나라를 떠나야 할 처지에 놓였습니다.[18] 우리나라도 결코 안심할 수 없습니다. 그린피스는 해수면 상승과 더불어 태풍, 홍수 등과 같은 이상기후가 함께 발생했을 때 2030년에는 인천공항이 잠기고 부산 해안가 지역이 침수되는 등 300만 명이 직접적 피해를 볼 수 있다는 시뮬레이션 결과를 발표했습니다.[19] 실제로도 2023년 7월, 해수면이 가장 높은 만조 시기에 집중호우까지 겹치면서 전라남도 목포의 8차선 도로가 어른의 허벅지 높이까지 물이 차기도 하였습니다. 앞으로 해수면이 계속 상승하면 그 피해 규모는 더 커질 수밖에 없겠지요.

빙하가 녹으면 영구동토층이 녹아내린다

영구 동토층은 2년 이상 섭씨 0도 이하의 온도로 얼어있는 땅을 뜻합니다. 영구동토층은 주로 북극이나 남극 등 고위도 지방과 고산지대에 분포합니다. 오래전 묻힌 메탄, 이산화탄소, 고대 미생물, 바이러스 등이 외부로 빠져나가는 것을 막아주지요. 하지만 지구온난화로 예상보다 70년 더 빠르게 녹아내리고 있습니다.

....
17. 오수진, 〈기후변화로 국가 존폐 기로 선 투발루 "외부지원·협력 절실"〉, 《연합뉴스》, 2023.05.15.
18. 김지선, 〈사라지는 섬나루 '투발루'… "채소 키울 땅도 없어요"〉, 《KBS 뉴스》, 2023.05.16.
19. 이근영, 〈'침수 위험' 한국 14위, 서울 19위… 지구온도 더 올라가면?〉, 《한겨레》, 2021.10.13.

해저 영구동토층에서는 메탄이 배출되는 구멍이 발견되기도 했습니다. 역시 온실가스의 일종인 메탄은 이산화탄소보다 대기 중 존재하는 양은 적지만, 지구온난화를 일으키는 영향력은 20배 이상 큽니다. 앞으로 이러한 구멍이 계속 발견된다면 지금 예상보다 더 빠르게 지구의 평균기온이 상승하게 될 것입니다.[20]

영구동토층이 녹으면 그 속에 오랜 기간 묻혀있던 바이러스 등도 출현할 수 있습니다. 즉 영구동토층이 녹아 고대 미생물이나 바이러스가 세상 밖으로 누출되는 거죠. 프랑스 연구팀은 시베리아 영구동토층에서 약 2~4만년 전의 바이러스 들을 새롭게 발견하였는데, 고대 바이러스는 오랜 시간이 지난 후에도 전염성이 남아있으므로 영구동토층이 녹아 지상으로 노출된다면 현재 전 세계 보건 시스템에 큰 위협이 될 수 있다고 밝혔습니다.[21]

그럼에도 지구가 계속 뜨거워진다면?

수억 년 동안 지구의 생태계는 **천이(遷移) 현상**을 통해 변화해왔습니다. 천이 현상이란 일정한 지역을 우세하게 차지하는 종이나 군집이 오랜 시간의 흐름 속에서 연속적으로 바뀌어가는 것을 뜻합니다. 예컨대 생태계에서 어떤 생물이 환경에 잘 적응하여 점점 번성하면, 그곳의 환경 역시 자연적으로 이전과 달라집니다. 그러면 새

··················
20. 김형준, 〈뉴스라운지] 기후위기 시대··· 늘어가는 재난 대응책은?〉,《YTN》, 2023.11.06.
21 고재원, 〈영구동토층에 묻혔던 '좀비 바이러스' 깨어났다··· "전염력도 확인"〉,《동아사이언스》, 2023.03.20.

롭게 바뀐 환경에 더 적합한 생물이 등장하게 되고, 일련의 과정 속에서 여러 생물군이 번성과 퇴락을 반복하지요.[22] 지구가 탄생하고 생물이 등장한 후로 무척추동물이 양서류로 진화했고, 이후 파충류가 지구를 지배했습니다. 대멸종 이후에는 다양한 유전자를 지닌 포유류가 번성하지요. 그중 단연 돋보이는 포유류는 인간입니다. 그리고 현재 최고의 번성기를 맞이한 인간은 스스로 지구 환경까지 변화시키고 있습니다. 그것도 매우 빠르게 말이죠. 만약 지구의 평균기온이 2도를 넘어 그 이상 오르고 나서도 지구에서 가장 번성하는 생물이 여전히 인간일 수 있을까요?

지구온난화부터 이상기후, 해빙 현상까지, 기후변화의 증거가 명확해지고 그 속도가 굉장히 빠르다는 것이 드러나면서 기존 용어도 사태의 심각성을 보여줄 수 있는 새로운 용어로 바꿔야 한다는 목소리가 커지고 있습니다. 예컨대 기후변화보다는 '기후위기'나 '기후 비상사태', 지구온난화보다는 '지구가열화'가 현재의 상황을 더 적절히 표현한다는 것이지요. 하지만 용어보다 중요한 것은 마음 자세입니다. 우리 모두가 더 늦기 전에 기후위기 문제를 진지하게 마주해야 한다는 것입니다.

....
22. 다치바나 다카시,《생태학적 사고법》(김경원 옮김), 바다출판사, 2021, 143~146쪽 참조.

공생하거나,
멸종하거나

#생물다양성 #인수공통감염병

1%에서 99%로, 지구를 독점한 인간

바로 앞에서 살펴본 것처럼 지구의 생태계는 '천이(遷移) 현상'을 통해 환경 변화에 따라 더 적합한 생물이 생태계의 주류를 차지하며 번성과 퇴락을 반복해 왔습니다.

혹시 현재 지구에 서식하는 생물의 종류가 얼마나 되는지 알고 있나요? 인간과 인간이 기르는 가축을 포함해 약 8백만 종에 이릅니다. 그렇다면 인간과 인간이 기르는 가축의 개체수가 지구에서 차지하는 비율은 얼마일까요? 1만 년 전, 즉 농경 이전까지는 지구 생물체 중 1퍼센트에 불과했습니다. 하지만 농경이 시작되며 인간과 가축은 점점 숫자가 늘어나더니 어느새 다른 종들을 압도하게 됩니다. 그리고 1만 년이 지난 지금은 조류와 포유류의 96~99퍼센트로 추정되니 인간과 가축으로 지구가 온통 뒤덮인 셈입니다.[23]

한편 야생동물들의 상황은 어떨까요? 2020년 세계자연기금(WWF)과 런던동물학회가 동시에 발표한 〈지구생명보고서 2020(Living Planet Report 2020)〉에 따르면 1970년부터 2016년까지 46년간 포유류, 조류, 파충류, 양서류 및 어류 등 지구상 야생동물 개체수는 약 68퍼센트 감소했다고 합니다. 이런 수치만 브다러도 우리 인류가 얼마나 자신들의 풍요와 편리만을 위해 다양한 생물과 공존하지 않고 지구를 독점하는지 알 수 있습니다. 지구 생태계에 대한 무자비한 갑질의 결과가 생물다양성의 파괴로 이어진 것입니다. 앞으로도 과연 지금처럼 풍요와 편리를 누릴 수 있을까요?

세계자연기금은 생물다양성을 "수백만여 종의 동식물, 미생물, 그들이 가진 유전자, 그리고 그들의 환경을 만드는 생태계 등을 모두 포함하는 이 지구상에 살아 있는 모든 생명의 풍요로움"이라고 규정하였습니다. 1장에서 생물다양성은 생태계의 생존을 지키는 일종의 안전망과 같다고 했지요? 사례로 제시했던 아일랜드를 덮친 최악의 기근을 떠올리면 생물다양성을 왜 지켜야 하는지 어렵지 않게 이해할 수 있을 것입니다. 특히 지금처럼 예측이 어려울 만큼 기후변화가 빠르게 진행되는 상황에서 다양성을 잃은 종은 더더욱 지구에서의 생존 가능성을 보장하기 어려워졌습니다.

....
23. [최재천 풀버전] 코로나 종식은 없다, 그러나 방법은 있다! (https://www.youtube.com/watch?v=zO5glqw4xpQ)

다양성 없이 인류의 미래도 없다

인간과 다양한 생물들과의 공존이 얼마나 중요한지 살펴보기 위해 생물다양성에 대해 좀 더 이야기해 보려 합니다. 생물다양성은 크게 유전자 다양성, 종 다양성, 생태계 다양성으로 나눠볼 수 있습니다.

생물다양성 ❶ 유전자 다양성

한 종 안에 유전자가 얼마나 다양하게 자리 잡고 있는가를 뜻하는 **유전자 다양성**의 파괴 실태를 보여주는 대표적인 현상이 바로 가축의 떼죽음입니다. 축사에 조류독감, 아프리카 돼지 열병, 구제역 같은 전염병이 돌면 가축들의 집단감염과 폐사, 생매장으로 이어지지요. 그런데 이런 전염병은 야생동물 군집에서는 그리 위협적이지 않습니다. 야생동물은 같은 종이라도 서로 다양한 유전자를 가진 개체들이 있다 보니 한 마리가 전염병에 걸린다고 모든 개체에 치명적이지는 않습니다. 즉 특정 전염병으로 종 전체가 집단 폐사에 이를 만큼 취약하지 않다는 뜻입니다. 자연히 그 병을 이겨낼 확률이 높아지지요. 하지만 축사의 동물들은 사정이 다릅니다. 대부분은 고기 생산에 적합하도록 동일 유전자로 개량된 상태니까요. 따라서 한 마리만 감염되어도 빠르게 전염될 확률이 높습니다.

유전자 다양성의 파괴는 가축에게만 영향을 끼치는 건 아닙니다. '아이리시 럼퍼'라는 단일품종 감자가 감자잎마름병에 속수무책이었던 것과 비슷한 사례가 있습니다.[24] 1968년 미국의 대규모 옥수수 농가에는 옥수수잎마름병이라는 전염병이 돌았습니다. 이곳에서 재배되는 옥수수들은 모두 한 가지 유전자 타입이었고, 병원체인 곰팡이를 이겨내지 못해 전염병이 빠르게 퍼져나가 일부 지역에서는 옥수수가 완전히 죽어버렸죠. 1970년 미국 옥수수 벨트 전체의 생산량이 15퍼센트나 줄었고, 미국 전체로도 10억 달러의 손실을 입었습니다. 만약 모든 품종이 단일화되면 주식인 곡식에 이런 전염병이 퍼질 때, 우리도 식량 위기에 직면할 수 있습니다.

생물다양성 ❷ 종 다양성

다음으로 **종 다양성**이란 하나의 생태계에 다양한 생물 종이 존재함을 뜻합니다. 생태계는 복잡한 먹이 사슬로 연결되어 있어 하나의 종 군집이 사라지면 다른 종도 영향을 받게 됩니다. 옐로스톤 국립공원의 사례는 유명합니다. 1800년대 미국은 넓은 평야에 가축을 풀어놓고 키우는 목축업이 성행했죠. 당시 목축업자들에게 가축을 공격하여 잡아먹는 늑대는 눈엣가시였습니다. 이에 1850년부터 대대적인 늑대 사냥이 이루어졌고, 1900년까지 죽은 늑대가 약 200만 마리에 이를 정도였죠. 최상위 포식자인 늑대가 사라진 공원에는 사슴과 같은 초식동물 개체수가 빠르게 늘어났습니다. 이들이 나무와 풀을 마구 먹어 치웠고, 식물에 기대어 사는 조류와 어류 역시 급감했죠. 생태계 균형이 무너지며 옐로스톤은 손을 쓸 수 없을 만

....
24. 관련 내용은 1장 먹거리 참조.

큼 황폐해집니다. 수십 년간 갖은 노력을 기울여 국립공원 생태계를 복원하려 했지만 쉽지 않았죠.

무너져 버린 생태계를 복원한 건 바로 14마리의 늑대였습니다. 1995년 환경단체들이 국립공원에 늑대들을 방생한 것입니다. 포식자인 늑대의 귀환에 1994년 2만여 마리로 늘어나 있던 대형 사슴류 엘크가 2000년 8,300여 마리로 감소했고, 그와 함께 나무와 풀도 다시 번성했습니다.[25]

덕분에 개울이 제 모양을 찾고 물고기도 돌아오며 옐로스톤 국립공원의 생태계는 비로소 균형을 되찾을 수 있었죠. 생물다양성은 종종 젠가 게임에 비유됩니다. 블록을 하나씩 빼는 것처럼 한 종씩 사라질 때마다 생태계 균형이 조금씩 흐트러지며 균열을 보이죠. 처음 블록이 하나 빠졌을 때는 타격이 크지 않지만, 결국 무너지고 맙니다. 그 어떤 종도 살아남기 힘들어지는 것입니다.

생물다양성 ❸ 생태계 다양성

끝으로 **생태계 다양성**이란 한 지역에 삼림, 습지, 사막, 산, 호수, 강, 농경지 등으로 다양하게 존재함을 의미합니다. 1장에서 팜나무 플랜테이션을 위해 숲을 밀어버리고 있다는 이야기를 기억하나요? 이런 일들은 지금도 세계 곳곳에서 벌어집니다. 인류는 오랜 시간에 걸쳐 균형을 이루며 자기 자리를 지키고 있던 생태계를 오직 경제

25. 임병선, 〈늑대 복원 25년⋯ 옐로스톤 국립공원은 어떻게 변했을까?〉, 《뉴스펭귄》, 2020.02.03.

적인 가치로만 환산하고 개발하고 있습니다. 우리나라의 시화호[26]도 그렇습니다.

시화호는 경기도 시흥, 안산, 화성에 걸친 거대한 인공 호수입니다. 시화호가 만들어지기 전에는 서해안의 일부로, 주로 갯벌이 펼쳐져 있었으며, 조수 간만의 차이가 크게 나타나는 곳으로 다양한 해양 생물들의 서식지이자 철새들의 주요 경유지였지요. 그런데 산업단지와 농경지를 확장하기 위해 간척 산업을 진행하면서 방조제를 건설하게 됩니다. 방조제[27]가 완공되면 바닷물을 빼낸 후, 담수호[28]로 만들어 간척된 농지나 산업단지의 용수를 공급하려 했던 거죠. 하지만 예상과 달리 시화호 수질은 급격하게 나빠졌습니다. 호수가 너무 크다 보니 물이 제대로 순환되지 않았고, 오염물질이 호수 밑에 계속 정체되었기 때문입니다. 또한 호수 주변이 공단 및 시가지로 개발되어 공단과 도심지의 폐수가 정화시설을 거치지 않은 채 시화호로 흘러들어와 수질오염을 심화시키면서 조개 같은 어패류의 사체가 쌓이고 물고기의 집단 폐사도 빈번해졌습니다. 다양한 해양생물이 살아 숨 쉬던 낙원에서 다가가기도 힘들 만큼 악취가 진동하는 죽음의 공간이 되고 만 거죠.[29]

....
26. 박설민, 〈[멸종저항보고서㉒] '죽음의 호수' 시화호, 생명을 되찾다〉, 《시사위크》, 2022.04.14.
27. 해안에 밀려드는 조수를 막아 간석지를 이용하거나 하구나 만 부근의 용수 공급을 위하여 인공으로 만든 제방.
28. 염분의 함유량이 1L 중 500mg 이하인 민물 호수.
29. 현재 시화호의 생태계는 다소 개선되었다. 한국수자원공사에서 담수화를 포기하고 해수화로 결정함으로써 조력발전소를 건설하여 해수 유통량을 5~10배 증가시키면서 어느 정도 생태계가 복원되고 있다. 그럼에도 방조제 건설 이전으로는 아직 돌아가지 못했다.

생물다양성이 무너졌을 때 나타나는 비극이 말해주는 교훈은 명확합니다. 생물다양성이 확보된 자연만이 인간에게 다양한 생태계 서비스를 제공할 수 있다는 거죠. 예컨대 생물다양성이 확보된 숲은 다른 어떤 육상 생태계보다도 많은 양의 탄소, 수분 및 에너지를 대기와 교환하면서 기후 조절에 매우 중요한 역할을 합니다. 또한 숲은 강수와 폭염 정도에도 영향을 미칩니다. 대규모 플랜테이션 농업을 위해 숲이 파괴될수록 기후를 더 덥고, 건조하게 만들면서 가뭄과 화재 발생이 증가하는 이유죠. 인류가 지금처럼 다양한 생명체와 공생하지 않고 생태계에 대한 갑질에 가까운 일방적 행동을 멈추지 않는다면 인류 문명도 그리 멀리 갈 수 없을 것입니다.

벌이 사라지면 지구가 멸망한다고?

"꿀벌이 사라지면 인류도 4년 내 멸망한다."는 아인슈타인이 한 말로 널리 알려졌지만, 정확히 누가 한 말인지는 확인되지 않습니다. 그런데 우리는 누가 한 말인지보다 이 말이 과연 사실인지에 대해 주의 깊게 살펴볼 필요가 있습니다. 왜냐하면 실제로 꿀벌이 세상에서 빠르게 사라지고 있기 때문입니다.

한국양봉협회의 조사 결과, 2022년 사라진 양봉 꿀벌의 숫자는 약 70억 마리[30]로 추정됩니다. 심지어 2024년 양봉협회는 우리나라 양봉 농가마다 월동 이후 벌무리의 절반 이상이 사라졌다고 집계했

습니다. 꿀벌 200억 마리가 사라진 것입니다.[31]

양봉 꿀벌 외에도 자연에 서식하는 야생벌[32]의 숫자 역시 빠르게 감소하고 있습니다. 전문가들조차 꿀벌을 살릴 수 있는 골든타임은 지나가 버렸다는 회의적인 분석을 내놓기도 합니다. 게다가 벌의 실종은 우리나라뿐만 아니라 미국과 유럽 등 다른 나라들에서도 나타나는데, 이미 2010년대에 들어 꿀벌의 30~40퍼센트가 사라진 것으로 집계됩니다.[33]

꿀벌 실종의 원인은 하나로 단정 지을 수는 없지만, 가장 큰 원인은 역시 기후변화입니다. 지구온난화로 인해 우리나라의 봄꽃 개화일은 1950~2010년대 대비 약 3~9일이나 빨라졌습니다. 겨울잠을 자던 야생벌이 깨어나기도 전에 봄꽃이 피어버리는 거죠. 뒤늦게 겨울잠에서 깨어난 야생벌이 꿀과 양분을 얻고자 하여도 이미 꽃은 져버린 후죠. 양봉 꿀벌의 사정도 마찬가지입니다. 꿀벌 무리가 살아남는 데 필요한 꿀과 양분을 얻기에는 꽃이 피어있는 시간이 너무 짧습니다. 따라서 충분한 양분을 섭취하지 못해 벌들은 성장이 늦어지거나, 수명이 짧아지거나, 생식에 문제가 생기기 시작했죠. 또 면역력이 약해져 살충제, 기생충, 바이러스와 같은 외부 요인에 훨씬 취약해졌습니다.

....
30. 최경호, 〈최근 '70억마리 꿀벌' 증발…이는 "4년내 인류 멸종" 경고다? [뉴스원샷]〉, 《중앙일보》, 2022.03.20.
31. 홍승연, 〈200억 마리 꿀벌 실종… "골든타임 지났다" 전문가 경고〉, 《SBS》, 2024.03.25.
32. 김민욱, 〈[지구한바퀴] '웅' 벌 소리가 사라졌다… 야생벌 없어지면 생태계 붕괴〉, 《MBC 뉴스》, 2023.05.19.
33. 조승한, 〈전 세계 꿀벌 실종 사건, '생태계 붕괴' 방아쇠 당기나-〉, 《동아일보》, 2022.03.18.

문제는 따뜻해진 가을과 겨울에도 발생합니다. 꿀벌은 기온이 떨어지면 월동 준비에 들어갑니다. 즉 활동량을 줄이고 벌통에 머물면서 서로 뭉친 채 체온을 유지하는 거죠. 하지만 이상기후로 인해 겨울 평균기온이 높아지자 꿀벌들은 월동 준비를 하려고 하지 않고, 꿀을 모으기 위해 계속 벌통 밖으로 나갔습니다. 하지만 해가 지기 무섭게 기온이 급속히 떨어지다 보니 벌통으로 돌아오지 못하고 폐사하는 거죠. 따뜻해진 가을, 겨울로 유럽 꿀벌의 월동 폐사율은 30~35퍼센트까지 올랐으며, 한국의 꿀벌 폐사율은 2023년 초 기준으로 약 60퍼센트를 넘어섰습니다.

꿀벌들의 위기 상황이 심상치 않음을 깨달은 세계 여러 정부도 그제야 꿀벌들을 되찾으려는 여러 가지 노력을 기울이기 시작했습니다. 미국은 2016년 대통령이 직접 나서 정부 차원의 위원회를 구성했습니다. 유럽연합(EU) 역시 꿀벌 보호를 위한 범정부연합체를 조직했습니다.

한 종의 멸종은 지구 역사상 계속해서 일어나고 있는 일인데, 왜 세계는 특히 벌의 멸종에 관심을 기울이고 있을까요? 그만큼 꿀벌이 인류와 밀접한 관련이 있는 생물이기 때문입니다. 유엔식량농업기구(FAO)에 따르면 전 세계 식량 작물의 70퍼센트 이상이 벌의 수분 덕분에 열매를 맺습니다. 벌이 사라지면 우리가 먹는 작물 생산에도 어려움이 많아질 것이고, 최악의 경우 식량 위기로 이어질 수 있기 때문입니다. 그리고 앞서 누군가의 이야기처럼 정말 인류도 곧 멸망할지 모르는 일입니다.

기후변화로 가속화된 생물다양성의 위기

급작스러운 기후변화로 인해 생태계에도 비상이 걸렸습니다. 지구에서 살아가는 생명체들은 서식지의 기후조건에 맞게 오랜 시간에 걸쳐 적응해 왔는데, 지금은 너무 비정상적으로 빠르게 바뀌다 보니 적응하지 못하는 것들이 생겨난 것입니다. 적응에 실패한 생명체부터 지구에서 사라지면 결국 생물다양성을 위협하는 결과로 이어집니다. 하물며 사람도 갑자기 환경이 바뀌면 적응할 시간이 필요한데, 생태계에는 그런 시간조차 주어지지 않는 것이 문제입니다. 그만큼 너무 빠르게 변화하고 있으니까요.

생물다양성을 위협하는 5가지 요인, HIPPO

물론 기후변화 이전에도 생물다양성을 위협하는 요인은 존재했습니다. 이를 크게 5가지로 나누어 **HIPPO**라고 하기도 합니다. 즉 서식지 감소(Habitat loss), 침입종(Invasive species), 오염(Pollution), 인구증가(Population growth), 남획(Overharvesting)의 영문 첫 글자를 각각 따서 외우기 쉽게 이름 지은 것입니다.

서식지 감소란 인간의 도시화와 난개발로 인해 생물의 기존 서식지가 줄어듦을 말합니다. 팜유 농장 개간으로 서식지를 잃고 멸종위기종에 내몰린 오랑우탄을 기억하나요? 우리나라에도 비슷한 동물이 있습니다. 오직 우리나라에서만 서식하는 한국 고유종 고리도롱뇽은 멸종위기 2급입니다. 전국 곳곳에서 아파트 공사를 위한 난개발로 고리도롱뇽의 서식지가 파괴되며 살 곳을 잃게 되었죠. 2020년 한 해에만 2만 개체가 폐사된 것으로 추정됩니다.

침입종이란 인간이 다른 곳에서 들여온 외래종이 토착 생물을 헤쳐 생물다양성이 위협받는 경우입니다. 우리나라에서도 반려동물로 수입된 붉은귀거북을 키우기 힘들다는 이유로 몰래 방생하는 사람들이 있었습니다. 방생된 붉은귀거북은 국내에 천적이 없고, 동물과 식물을 가리지 않는 잡식성으로 하천과 호수의 생태계 먹이사슬에 혼란을 일으키며 하천 생태계에 위협이 되고 있죠.

오염은 농약, 중금속, 독성물질로 서식지가 오염되어 생물이 살수 없게 됨을 의미합니다. 좀 오래된 일인데, 1953~1959년까지 일본 쿠마모토현 미나마타 지방에서 독극물에 의한 중추신경계 이상 질환이 발생하였습니다. 1965년에는 니이카타현의 하류에서도 같은 병이 나타났죠. 처음 발생한 지역의 이름을 따서 미나마타병으로 불립니다. 원인은 공장 폐수였습니다. 질소 비료 공장에서 흘러나온 폐수 중 메틸수은이라는 중금속이 먹이사슬을 통해 플랑크톤, 어패류를 통해 사람에게 전달되어 신경 마비, 보행 곤란, 언어 장애, 중추신경 마비 등의 증상을 보이게 된 거죠. 하천 생태계의 파괴와 함께 인간마저 위협한 대표적인 오염 사례입니다.

인구증가는 인구 규모가 증가할수록 더 많은 토지와 자원 등을 확보하기 위해 다른 생물에 해를 입히는 경우입니다. 조금 전 고리도롱뇽의 사례는 서식지 감소와 인구증가 모두에 해당하죠.

남획은 마구잡이로 잡는 것을 의미하는데, 주로 물고기의 남획입니다. 예컨대 쥐포의 재료인 쥐치[34]는 1986년만 해도 우리나라 바다에서 32만 톤이 넘게 잡힐 만큼 흔한 어종이었습니다. 하지만 1990년대 이후로는 어획량이 급감해 1,000톤 이상 잡히지 않습니다. 적절한 수의 다 자란 물고기만 잡고 어린 물고기(치어)는 잡지 않아야 계속 번식하며 일정한 수를 유지하는데, 이익을 위해 닥치는 대로 잡았기 때문입니다.

강력한 생물다양성 위협요인으로 급부상한 기후변화

최근 들어 기후변화가 이 5가지 요인보다 훨씬 더 강력한 생물다양성의 위협 요인으로 떠오릅니다. 기후변화로 인해 기후조건이 바뀌면 빙하의 후퇴, 해수면 상승, 홍수·가뭄·산불 등의 극한 기후 현상 증가, 해양 산성화 등의 결과를 불러옵니다. 그와 함께 생물 종의 생존과 번영에 있어 필수적인 환경 조건마저 변하는 거죠. 이런 갑작스러운 변화로 인해 생물다양성이 영향을 받는 것입니다. 적응하지 못한 생물 종은 멸종될 수 있으니까요.

아무리 소수일지라도 특정 종의 개체수가 줄어듦을 가볍게 여겨서는 안 됩니다. 생태계의 균형은 오랜 시간에 걸쳐 진화하며 천이를 통해 수많은 생물과 요소들이 영향을 주고받으며 형성된 것입니다. 서로 밀접하게 연결되어 있기 때문에 특정 종의 변화는 전체의 균형에도 균열을 가져옵니다. 앞서 젠가에 비유했던 것처럼 조금씩

....
34. 김재홍, 〈위기의 수산업〉, 《경남매일》, 2022.04.25.

흔들리다가 결국 무너지는 거죠. 블록 하나가 빠져나가면서 다른 블록들까지 심하게 흔들고 있는 대표적인 사례가 바로 벌의 멸종 가능성입니다. 과학자들은 기후변화와 서식지 파괴가 지금처럼 지속된다면 세기말까지 지구상 생물 종의 50퍼센트가 멸종해 6차 대멸종 위기에 처할 수 있다고 경고합니다.

지구별에서 다 함께 잘 살아가기 위하여

유엔(UN)은 2021년부터 2030년까지를 '생태계 복원의 10년'으로 지정하였습니다. 전 세계적으로 훼손된 생태계를 복원하여 생물다양성 손실을 방지하기 위함으로 기후변화만큼이나 심각한 생물다양성 파괴 문제에 대해 적극 대응하겠다는 취지입니다. 유엔 생물다양성 과학기구는 2019년 보고서를 통해 2000년 이후 지구에서 매년 650만헥타르(6,500km^2)의 산림이 사라졌으며, 전체 생물종 가운데 100만 종 이상이 멸종위기에 처했다고 발표하였습니다.[35]

생물다양성을 보전하기 위해 마련된 대책들

생물다양성 파괴의 심각성은 이미 세계적인 공감대가 형성되어 있으며, 우리나라 정부 역시 생물다양성 보전을 위한 다양한 대책을

....
35. 서울환경연합, 〈생물다양성 위기, 지금 당장 실천할 수 있는 방법〉 (https://blog.naver.com/seoulkfem/223251496043)

마련하고 있습니다. 예컨대 앞서 거론된 생물다양성 파괴의 주요 원인 중 하나인 서식지 파괴를 막기 위해 중요 서식처를 **천연보호구역** 또는 주요 **생태축**으로 지정하고 있죠.[36]

우리나라는 1965년 홍도와 설악산을 천연기념물로 지정하면서 처음 보호지역인 천연보호구역을 도입하였고, 1967년 국립공원 제1호로 지정된 지리산 국립공원을 비롯해 현재까지 육상과 해상에 17개 유형의 1,700개가 넘는 보호지역이 존재합니다. 보호지역이 차지하는 면적은 육상 11.6퍼센트와 해상 1.4퍼센트입니다. 보호지역은 멸종위기종이나 생물다양성의 보전에 중요한 역할을 할 뿐만 아니라, 깨끗한 물과 공기를 제공합니다. 또 탄소를 저장하여 기후변화를 완화하고 자연재해를 줄이는 등 우리에게 많은 혜택을 줍니다.

생태축은 생물다양성을 증진시키고, 생태계 기능의 연속성을 위하여 생태적으로 중요한 지역 또는 생태적 기능의 유지가 필요한 지역을 연결하는 생태적 서식공간입니다. 우리나라의 주요 생태축으로는 비무장지대 생태축과 백두대간 생태축이 있습니다. 비무장지대 생태축은 지난 70여 년간 인간의 출입이 통제되어 자연의 다양성이 잘 보존되고 있지요. 백두대간 생태축은 백두산에서 지리산까지 약 1,400킬로미터(남한 701㎞)에 이르는 한반도 산림생태계의 핵심 연결축으로, 다양한 생물의 주요 서식지로 생물다양성을 유지

....
36. E-Learning KEI, 〈청소년을 위한 생물다양성〉, 2021.08.17.

하는 데 중요한 역할을 하고 있습니다.

또 다른 노력으로는 생물자원을 보전하고 관리하는 전문 시설의 운영입니다. 이런 역할을 하는 대표적인 시설이 바로 씨드 뱅크(seed bank), 씨드 볼트(seed vault)입니다. 비슷한 이름과 개념 같지만, 두 시설은 저장 목적과 기간이 다릅니다.

우리말로 종자은행인 씨드 뱅크는 연구나 증식을 목적으로 활용하기 위해 중·단기적으로 종자를 저장하는 시설로 상시적으로 꺼내 사용할 수 있습니다. 우리나라에는 인천 국립생물자원관과 원주 국립공원연구원에 있습니다. 한편 씨드 볼트는 종자(seed)와 금고(vault)의 합성어로 기후변화나 전쟁, 핵폭발 등 예기치 못한 대재앙에 대비하여 식물의 멸종을 막는 목적으로 만든 시설입니다. 저장 기간은 영구적이며, 경북 봉화의 국립백두대간 수목원에 있습니다. 이런 시설을 만든 이유는 식물을 지켜내는 핵심 열쇠가 바로 종자이기 때문입니다. 지구식물보전전략[37]의 다음과 같은 말에서도 식물이 생물다양성과 지구의 지속가능성을 지키기 위해 꼭 필요한 존재임을 잘 알 수 있습니다.

> "식물이 없다면, 생명체가 없다. 지구의 기능과 우리의 생존은 식물에게 달려있다."
>
> — 지구식물보전전략(GSPC)

---

37. 1999년에 국제식물학회에서 처음으로 제안된 계획으로 2002년에 생물다양성협약에서 프로그램으로 채택되었다.

생물자원의 보전 및 관리를 위한 개인적인 실천은?

개인 차원에서도 생물다양성 보전을 위해 할 수 있는 노력들이 여러 가지 있습니다. 우리 주변에서 가장 쉽게 볼 수 있는 생물종 중 하나가 조류입니다. 최근 건물 유리창에 가름대나 살을 넣지 않은 통창이 많아지면서, 조류들의 부딪힘 사고도 더욱 늘고 있습니다. 즉 투명 유리창을 인식하지 못해 그대로 부딪혀 죽기도 하는 거죠. 조류를 위해 창문에 조류 충돌 방지 스티커를 붙이는 행동도 야생 조류의 개체를 보호하는 좋은 환경 행동 중 하나입니다.

조류의 생물다양성을 지키기 위한 손쉬운 방법은 또 있습니다. 우리 선조들은 감나무에 감이 열리면 모두 따지 않고 몇 개씩 꼭 남겨두곤 했는데, 이 문화를 '까치밥'이라고 부릅니다. 연시를 좋아하는 까치들이 먹을 수 있도록 남겨두는 문화로 우리 선조들의 다정한 마음을 엿볼 수 있지요. 이와 비슷한 문화가 바로 **버드피딩 (bird feeding)**입니다. 버드피딩이란 도심 속 야생 조류들의 생존을 돕기 위해 물과 모이통을 베란다 밖이나 나무에 걸어두는 행위입니다. 미국의 경우 가구 중 55퍼센트가, 영국의 경우 79퍼센트가 버드피딩을 실천하고 있는데, 영국 생태학자 케이트 플러머(Kate Plummer)에 따르면 영국에서만 버드피딩으로 1억 9,600만 마리의 새가 먹이를 보충하는 중이라고 합니다.[38]

깨끗한 물과 먹이를 구하기가 어려운 도심 속 야생 조류들에게

---

38. Kate Plummer, 〈Garden birds: to feed or not to feed?〉, 2019.09.20.

버드피딩은 한 줄기 빛과 같습니다. 다만 우리나라처럼 공동 주택 거주 비율이 높은 경우 주의할 점도 많습니다. 예컨대 모이를 먹으러 찾아온 새들의 배설물이 다른 층에 떨어지면 이웃 간 갈등의 원인이 되기도 합니다. 또 새의 지저귐, 날개짓 등을 불편하게 여기는 사람도 많지요. 무엇보다 주기적으로 모이통을 청소하여 깨끗이 관리하지 않으면 기생충이나 바이러스가 쉽게 유입되어 오히려 새들의 건강을 해칠 수도 있습니다. 따라서 버드피딩을 실천해 보고 싶다면 이러한 사항들을 충분히 고려해야 합니다.

버드피딩보다 더 손쉽게 생물다양성에 도움이 되는 방법이 있습니다. 생물종을 발견하여 이를 사진으로 찍어 인터넷에 업로드하고 그 위치를 표기하는 행동이지요. 이런 행동이 생물종에 어떤 도움이 되는지 궁금한가요? 서울시에서 진행했던 캠페인 '제비 SOS(Swallou of Seoul)'를 보면 그 의미를 알 수 있습니다. 제비 SOS는 도시에서는 집을 지을 진흙과 가벼운 풀을 찾기 어렵고, 먹잇감인 벌레마저 살충제에 노출되어 아기 제비들의 생존율이 떨어지며 점차 사라지게 된 제비에 대한 연구 프로젝트입니다. 시민들은 자신의 거주지에서 발견된 제비의 서식지를 파악하여 표시하고 이렇게 표시된 제비 분포도는 조류 전문가들에게 공유되어 제비와 함께 살기 위한 도시의 조건들을 연구하게 됩니다. 실제로 이 프로젝트를 통해 계획적인 서식지 보호 운동이 펼쳐져 프로젝트를 처음 시작했을 때보다 제비 개체수가 300여 마리 증가하였습니다.[39]

이처럼 전문가가 아닌 시민들이 과학적인 연구나 데이터 수집에 참여하는 것을 **시민과학(citizen science)**이라 하는데, 주변 생물을 관찰하고 기록하는 것만으로도 생물다양성을 보존하는 정책이나 계획을 세우는 데 도움이 됩니다. 여러분도 시민과학 사이트[40]에 접속하여 주변의 생물에 관심을 가지고 기록해 보면 어떨까요?

최고의 백신은 자연과의 거리두기

생물다양성과 생태계를 지키는 노력은 궁극적으로 우리 인간을 지키기 위한 선택입니다. 2019년 처음 발견되어 3년 넘게 대유행이 지속되며 전 세계를 마비시켰던 신종코로나바이러스(COVID-19)는 대표적인 인수공통감염병입니다. 동물과 사람 사이에 같은 병원체가 전파되고 증상이 발현되는 질환이지요. 아직도 이 바이러스의 정확한 감염 경로는 파악되지 않았지만, 연구에 따르면 박쥐, 천산갑 등을 거쳐 인간에게로 옮겨온 것으로 추정됩니다. 근본적으로는 야생동물과의 접촉이 증가하였기 때문이죠.

야생의 상태가 온전히 유지되는 숲 등에 서식하는 야생동물들은 평생 인간과 거의 격리된 채 살아갑니다. 따라서 이들과 인간의 접촉은 거의 일어날 일이 없지요. 하지만 현재는 난개발로 인해 야생동물의 서식지가 마구 파괴되는 것을 여러분도 잘 알고 있을 것입

39. 이원율, 〈서울시 '제비야 돌아와!' 프로젝트로 제비 늘어나〉, 《헤럴드경제》, 2018.05.09.
40. 시민과학 사이트 '네이처링'(https://www.naturing.net)

니다. 살 곳을 잃은 야생동물들이 목축지나 사람의 거주 지역 등으로 점점 이동하면서 사람과의 접촉 가능성이 증가하였고, 야생동물을 숙주로 삼아 살아가던 수상한 바이러스들이 야생동물과 함께 인간 사회로 나오게 된 것입니다. 코로나바이러스뿐만 아니라, 20세기 이후 발생한 신종 감염병의 75퍼센트가 박쥐와 같은 야생동물에서 유래[41]하였다는 점을 놓치지 말아야 합니다.

2002년 11월~2003년 7월 유행했던 사스(SARS)를 살펴볼까요? 역시 코로나바이러스의 일종으로 코로나19만큼은 아니지만, 빠르게 전파되어 800명이 목숨을 잃었습니다.[42] 숙주는 박쥐였는데, 다만 박쥐에 기생하는 바이러스는 유전적 특성상 사람한테 바로 전염되지 않습니다. 박쥐와 인간 두 종을 이어줄 매개 동물, 즉 중간숙주가 필요하죠. 당시 중국 본토 야생동물 시장에서 거래되던 사향고양이가 박쥐와 인간을 이어주는 중간숙주로 지목되었죠. 이처럼 바이러스에 감염된 야생동물이 귀한 약재나 식재료로 둔갑해 무분별하게 소비되면서 바이러스도 인간 사회로 유입된 것입니다.

또 농지로 개간하기 위해 숲의 나무를 베면서 서식지가 사라지자 병원체를 지닌 동물들이 새로운 서식지를 찾아 이동하고 있습니다. 그러다가 사람이 사는 곳까지 내려오면 그들 몸에 기생하는 세균과 바이러스도 우리 곁으로 오게 됩니다. 그중에 인간에게 얼마나 치명적인 바이러스가 숨어있을지는 아무도 장담할 수 없습니다.

....
41. 이성규, 〈인수공통감염병이 증가하는 이유는?〉, 《사이언스타임즈》, 2020.12.11.
42. 윤종원, 〈생물다양성이 질병 확산 막는다〉, 《병원신문》, 2005.10.27.

야생동물과 바이러스

바이러스는 스스로 생명활동을 할 수 없습니다. 따라서 자신을 죽이지 않고 계속 품어줄 생명체, 즉 숙주가 필요하지요. 많은 종의 숙주를 확보할수록 살아남는 데 유리하므로 바이러스에게 감염은 일종의 생존 전략입니다. 숙주가 죽으면 어차피 같이 소멸해야 하므로 가능하면 숙주 안에서 공생하려고 합니다. 하지만 바이러스가 숙주에게 적응하려면 시간이 필요합니다.

대표적으로 박쥐와 같은 야생동물의 경우 아주 오랜 시간에 걸쳐 다양한 바이러스와의 공생을 이어오고 있습니다. 박쥐는 알려진 종류만 1,000종 이상으로 생물다양성이 높습니다. 또한 특이한 면역체계로 인해 바이러스에 느슨하게 대응하다 보니 새로운 바이러스가 침투해도 사멸하기 위해 치열하게 공격하지 않는다고 합니다. 그래서인지 무려 200종이 넘는 바이러스의 숙주로 알려져 있지요.[43]

하지만 인간의 면역체계는 다릅니다. 낯선 바이러스에 대해 맹렬한 면역반응이 일어나지요. 코로나19 팬데믹 초반일수록 감염자의 증상이 훨씬 심각하고 치명률이 높았던 것도 비슷한 이유입니다. 인간의 면역체계가 바이러스와 그만큼 치열한 사투를 벌였기 때문이죠.

중요한 건 어쩌면 코로나19 팬데믹은 맛보기에 불과할지 모른다는 점입니다. 인간이 지금처럼 앞으로도 야생동물의 서식지를 무분별하게 장악할수록 야생동물의 몸속에 잠들어 있던 수많은 바이러스도 함께 우리에게 몰려올 테니까요.

....
43. 박상욱, 《바이러스 철학을 만나다》, 맘에드림, 2021, 54~55쪽 참조

사람과 동물 모두 감염시킬 수 있는 인수공통 바이러스는 약 50만 종으로 추측되며, 우리가 알고 있는 것은 이 중 0.2퍼센트에 불과합니다.[44] 앞으로도 인간이 계속해서 야생의 땅을 무분별하게 개발하고 생태계 다양성을 파괴한다면 자연의 역습은 더 독하게, 더 자주 인류를 덮칠 것입니다. 이러한 인수공통감염병을 막기 위한 최고의 예방책은 **자연과의 거리두기**입니다.

44. 정시행, 〈"위험한 바이러스 50만종… 밝혀낸 건 0.2%뿐"〉,《조선일보》, 2021.03.06.

잠자는 지구의
코털을 건드린 인간들

#산업혁명 #화석연료 #기후변화 음모론 #1.5도

기후위기 시계는 지금도 빠르게 흘러가는 중

이 장을 시작하면서 기후는 지역마다 오랜 시간 일관되게 유지되어 왔다고 했지요? 그렇다고 지구의 역사에서 기후가 아예 변하지 않았던 것은 아닙니다. 태양 활동의 변화, 해수면 온도 변화 등에 의해 자연적으로 기후가 바뀌기도 합니다. 다만 그 기간은 수천 년에서 수만 년이 걸립니다. 그러나 현재 우리가 말하는 '기후변화'는 단 150년 만에 일어난 일입니다. 222쪽 그래프를 보면 알 수 있듯이 약 1900년대를 기점으로 지구의 평균기온이 가파르게 상승하였습니다. 산업화 시대의 지구의 평균기온을 0도라고 했을 때, 현재 지구의 기온은 1.1도가 상승하였는데요. 이는 지구 역사상 가장 단기

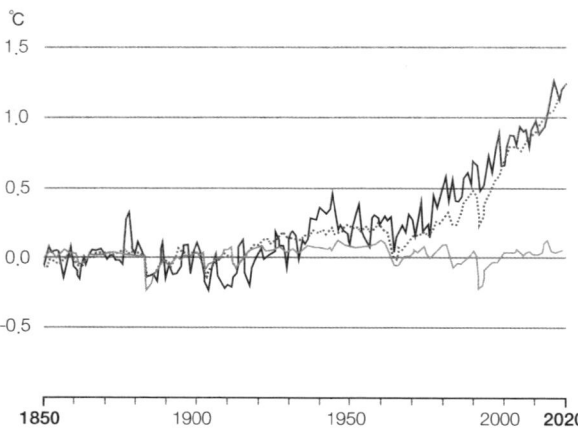

℃

1.5

1.0

0.5

0.0

-0.5

1850　　　　　1900　　　　　1950　　　　　2000　　2020

━━ 1850~1900년 대비 실제 관측된 연평균 지표온도 평균값

▪ ▪ CIMP6 기후모델로 모의한 1850~1900년 대비 인위적+자연적(태양, 화산) 인자를 모두 고려한 연평균 지표온도 변화

━━ CIMP6 기후모델로 모의한 1850~1900년 대비 태양과 화산(자연적인자)만을 고려한 연평균 지표 온도의 변화 평균값

전 지구의 평균기온 상승 그래프 [45]

지구의 평균기온은 그래프에 그려진 것처럼 20세기 후반부터 가파르게 올라가고 있습니다. 인간에 의한 환경오염 등의 변수를 제외하고, 자연적인 온도 상승만 일어났다고 가정하면 지금처럼 급격한 온도 상승은 일어나지 않았을 거라는 점을 확인할 수 있습니다.

간에 일어난 기후변화입니다. 그로 인해 지구의 평균기온이 높아지면서 빙하가 녹고, 해수면이 높아지고 있는 것입니다.

　기후변화의 위험성을 평가하고 국제적 대책을 마련하기 위해 전 세계 3천여 명의 전문가들이 모여 만든 협의체가 있습니다. 기후변화에 관한 정부간 협의체(이하 IPCC)[46]로 불리는 이 단체는 2018년

....
45. 고은지, 〈2040년까지 지구 1.5도↑, 9~12년 빨라져… "온난화는 인간탓"〉, 《연합뉴스》, 2021.08.09.

〈지구온난화 1.5도 특별 보고서〉를 통해 기후위기를 억제하기 위한 지구온난화 상승 온도를 1.5도로 방어해야 한다고 발표하였지요. 최후 방어선인 1.5도를 넘어 2도 이상 기온이 상승하게 되면 기상 이변으로 겪는 피해의 정도가 막심할뿐더러, 어쩌면 아예 돌이킬 수 없는 최악의 상황을 맞이할지도 모르기 때문입니다. 하지만 2021년 IPCC에서 발표한 기후변화에 관한 6차 보고서[47]에 따르면 전 세계가 지금처럼 온실가스를 배출할 경우 2030년대에 이미(산업화 대비 지구 상승 기온이) 1.5도가 넘을 것으로 예상됩니다. 이는 2018년에 발표된 기한보다 10년이나 앞당겨진 것이지요.

조천호 전 국립기상과학원 원장은 자신의 저서 《파란 하늘 빨간 지구》에서 현재의 기후변화 상황을 "시속 100킬로미터로 고속도로를 달리다 갑자기 차가 이상해져 시속 2,000킬로미터 이상으로 질주하게 된 것과 비슷한 상황"이라고 비유하기도 하였습니다. 그만큼 지금 우리에게 매우 비정상적이고도 심각한 변화가 일어나고 있다는 뜻이지요.

'기후위기 시계'라는 것이 있습니다. 이 시계는 산업화 이전보다 지구의 평균온도가 1.5도 상승하기까지 남은 시간을 보여줍니다. 그리고 이 시계에 남아 있는 시간은 고작 5년 10개월뿐입니다.

....

46. 기후변동에 관한 정부간 패널. 1988년 지구환경 가운데 특히 온실화에 관한 종합적인 대책을 검토할 목적으로 유엔 산하 각국 전문가로 구성된 조직. 온실화의 과학적 평가, 환경이나 사회에의 영향, 그 대응을 세 가지 작업부회로 나누어 검토하고 있는데, 궁극적으로는 '지구 온실화 방지 조약'의 체결을 목표로 하고 있다.

47. 정확한 명칭은 'IPCC 제6차 평가보고서 제1실무그룹 보고서'

산업혁명과 그 이후, 기후변화의 진짜 원인

1990년만 해도 IPCC조차 기후변화의 원인으로 인간의 영향을 확신하지 못했습니다. 하지만 30년간 꾸준히 과학적 증거를 수집하고 평가한 끝에 비로소 2021년에 '인간이 기후위기에 영향을 미쳤다'는 사실을 증명하며 명백히 밝히게 된 거죠.

분기점이 된 것은 역시 18세기 후반 영국에서 시작된 산업혁명입니다. '혁명'이라는 말은 사회가 이전과 전혀 다른 새로운 모습으로 빠르게 변화해 나갈 때 붙이는 말입니다. 산업혁명을 통해 그만큼 세상이 크게 바뀌었다는 뜻이지요. 다만 산업혁명과 함께 시작된 획기적인 발전이 단기간 내에 이토록 지구 환경을 바꾸리라고는 인간 역시 예상하지 못했을 것입니다.

산업혁명 이전 문명에서의 주역은 인간과 가축 정도였습니다. 기계라고 해도 오늘날처럼 전기로 움직이는 것이 아니라 주로 사람이나 가축의 힘을 빌려 움직였지요. 필요한 물건의 대부분은 수공업, 즉 사람의 손으로 만들어졌습니다. 사람의 힘만으로 채우기 부족한 부분은 동물들의 힘을 빌리기도 했고요. 대체로 소가 경작지를 갈고, 말이 마차를 끄는 정도였습니다. 아무래도 사람과 동물의 힘만으로는 한 번에 많은 양의 물건을 만들거나 무거운 짐을 먼 곳까지 나르기에 한계가 있었지요.

하지만 산업혁명과 함께 '기계', 좀 더 엄밀히 말하면 연료를 사용하는 기계가 급부상하면서 천지개벽이 일어납니다. 사람이나 가축

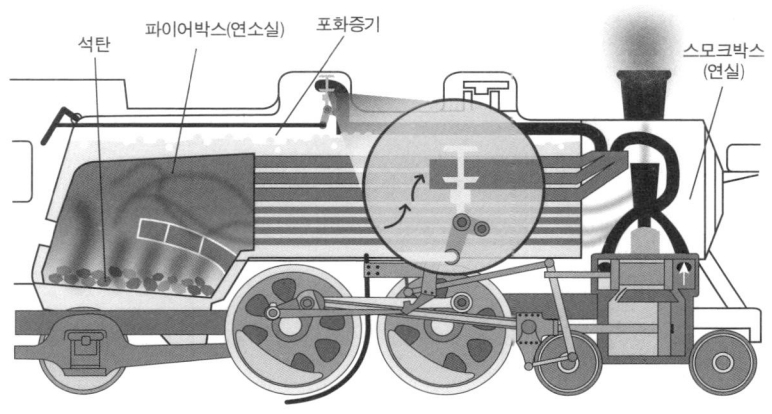

증기기관의 원리

그림의 왼쪽에서 보이는 것처럼 석탄을 때워 물을 끓이고 발생한 수증기의 힘을 이용한 장치입니다. 석탄(연료)이 지속적으로 공급되면 운동에너지가 발생합니다.

의 힘과 비교할 수 없는 엄청난 괴력을 발휘하는 기계가 탄생한 거죠. 과거에는 상상할 수 없던 대량 생산이 가능해졌고, 먼 거리를 빠르게 이동할 수 있게 되면서 세상은 급변하기 시작했습니다.

18세기 후반에 등장해 1차 산업혁명을 이끌었던 증기기관을 예로 들어볼까요? 증기기관은 석탄을 태워 물을 끓인 후, 발생하는 증기의 힘을 이용한 장치입니다. 증기를 만들기 위한 석탄만 계속 보충해 준다면 굳이 인간의 힘을 들일 필요 없이, 운동 에너지를 계속해서 만들 수 있지요.[48] 스코틀랜드의 발명가, 제임스 와트는 기존

....

48. 다만 증기를 에너지원으로 쓰다 보니 기계가 커질수록 증기가 흐르는 파이프가 길어지고, 파이프가 길어질수록 열이 식어 대규모 생산라인을 만드는 데는 비효율적이었다. 또한 생산에 필요한 동력은 오직 생산 현장에서 만들어 내야 하는 문제가 있었다.

에 존재하던 증기기관의 단점을 보완하여 연료와 에너지의 손실을 줄였습니다. 이렇게 효율적으로 개량된 증기기관은 날개 돋친 듯 세상에 퍼져나갔지요.

증기기관의 연료인 석탄은 대표적인 **화석연료**입니다. '화석연료' 는 지질 시대에 땅에 묻힌 생물이 높은 온도와 강한 압력을 받아 화석처럼 굳어져 연료로 사용되는 에너지원입니다. 화석연료는 본래 유기물인 생물자원이기 때문에 태우는 과정에서 이산화탄소, 메탄, 황산화물, 질소산화물 등 온실가스와 대기오염물질을 발생시킵니다. 하지만 산업혁명 이전까지는 석탄이 다량으로 사용된 적이 없다 보니 당시만 해도 화석연료 사용과 환경오염 관계에 관한 과학적 연구나 문제의식은 희박했습니다. 그보다는 화석연료 사용을 통한 기계화로 수작업 대비 엄청나게 늘어난 생산성에 주목하다 보니 무분별한 사용으로 이어진 거죠.

영국이 산업혁명의 시초가 될 수 있었던 것도 탄광이 풍부하여 석탄을 쉽게 구할 수 있었기 때문입니다. 당시 영국은 식민지였던 인도에서 면화를 싸게 들여와 증기기관 방적기로 싸고 질 좋은 면직물을 대량 생산할 수 있었지요. 수작업과 비교할 수 없을 만큼 생산성이 높아지다 보니, 영국은 면직물 산업을 통해 막대한 돈을 벌어들입니다. 이후 증기기관은 방직업뿐만 아니라 제철업, 운송업, 관광업 등 여러 산업으로까지 그 영향력을 뻗어나가게 됩니다. 당연하게도 이러한 변화는 유럽의 다른 나라들로 빠르게 퍼져나갔고, 각국은 석탄을 통한 산업혁명에 매진하게 되었지요. 석탄 사용량

내일도 지구가
안녕하면 좋겠어!

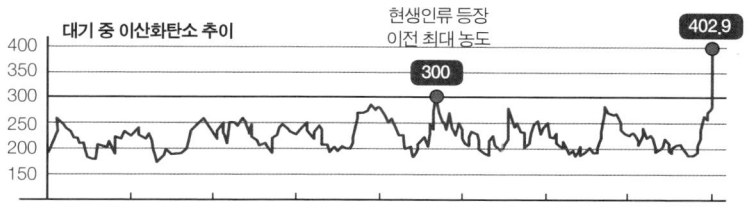

대기 중 이산화탄소 추이

현생인류 등장
이전 최대 농도

402.9

300

400
350
300
250
200
150

80만년 전 70만년 전 60만년 전 50만년 전 40만년 전 30만년 전 20만년 전 10만년 전 2016년 현재

※자료: 미국국립해양대기 청(NOAA) or IPCC보고서, 2007)

이산화탄소의 농도 변화[49]
80만 년 전부터 현재까지 이산화탄소 농도를 자세히 살펴보면 현재에 이르러 급격히 증가한 것을 알 수 있습니다.

또한 기하급수적으로 증가하기 시작했습니다.

오늘날 가장 많이 사용되는 화석연료에는 석탄뿐만 아니라 석유와 천연가스가 있습니다. 석탄은 고체, 석유는 액체, 천연가스는 기체로 된 화석연료지요. 모두 오래전 유기물이 높은 온도와 강한 압력을 받아 만들어진 연료이지만, 석탄은 주로 식물이 묻힌 후 분해되어 생성되었고, 석유와 천연가스는 여러 설 중 해양생물이 공기와 차단된 채 퇴적되어 생성되었다는 의견이 유력합니다.[50]

기후위기의 원인으로 '인간의 과도한 화석연료 사용'을 지목할 수 있는 이유는 화석연료 사용량의 폭발적 증가와 함께 지구 대기 내 이산화탄소 농도 역시 기하급수적으로 높아졌기 때문입니다. 실제로 이산화탄소는 전체 온실가스 배출량의 80퍼센트 이상을 차지하

49. 윤지로, 〈[연중기획-지구의 미래] 인류가 뿜어낸 온실가스에… 엘니뇨 없이도 '열 받는 지구'〉, 《세계일보》, 2018. 02. 11.
50. 5장 '에너지'에서 화석연료에 관한 이야기를 좀 더 자세히 다룰 예정이다.

는 만큼 지구온난화에 미치는 영향력이 매우 크지요.

만약 지구에 존재하는 공기 분자가 딱 10만 개라고 가정하면, 산업혁명 이전에는 28개였던 이산화탄소(280ppm, 0.028%)가 산업혁명 이후에는 41.5개(415ppm, 0.0415%)까지 늘어났습니다. 놀라운 점은 지난 80만 년의 역사 동안 이산화탄소가 30개(300ppm)를 넘은 적이 없다는 것입니다. 이러한 점만 보더라도 산업혁명이 지구 환경에 미친 영향은 명백합니다.[51]

산업화 이후 인간의 삶은 눈에 띄게 달라졌습니다. 하루 만에 지구 반대편을 여행할 수 있고, 언제라도 전기 에너지를 쓸 수 있으며, 많은 이가 굶주림으로부터 해방될 수 있었지요. 동시에 이산화탄소 농도와 지구 평균기온도 빠르게 상승하였습니다. 많아진 온실가스양이 인간이 알아차릴 수 있을 만큼의 기후변화를 만들어낼 때까지 시간이 걸렸을 뿐, 이제는 과학적 증거가 인간에게 화석연료 사용을 멈추라고 경고하고 있습니다.

기후변화는 음모론이라는 주장

각종 통계자료 수치를 포함해 축적된 과학적 증거들이 증명하고 있는데도 아직 기후위기를 부정하고 조작된 것이라 주장하는 사람들

....
51. 윤지로,《탄소로운 식탁》, 세종출판, 2022, 40~43쪽 참조.

이 있습니다. 미국의 45대 대통령 트럼프는 과거 자신의 SNS에 "기후변화는 거짓말이다."라고 발언한 적이 있습니다. 이후 한발 물러서 기후변화가 사기는 아니지만, 인간에 의해 일어난 것인지는 믿을 수 없다고 입장을 밝히기도 하였지요. 사실 기후변화의 심각성을 인정하는 순간 현재 전 세계의 경제를 지탱하고 있는 화석연료에 기반한 산업 전반은 크게 위축될 수밖에 없습니다.

지금의 환경문제는 인류의 생존이 달린 중요한 문제입니다. 하지만 사람들은 여전히 환경은 환경이고, 그래도 경제를 우선적으로 생각해야 한다는 시각이 존재하는 것 같습니다. 그래서 아예 지금의 기후변화는 사람들의 불안을 조장하려는 세력이 퍼뜨린 음모론이나 마찬가지라고 주장하는 사람들도 있지요. 기후변화는 인간과는 무관한 자연적인 현상일 뿐이라고 말이에요. 그들이 이런 주장의 근거로 내세우는 것은 주로 다음의 두 가지입니다.

팩트체크 ❶ 지구의 온도는 태양의 활동 때문에 높아진 것이다?

이 주장은 과연 사실일까요? 태양에는 다른 곳보다 어둡게 보이는 점들이 있습니다. 이 부분을 '흑점'이라고 하는데 열 흐름이 원활하지 못해서 온도가 내려가 다른 곳보다 어둡게 보여 '검은 점'이라고 불립니다. 태양의 흑점은 보통 많아졌다 줄어들었다 하는데, 흑점의 수가 많아질수록 태양 활동이 활발하다는 뜻이어서 지구의 기온도 올라갑니다. 기후변화 회의론자들은 20세기 들어 지구의 온도가 높아지는 기간 동안 태양의 흑점 수가 많아졌다고 주장해 왔죠.

하지만 오차를 줄여 새로 흑점의 수를 관측한 최신 자료에 따르면 회의론자가 말하는 흑점 수의 유의미한 상승 경향은 발견되지 않았습니다.[52] 따라서 '태양의 활동'에 의한 자연스러운 결과라는 주장은 근거가 부족하다고 할 수 있습니다.

팩트체크 ❷ 지구의 온도는 과거에 더 뜨거웠다?

두 번째 주장은 과연 사실인지 살펴볼까요? 지구는 과거부터 뜨겁거나 반대로 추웠던 때도 있는 만큼 지구의 온도의 높아지고 낮아지는 것은 자연스러운 현상이라는 주장입니다. 하지만 그들이 말하는 온난했던 시기를 살펴보면 따뜻했던 지역은 유럽 등 일부 지역에 불과합니다. 또한 온도가 낮아지던 시기에는 0.2도 가량 낮아지는 데만 수백 년에서 1,000년에 걸쳐 나타났습니다.[53] 스위스 베른 대학 연구팀의 논문에 따르면 지난 2000년간의 기후변화를 분석하였을 때, 지금처럼 지구의 온도가 '전지구적으로', '가파르게' 상승한 유례를 찾을 수 없었다고 합니다.[54] 현재의 기후변화 현상은 전혀 자연적으로 일어난 일로 볼 수 없다는 뜻이지요.

더 늦기 전에 기후변화를 만든 주체가 인간이라는 것을 인정해야 합니다. 그리고 기후변화를 늦출 수 있는 주체 역시 인간임을 깨달아야 문제를 해결할 대책도 세우고 실천하게 될 것입니다.

....
52. 오철우, 〈[오철우의 과학의 숲]다시 쓰는 태양 흑점의 역사기록〉, 《한겨레》, 2015.08.20.
53. 이택현 외 3명, 〈북극곰 오히려 증가했다?… 기후위기 회의론의 진실〉, 《국민일보》, 2023.05.02.
54. 이우탁, 〈지구온난화와 온실가스상관관계對회의론〉, 《뉴스워치》, 2021.09.30.

기후악당이 나타났다

인간이 기후위기를 만들어냈다는 것은 인정한다고 치더라도 분명 여러분 중엔 이렇게 생각하는 사람들도 있을 것입니다.

'근데 우리 때문은 아니지 않나?'

우리나라보다 훨씬 인구가 많고, 경제 대국인 미국과 중국, 유럽연합 등이 기후변화에 미치는 영향이 대한민국보다는 더 클 것이라 예상하는 것이겠죠. 하지만 국제 기후변화 연구기관들은 대한민국을 '기후악당 국가'라고 부릅니다. 그 이유는 무엇일까요?

232쪽 그림에서 지도 아래 그래프를 보면 2020년 기준 전 세계에서 이산화탄소를 가장 많이 배출한 국가는 중국이었습니다. 그 다음은 미국이었는데, 두 나라가 배출한 이산화탄소는 전체 배출량의 약 44퍼센트를 차지한 것으로 나타났죠. 대한민국은 전체 배출량의 1.7퍼센트를 차지하며 10위를 기록했고, 조금 전 중국이나 미국의 수치와 비교하면 미미하게 느껴지기도 합니다.

산업화 이후 2020년까지 누적된 이산화탄소 배출량은 어떨까요?(232쪽 지도 참조) 미국이 1위, 유럽연합이 2위, 중국이 3위를 차지합니다. 대한민국은 전체 배출량 1.1퍼센트로 18위를 기록했습니다. 이번에는 아까보다도 더 낮은 1.1퍼센트니까 '에게, 겨우?' 하고 생각할지 모릅니다. 하지만 이 수치는 후순위 120여 국의 누적

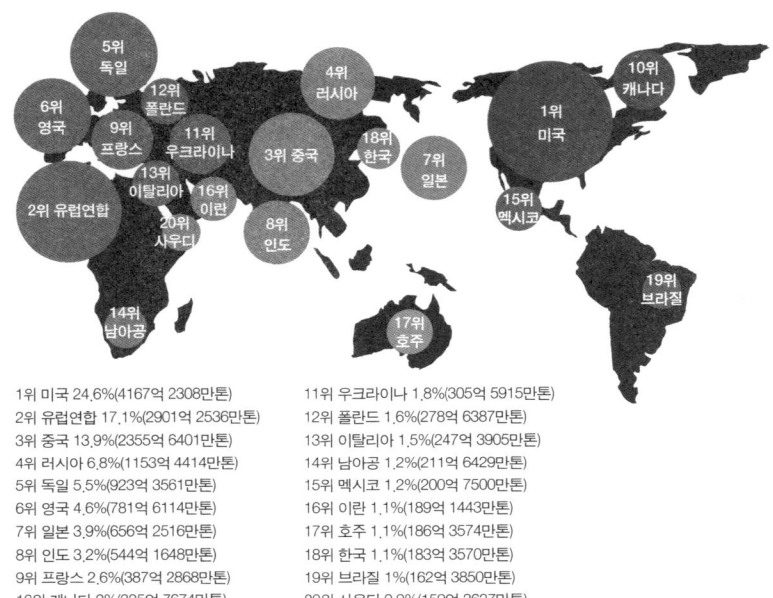

1위 미국 24.6%(4167억 2308만톤)
2위 유럽연합 17.1%(2901억 2536만톤)
3위 중국 13.9%(2355억 6401만톤)
4위 러시아 6.8%(1153억 4414만톤)
5위 독일 5.5%(923억 3561만톤)
6위 영국 4.6%(781억 6114만톤)
7위 일본 3.9%(656억 2516만톤)
8위 인도 3.2%(544억 1648만톤)
9위 프랑스 2.6%(387억 2868만톤)
10위 캐나다 2%(335억 7674만톤)

11위 우크라이나 1.8%(305억 5915만톤)
12위 폴란드 1.6%(278억 6387만톤)
13위 이탈리아 1.5%(247억 3905만톤)
14위 남아공 1.2%(211억 6429만톤)
15위 멕시코 1.2%(200억 7500만톤)
16위 이란 1.1%(189억 1443만톤)
17위 호주 1.1%(186억 3574만톤)
18위 한국 1.1%(183억 3570만톤)
19위 브라질 1%(162억 3850만톤)
20위 사우디 0.9%(159억 3637만톤)

1750~2020년 대륙별 이산화탄소 누적배출량

아시아 31.4%(5329억 1615만톤)　유럽 31.5(5311억 5579만톤)　북아메리카 28.2(4778억 196만톤)

아프리카 2.8(47억 6107만톤) ——
남아메리카 2.6(43억 2887만톤) ——
오세아니아 1.2(20억9812만톤) ——

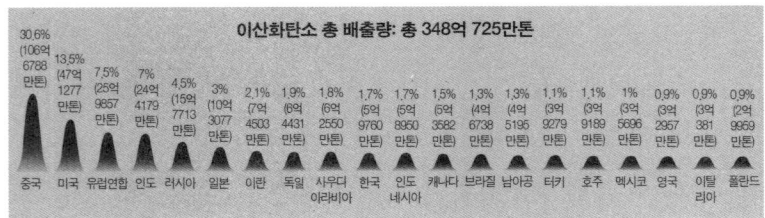

이산화탄소 총 배출량: 총 348억 725만톤

중국	미국	유럽연합	인도	러시아	일본	이란	독일	사우디 이라비아	한국	인도 네시아	캐나다	브라질	남아공	터키	호주	멕시코	영국	이탈 리아	폴란드
30.6%(106억 6788만톤)	13.5%(47억 1277만톤)	7.5%(25억 9657만톤)	7%(24억 4179만톤)	4.5%(15억 7713만톤)	3%(10억 3077만톤)	2.1%(7억 4503만톤)	1.9%(6억 4431만톤)	1.8%(6억 2550만톤)	1.7%(5억 9760만톤)	1.7%(5억 8950만톤)	1.5%(5억 3582만톤)	1.3%(4억 6738만톤)	1.3%(4억 5195만톤)	1.1%(3억 9279만톤)	1.1%(3억 9189만톤)	1%(3억 5696만톤)	0.9%(3억 2957만톤)	0.9%(3억 381만톤)	0.9%(2억 9969만톤)

대륙별 이산화탄소 누적배출량(상)과 이산화탄소 배출량 국가별 순위(하)[55]

전 세계적으로 이산화탄소를 많이 배출한 나라는 중국과 미국 등 강대국입니다. 우리나라 또한 결코 적지 않은 비중을 차지합니다.

55. 김규남·기민도, 〈기후변화 책임 가장 큰 나라는? 미국-중국 '네 탓', 한국 18위〉,《한겨레》, 2022.11.06.

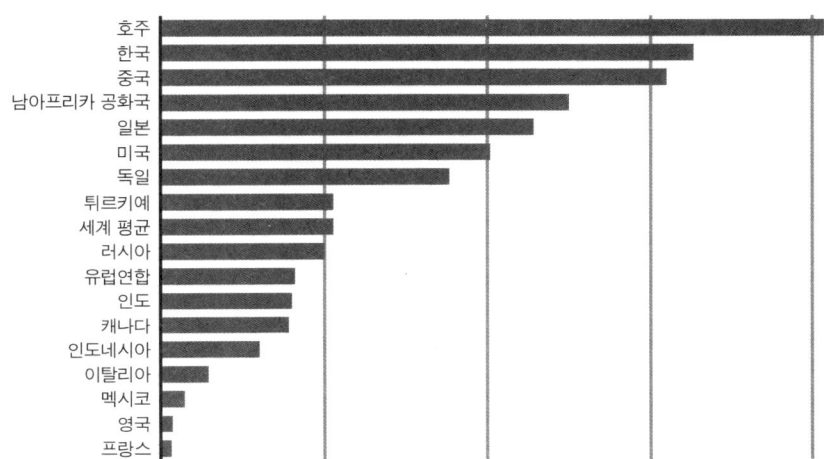

국가별 석탄발전 부문 1인당 이산화탄소 배출 [56]

〈기후미디어허브〉에 따르면 한국은 호주에 이어 석탄발전부문 1인당 이산화탄소 배출량이
세계 최고 수준으로 조사되고 있습니다.

배출량을 합친 양보다 많습니다. 또한 대한민국은 기후위기의 심각
성을 인지한 선진국들이 최근까지 배출량을 줄여나가는 추세를 보
이는 것과 달리 여전히 많은 이산화탄소를 버출하고 있지요.[57]

특히 '기후악당 국가'라는 오명을 쓰게 된 이유는 대한민국의 석탄
발전 부문 1인당 온실가스 배출량이 세계 최고 수준이기 때문입니
다. 위의 그래프는 석탄 발전으로 발생하는 온실가스양을 인구수로
나눈 결과치입니다. 대한민국은 2021년, 2022년 두 차례 모두 G20

....
56. 이상호, 〈한국 지난해 석탄발전 부문 1인당 온실가스 배출량 G20 중 2위〉, 《Business Post》,
　　2023.09.05.
57. 김규남·기민도, 〈기후변화 책임 가장 큰 나라는? 미국·중국 '네 탓', 한국 18위〉, 《한겨레》, 2022.11.06.

국가 중 2위를 기록하였습니다.[58]

앞으로는 어떨까요? 온실가스 배출 국가들은 기후위기 공동 대응을 위해 유엔에 2030년까지의 온실가스 감축목표를 제출하였습니다. 이 목표를 모든 국가가 달성한다고 가정한다면, 2030년에 대한민국은 1인당 이산화탄소 배출량이 국내총생산(GDP) 상위 10개국 중 1위를 차지하게 될 것입니다.[59] 다른 나라들보다 설정한 감축목표가 소극적이었던 탓입니다. 한 사람당 배출하는 온실가스 배출량으로 따진다면 대한민국은 절대 기후위기를 만들어 낸 책임을 피할 길이 없습니다. 그렇다면 지금부터 우리가 할 수 있는 행동에는 무엇이 있을까요? 다음 이야기에서 이어 살펴보기로 합시다.

....

58. 이런 결과가 무색하게 국내 최대 규모의 석탄화력발전소인 삼척블루파워가 2024년 5월 17일 상업 운전 개시를 선언하였다(다만 실제 발전소 가동은 아직이다). 가동 기간은 무려 총 30년, 2054년까지로 연간 340만 톤 이상의 석탄을 태워 매년 1,282만 톤의 이산화탄소가 배출될 예정이다. 이산화탄소 배출 문제뿐만 아니라 연 340만 톤의 석탄을 나르기 위해 항구를 짓는 과정에서 인근 맹방 해안에서는 이미 해안 침식이 발생하는 등 자연 파괴의 문제도 대두되고 있다.

59. 김정수, 〈한국, 이대로면 10년 뒤 '1인당 온실가스 배출량' 세계 1위〉, 《한겨레》, 2021.05.10.

내일 말고,
지금 당장 기후행동

#기후행동 #기후소송

지구를 구하는 십대 환경운동가들

기후변화의 심각성에도 여전히 계산적이고 미온적인 태도를 보이는 어른들을 향해 적극적으로 목소리를 내는 청소년들이 세계 곳곳에서 나타나고 있습니다. 즉 기성세대의 이기심으로 자신들의 미래가 위협받는 것을 더 이상 방관하지 않겠다며, 청소년들이 직접 행동에 나선 거죠.

2020년 3월 13일, 우리나라의 '청소년기후행동' 소속 청소년 19명은 정부와 국회를 상대로 헌법 소송을 제기했습니다.[60] 대한민국이

------

60. 이는 아시아에서는 첫 기후소송이다. 현재는 대만과 일본 등에서도 기후소송이 진행되고 있다.

마련한 법과 온실가스 감축목표로는 다음 세대인 청소년들의 생존권, 평등권, 인권, 직업 선택의 자유 등 기본권을 침해하기 때문에 기후위기에 제대로 대응하지 않는 행동이 '위헌(헌법을 위반함)'이라는 이유였습니다. 드디어 2024년 8월 29일, 헌법재판소는 탄소중립기본법 8조1항에 전원일치 헌법불합치 판정을 내렸습니다. 일부 인용이지만, 기후위기 정책의 국민 기본권 침해를 인정한 거죠.[61]

사실 같은 날, 미국 몬태나주[62]의 청소년 16명도 화석연료 개발을 허용한 주 정부 정책이 기후위기에 영향을 끼쳐 "깨끗한 환경에서 살 권리를 침해했다."며 주 정부를 상대로 소송을 제기했습니다. "주 정부가 깨끗하고 건강한 환경을 유지·개선해야 할 책무에 실패했다."고 주장한 것인데요. 가뭄과 산불, 홍수 등의 이상기후와 함께 주변 국립공원의 빙하가 빠르게 줄어드는 것을 목격한 청소년들이 직접 움직인 것입니다. 소송 제기 후 3년 5개월 뒤인 2023년 8월 14일(현지시각)에 법원은 청소년들의 손을 들어주며 뜻깊은 결과를 얻기도 하였습니다. 이는 미국 재판부가 처음으로 기후를 '헌법적 권리'로 인정한 사례이기도 합니다.[63] 이 판결에 대해 주 정부는 '터무니없는 판결'이라며 항소하겠다고 밝혔죠. 물론 이런 판결 하나로 당장의 큰 변화를 기대할 순 없겠지만, 장기적으로 하나 둘씩 쌓

61. 정재민·윤다정, 〈아시아 첫 '기후소송' 일부 인용… "탄소중립기본법 헌법불합치"(2보)〉, 《뉴스1》, 2024.08.29.
62. 몬태나주는 미국에서 4번째로 큰 주로 석탄과 석유의 매장량이 막대하다. 몬태나주 의회의 다수당인 공화당은 주정부가 화석연료 관련 사업의 승인 여부 결정 시 온실가스 배출량을 조사하지 않도록 하는 정책을 만들었고 자연스럽게 몬태나주에 화석연료 발전소의 수는 늘어갔다.
63. https://blog.naver.com/energyx_official/223189406354

인다면 결국 지속가능한 미래를 여는 불씨가 될 것입니다. 다른 나라에 소송을 제기한 청소년들도 있습니다. 포르투갈의 청소년 6명은 다른 유럽 나라를 대상으로 소송을 제기했습니다. 기후변화에 제대로 대응하지 않는 유럽 국가들로 인해 포르투갈의 청소년들이 폭염, 폭우, 대형 산불 등 이상기후로 일상을 침해받고 있다는 이유에서였습니다. 2019년 9월 기후소송을 위해 펀딩을 시작한 이들은 2020년 9월, 유럽 32개 국가를 제소했고, 그로 3년이 지난 후에 재판을 시작할 수 있었습니다.

공정하지 않은 기후변화

국가를 상대로 청소년이 소송을 제기하여 승소한다는 것은 다윗과 골리앗의 싸움만큼 어려운 일입니다. 그럼에도 세계 곳곳의 청소년들이 멈추지 않고 행동하는 이유는 무엇일까요?

다양한 이유가 있겠지만, 기후변화의 원인과 영향의 결과가 모두에게 평등하게 일어나지 않는 현실이 그중 하나라고 생각합니다. 이러한 현상을 **기후부정의**라고 하는데, 관련 예를 들어볼까요? 앞에서 전 세계 나라들의 온실가스 배출 현황을 살펴보기도 했지만, 온실가스를 가장 많이 배출한 나라는 미국, 유럽연합 등과 같은 선진국입니다. 최근에는 중국, 인도 등 화석연료를 기반으로 빠른 성장세를 보이는 개도국이 높은 비중을 차지하고 있지요(232쪽 그림 참조). 하지만 기후변화로 인한 피해는 온실가스 배출과는 거리가 먼 후진국의 국민들이 떠안고 있습니다.

지구온난화로 해수면이 상승하여 이미 2개는 가라앉아 버렸고, 2060년까지 전체 섬이 가라앉을 것으로 예상되는 투발루 이야기를 다시 살펴봅시다. 투발루 정부는 이미 2001년 자연재해를 이유로 국토를 포기한다는 선포와 함께, 호주나 피지 등의 이웃 나라에 국민들을 이주자로 받아줄 것을 호소했지요. 하지만 뉴질랜드를 제외한 나머지 국가들은 거부했습니다. 기후변화와 함께 투발루 사람들은 졸지에 난민이 된 것입니다.

비인간 생물종도 이런 부정의의 희생양입니다. 2019년 가을, 호주 남부에서 일어난 초대형 산불은 무려 5개월 넘게 이어지며 한반도 면적의 80퍼센트 이상을 잿더미로 만들었죠. 호주는 건조한 지역에 속해 종종 자연산불이 일어나지만, 기후변화로 그해에는 인도양의 동서쪽 수온 차이가 2℃ 이상 벌어져 더욱 건조해졌습니다. 또한 크게 오른 기온 때문에 산불 진화가 더욱 어려워졌다고 합니다. 이 산불로 가장 많은 피해를 본 것은 다름 아닌 숲에 살던 동식물이었습니다. 호주의 상징 코알라는 6만 마리 이상이 죽거나 다쳐 멸종위기에 처했고, 불에 타거나 서식지를 잃어 목숨을 빼앗긴 야생동물은 약 10억 마리에 이를 것으로 추정됩니다.[64] 무고한 야생동물들이 기후변화의 희생양이 된 셈입니다.

....

64. 구경민, 〈한반도 면적 태우고, 오존층엔 큰 구멍⋯ 6개월째 활활 '최악 산불'[뉴스속오늘]〉, 《머니투데이》, 2023.09.02.

청소년 또한 이런 불평등함의 피해자입니다. 지금의 청소년과 어린 이들은 세상에 태어나 보니 기후위기 시대를 살아야 할 처지에 놓였죠. 이들은 앞으로 지금보다 오염된 환경과 기후변화의 불안함 속에서 살아가야 합니다. 2018년, 당시 15살이었던 그레타 툰베리는 매주 금요일 학교에 가는 대신 스웨덴 의회 앞에서 기후변화 해결을 촉구하는 1인 시위를 벌였습니다. 불평등함에 맞서 행동으로 보여주고자 한 것이지요. 그의 행동은 전 세계의 청소년들에게 전파되어, 2019년에는 전 세계 기후변화 시위를 이끌어냈습니다.

다만 꼭 소송 제기, 등교 거부, 1인 시위만이 의미 있는 행동은 아닙니다. 기후행동이 꼭 거창해야만 하는 것은 아니니까요. 오히려 일상의 작은 실천을 꾸준히 지속함으로써 훨씬 더 근본적이고 의미 있는 변화를 이끌어낼 수 있습니다. 예컨대 물건을 사기 전에 꼭 필요한 물건인지, 이미 비슷한 물건을 가지고 있지는 않은지 등을 잘 따져본 후에 신중하게 구매하는 거죠. 생활 속에서 불필요하게 쓰레기가 만들어지고 있다면 이것을 어떻게 줄여나갈지 고민합니다. 에너지를 아끼고, 나와 다른 생명과 자연을 소중히 여기는 행동 또한 의미 있는 실천입니다.

우리는 살아가면서 수많은 선택의 순간을 마주합니다. 무엇이 더 경제적인지 또는 편리하고 효율적인지 등을 기준으로 삼아 꼼꼼하게 따져보며 현명한 선택을 하려고 노력할 것입니다. 다만 앞으로는 그 기준에 **지속가능성**도 포함되면 좋겠습니다. 만약 물건을 고른다면 오래 쓸 수 있는지, 제품이 만들어지고 버려질 때 환경에 미치는 영향이 적은지 등을 고민하는 거죠. 모두가 이런 행동에 동참한 다는 것은 순간의 편리함이나 경제적 이득보다 나의 행동이 다른 생명이나 자연환경에 해를 끼치지는 않는지, 기후정의가 지켜질 수 있는지를 고민하는 것과 같습니다.

이러한 태도는 자연스레 **생태시민성**을 키웁니다. 여러분은 곧 국 민을 대표할 사람을 뽑는 유권자이자 주도적인 소비자가 될 것입 니다. 나아가 국민을 대표해 정책을 만들고 결정하는 사람이 될 수 도 있겠지요. 의사결정 과정에서 생태시민성을 갖춘 사람과 그렇지 못한 사람의 결정은 매우 다를 수밖에 없습니다. 예컨대 국립공원 에 케이블카를 설치하는 문제를 두고 생각해 볼까요? 케이블카를 설치했을 때, 높은 관광 수입이 예상된다고 가정합시다. 지역 경제 를 살린다는 이유로 제대로 된 환경영향평가 없이 산에 케이블카를 설치한다면 어떻게 될까요? 비록 자연과 생물다양성의 파괴가 예 상되지만, 그보다는 지역경제를 살리는 것이 더 중요하니까 설치를 강행하는 결정만이 과연 유일한 정답일까요?

케이블카를 설치함으로써 훼손될 산림과 서식지를 잃어갈 멸종 위기종을 떠올리고, 그 결과가 우리의 삶과 어떻게 연결될지 상상 할 줄 아는 여러분이 되면 좋겠습니다. 각 개인의 선택이 나비 효 과가 되어 지구에 영향을 미칠 수 있다는 것을 마음에 새기고, 기후 불평등을 바로잡기 위해 기후정의를 외치는 용기 있는 생태시민이 더 많아지면 좋겠습니다. 모두가 이런 마음가짐을 지니고 행동하는 생태시민이 된다면 그보다 더 큰 기후행동은 없을 것입니다.

글로벌 조별 과제, 기후변화 협약

기후변화는 특정 국가만의 문제가 아닌 전 지구적인 문제입니다. 책임의 정도는 다르지만, 모두가 함께하지 않으면 해결할 수 없는 문제이지요. 각자 자신의 역할에 충실할 때, 가장 우수한 성적을 낼 수 있는 조별 과제처럼 말입니다. 20년 전과 비교하여 기후변화에 대한 과학적인 증거가 상당히 쌓이면서, 전 세계 국가들의 조별 과제 목표도 달라져 왔습니다. 이런 목표가 어떻게 달라지고 있는지, 최초로 온실가스 감축 목표를 강제적인 의무로 부여한 교토의정서부터 살펴봅시다.

1997년 12월 일본 교토에서 열린 제3차 기후변화협약당사국총회(COP3)에서는 **교토의정서**가 채택되었습니다. 선진국 38개국은 2012년까지 1990년 대비 온실가스 배출량을 평균 5.2퍼센트 줄여야 했습니다. 다만 기후변화 대응이라고 하기에는 너무 적은 수치였기에 여러 환경 단체들은 "지구의 현실을 반영하지 못한 정치적 담합에 불과하다."며 비판하기도 하였습니다.

게다가 교토의정서는 **탄소배출권 거래 제도**를 활용하여 감축 목표를 용이하게 달성할 수 있도록 하였습니다. 이는 국가에 배출가능한 온실가스양을 정해두고, 만약 이보다 적게 배출할 경우 남은 양만큼 다른 나라에 배출권으로 판매할 수 있게 한 제도입니다. 반대로 배출 가능한 온실가스양을 초과할 경우 다른 나라의 배출권을 구입하여 감축 목표를 달성할 수도 있었던 것입니다. 바로 이 점이

꼼수라는 비판을 받습니다. 물론 적극적인 감축 노력을 통해 배출권을 확보하여 다른 나라에 판매할 수도 있지만, 애초에 배출량에 비해 많은 할당량을 받아 어차피 남는 경우도 있었으니까요. 이런 경우 온실가스 감축을 위해 굳이 따로 노력할 필요가 없다는 점은 교토의정서의 한계로 꼽힙니다. 또한 당시 감축 의무국 전체 배출량의 36.1퍼센트를 차지하던 미국이 탄소 배출이 많은 중국, 인도와 같은 개도국에는 강제적인 감축 목표를 부여하지 않고 선진국에만 그 의무를 지우는 것에 불만을 품고 교토의정서 탈퇴를 선언하면서 교토의정서는 반쪽짜리 성공만 거두게 됩니다.[65]

2012년 이후 2차 연장된 교토의정서가 2020년에 발효가 만료됨에 따라 새로운 기후 협약이 필요해졌습니다. 이에 2015년 프랑스 파리에서는 195개국이 동참한 **파리기후협약**이 채택됩니다. 이 협약의 최종 목표는 "산업화 이전과 비교하여 지구의 평균기온 상승을 2도 이내로 억제하되, 1.5도로 제한하기 위해 노력한다는 것"입니다. 교토의정서의 한계를 보완하기 위해 선진국이 온실가스 배출량의 절대량을 줄이는 것과 더불어 개도국도 스스로 감축 방안을 설정하고 이행하기로 합의하였죠.

또한 탄소 배출량을 감축하는 것뿐만 아니라 기후변화로 달라질 환경에 적응하기 위한 계획을 공유하고 개도국의 기후변화 대응을 돕기 위한 재원을 마련하기로 약속하였습니다.

....
65. 김정수, 〈교토의정서, 과학적 절충 아닌 '정치적 타협' 그친 기후대응〉, 《한겨레》, 2022.11.08.

다만 파리기후협약은 국가 간의 협력과 자발적 참여를 강조한 만큼 각국이 세운 감축 목표량을 달성하지 못한다 할지라도 제재할 수 없고, 목표량이 적다고 강제로 상향시킬 수 없는 한계를 지닙니다. 실제로 2023년부터 5년 단위로 파리협정 내용을 각국이 잘 이행했는지 점검하기로 하였는데, 첫 점검 결과 유엔은 "모든 분야에서 파리협정이 제대로 이행되지 않고 있다."고 발표하였습니다. 현재의 온실가스 감축 계획으로는 지구온난화를 늦추기에 부족했던 것이죠. 이에 2019년 대비 2030년까지 온실가스 배출량을 43퍼센트, 2035년까지는 60퍼센트를 줄이고, 화석연료는 2050년까지 단계적으로 완전히 폐지할 것을 요청했지만, 개도국의 기후변화 대응을 지원하기로 한 선진국의 약속도 제대로 지켜지지 않으면서 선진국과 개도국의 입장 차이도 여전히 좁혀지지 않습니다.[66]

파리기후협정은 종료 시점이 없는 대신 최종 목표를 **탄소중립**에 두고 있습니다. 탄소중립이란 "탄소 배출량과 탄소 흡수량을 같게 하여 순 배출량을 '0(제로)'로 만든다"는 뜻입니다. 이를 위해서는 탄소 배출량을 줄여나갈 뿐만 아니라 산림 자원 보호, 이산화탄소 포집·저장·활용 기술 등의 개발을 통해 이미 배출된 탄소의 흡수량을 높이기 위한 노력도 함께 이루어져야 합니다.

우리나라도 2020년 10월, 문재인 전 대통령이 2050년까지 탄소

66. 채덕종, 〈[특집]파리협약 체결 의미와 향후 전망〉, 《이투뉴스》, 2016.01.04.
홍아름, 〈198개국 모인 기후정상회의 'COP28' 개막… '1.5도' 파리협정 성적표 나온다〉, 《사이언스조선》, 2023.11.30.

중립을 달성하겠다고 선언하였습니다. 2021년 9월 24일 공포된 〈탄소중립기본법〉[67]에는 2030년 국가 온실가스 감축목표를 24.4퍼센트 감축(2017년 대비)에서 2018년 대비 35퍼센트 이상 감축하도록 강화했습니다. 또 국가와 지방자치단체별로 2050 탄소중립녹색성장위원회를 두고 기후대응기금을 설치하는 등의 내용도 포함됩니다. 다른 선진국에 비하면 우리나라의 목표 설정치가 낮은 편입니다. 하지만 철강, 조선, 석유 화학 등 제조업을 기반으로 성장해온 우리나라로서는 이와 같은 목표도 쉽지 않은 도전처럼 느껴집니다. 하지만 무조건 해내야만 합니다. 탄소중립은 지속가능한 사회를 위한 기본 전제 조건이며, 국가 경쟁력 확보를 위해서라도 선택이 아닌 필수이기 때문입니다.

탄소중립이 곧 성장이다

오랜 시간 경제 성장과 환경 보호는 서로 상충하여 함께할 수 없다는 인식이 지배적이었습니다. 하지만 이제 환경을 지켜야 성장할 수 있죠. **RE100**은 2050년까지 기업에 필요한 모든 전력을 100% 재생에너지(또는 자가생산)로 마련하겠다며 비영리단체 클라이밋그룹(Climate Group)이 2014년에 출범한 자율적 글로벌 캠페인입니다.

---

67. 기후위기 대응을 목적으로, 2050 탄소중립 목표 달성을 위한 비전과 목표, 이행체계와 시책 규정을 담은 법률. 폐지된 〈저탄소 녹색성장기본법〉을 대체하는 형식으로 공포되었다.

탄소발자국이란?

탄소발자국은 우리가 생활할 때 만들어 내는 온실가스의 총량을 이산화탄소 배출량으로 환산하여 나타낸 것을 말합니다. 이산화탄소가 많이 배출되면 지구온난화가 심각해진다는 것은 알고 있지요? 탄소발자국은 이산화탄소 배출량을 수치화하여 '이산화탄소를 줄이기 위한 노력을 하자'는 목적에서 시작되었습니다.

탄소발자국 인증마크
마크 안의 그램 수치가 낮을수록
탄소배출이 적은 제품입니다.

전 세계적으로 탄소배출 저감 필요성에 공감한 나라들이 탄소발자국 인증에 동참하고 있습니다. 영국의 '카본 트러스트'가 대표적이지요. 우리나라도 환경부 산하의 한국환경산업기술원에서 탄소발자국인증제도를 시행 중입니다. 왼쪽에 제시된 마크가 탄소발자국 인증 가크입니다. 이산화탄소 배출량이 몇 그램인지로 표기하고 있지요. 숫자가 낮을수록 물건 생산을 위한 원료 채취부터 제조 그리고 유통, 사용, 폐기에 이르기까지 전반적인 탄소 배출이 적은 제품이라는 의미 입니다.

일상에서 탄소중립을 실천할 수 있는 방법 중 하나가 물건을 살 때 이런 마크가 있는지 확인하는 습관을 갖추는 것입니다. 아직은 탄소발자국을 표시한 제품이 많지 않지만, 우리가 관심을 가지면 가질수록 표시된 제품이 늘어날 것입니다. 나아가 일상 속에서 탄소발자국을 줄이기 위한 행동을 꾸준히 해나갑니다. 앞선 장에서 소개한 대로 제로웨이스트 운동에 참여하거나 탄소배출이 적은 먹거리를 선택하는 것, 자가용 대신 자전거나 대중교통을 이용하는 것, 스마트폰은 절전모드와 낮은 화면밝기로 설정해 두는 것 등이 있습니다.

이후 지금껏 세계적 신뢰를 얻으며 기업의 기후위기 대응을 상징하는 척도가 되었습니다. 현재 글로벌 RE100 가입 기업 415개 중 65%에 해당하는 270개 기업은 2030년까지 RE100을 달성하겠다고 선언하기도 했죠.[68] 2023년 12월 기준으로 한국 기업도 36개가 참여하고 있습니다. 하지만 최근 한국은 기업들이 선정한 "전 세계에서 재생에너지 조달이 가장 어려운 나라"로 꼽혔습니다. 그만큼 석탄발전 의존도가 높고, 전 세계에서 온실가스 감축이 가장 어려운 나라라는 뜻입니다.[69] 왜 그럴까요?

재생에너지 발전량과 기업경쟁력

최근 프랑스 정부는 전기차 생산부터 운송까지 배출한 탄소 배출량에 따라 점수를 매겨 점수가 60점 이하일 경우 보조금 대상에서 제외한다는 개정안을 내놓았습니다. 한국의 자동차 부품 기업이 재생에너지 전력을 조달하지 못해 계약이 취소되는 일도 벌어졌죠.[70]앞으로는 제품 생산부터 운송까지 탄소를 얼마나 배출했느냐는 기업의 시장 진출에 중요한 영향을 미칠 것입니다. 탄소를 줄이려면 화석연료 사용을 필수로 줄여야 하는 만큼 재생에너지 산업은 커질 것으로 전망되지요.[71] 그러나 우리나라는 아직 재생에너지 발전량

....
68. 송재도, 〈이미 변화에 뒤처진 한국 기업들… 넛크래커 위기 [넥스트브릿지]〉, 《OhmyNews》, 2024.05.09.
69. 박상욱, 〈[박상욱의 기후 1.5] 탈석탄 앞두고 가동 임박한 석탄화력발전소〉, 《JTBC》, 2024.04.22.
70. 이지훈, 〈거세지는 RE100 요구… 녹색 보호주의에 궁지 몰린 차 부품사〉, 《한경ESG》, 2023.07.07.(수정: 2023.11.09.)

이 10퍼센트도 채 되지 않습니다. 심지어 재생에너지 지원 삭감 등과 같이 글로벌 추세와 역행하는 정책도 펼치고 있어 우리나라 기업의 국제사회 경쟁력을 낮추는 불안 요인이 될지 모릅니다.

유럽연합에서는 세계 최초로 **탄소국경세**를 도입합니다. 해외에서 유럽연합으로 수입되는 제품에 대해 제품 생산 시 발생한 탄소 비용을 부과하겠다는 것입니다. 2026년부터 시행되는 이 제도는 2023년 10월부터 준비 기간에 돌입하였습니다. 해외 기업은 탄소 집약 제품인 철강, 알루미늄 등 6가지 항목에 대해 탄소 배출량을 의무적으로 보고해야 합니다. 이 제도를 통해 유럽연합 내 녹색 전환을 위한 노력이 외국 생산 제품들로 인해 저해되는 것을 막고, 유럽 기업의 경쟁력을 높이겠다는 취지입니다.[72] 우리나라 정부는 위 제도와 관련하여 전담반을 꾸려 국내 기업 경쟁력 유지를 위한 지원을 약속하였지만, 그보다 우선 중요한 것은 기업의 탄소배출을 절감할 수 있는 정책과 시스템 마련이 아닐까 싶습니다.

우리나라의 재생에너지 발전 현황

2023년 9월, 통계청과 OECD(경제개발협력기구)에 따르면 2021년 기준 우리나라의 **재생가능에너지 비율**[73]은 OECD 38개국 중 꼴찌입

71. 이유진, 〈역주행하는 윤석열 정부, 기업에 필요한 것은 'RE100'이다〉,《프레시안》, 2023.12.02.
72. 이종수, 〈유럽연합(EU), 세계최초 '탄소세' 첫 단계 돌입… 배출량 보고 의무〉,《이코노뉴스》, 2023.10.02.
73. 재생 가능 에너지 비율=(재생가능에너지/1차에너지)×100

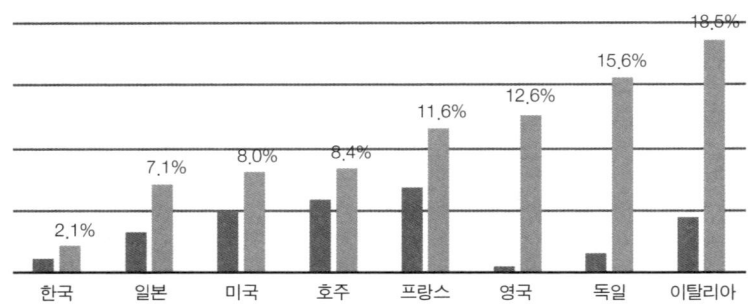

■ 1990년   ■ 2021년

	한국	일본	미국	호주	프랑스	영국	독일	이탈리아
2021년	2.1%	7.1%	8.0%	8.4%	11.6%	12.6%	15.6%	18.5%

OECD 주요국의 재생 가능 에너지 비율[74]

그래프에 나타난 것처럼 우리나라의 재생가능에너지 비율을 OECD 국가 중 최하위에 해당됩니다. 여기서 말하는 재생가능에너지는 신에너지, 바이오 및 폐기물 에너지 등을 제외하고 태양광, 풍력 등 한 번 사용하고 나서도 자연적으로 사용량이 재생되는 에너지만을 포함합니다.

니다. 1990년 그 비율이 1.1퍼센트였던 대한민국과 비슷한 수준이었던 영국(0.5%)과 독일(1.5%)이 2021년 기준 12.6퍼센트와 15.6퍼센트까지 확대에 성공한 반면, 대한민국은 OECD 평균인 11.6퍼센트의 5분의 1도 채 안 되는 수준인 2퍼센트대에 머물고 있습니다 (위 그래프 참조).[75]

2021년 대한민국은 선진국 반열에 올라섰습니다. 하지만 재생에너지 기반 산업으로의 변화는 더디기만 합니다. 기성 시스템을 뒤엎고, 산업 구조를 전환하는 일에는 고통이 따를 수밖에 없습니다.[76]

....

74. 김은희, 〈"이래서 RE100 지키겠나" 한국이 'OECD 꼴찌' 된 이유는? [위기의 K-재생에너지]〉, 《헤럴드경제》, 2023.09.24.

75. 주석 74와 동일

248

내일도 지구가 안녕하면 좋겠어!

그렇다고 회피는 해답이 될 수 없습니다. 오히려 문제를 직시하여 예상되는 피해를 포함한 적극적인 대책을 마련하며 슬기롭게 대응해 나가야 합니다.

시작하면서 우리나라를 포함해 기후행동에 나선 청소년들의 이야기를 기억할 것입니다. 세상을 바꾸려는 노력은 어른들의 몫이라고 생각할지 모르지만, 국가와 기업이 변화하는 데 청소년의 역할도 중요하다는 것을 잊어서는 안 됩니다. 청소년은 기후위기 시대에 국가의 경제와 문화를 이끌어갈 주인공입니다. 시스템을 변화시키고 그 시스템을 받아들이는 건 결국 사람입니다. 이미 사회의 주요 구성원이자, 향후 의사결정자가 될 지금의 청소년들이 기후변화의 부정의에 분노하고 문제의식을 드러낼 줄 안다면, 또 편리성보다는 지속가능성을 좇는 삶의 태도를 더욱 중요하게 여길 줄 안다면, 분명 그 사회는 성공적으로 탄소중립을 향해 나아갈 거라고 믿습니다.

---

76. 이에 관한 내용은 5장 에너지에서 좀 더 자세히 다룰 것이다.

지속가능한 지구를 위한
지속가능한 에너지 생활

4장에서 살펴본 것처럼 생태계가 미처 적응할 새도 없을 만큼 기후변화는 빠르게 진행 중입니다. 이러한 비정상적인 기후변화의 주요 원인은 산업혁명을 기점으로 폭증한 화석연료 사용이지요. 인류는 성장과 발전을 위해 지금껏 화석연료를 마구 끌어다 에너지로 활용했고, 그 결과 우리는 심각한 환경오염과 기후변화를 마주하게 되었습니다.

이 책의 마지막 장 주제는 에너지입니다. 세계는 화석연료에 대한 의존도를 낮추고 친환경 에너지로의 전환하기 위해 고민하고 있습니다. 친환경 에너지는 더 이상 성장의 걸림돌이 아닌 성장을 위한 동력이기 때문입니다. 지금부터 우리의 일상과 떼려야 뗄 수 없는 다양한 에너지 문제를 들여다보면서, 지속가능한 지구를 위한 지혜로운 에너지 생활에 대해 함께 고민해 봅시다.

CHAPTER

05

에너지

화석연료의
빛과 그림자

01

#화석연료 #스모그 #대기오염

에너지, 세상을 움직이다

우리는 에너지 없는 일상을 상상하기 어렵습니다. 에너지가 없으면 음식을 조리할 수도, 냉장고에 음식물을 안전하게 보관할 수도 없습니다. 추운 겨울에는 난방할 수도, 더운 여름에는 선풍기와 에어컨을 틀 수도 없습니다. 그리고 이제는 우리 삶에서 없어서는 안 될 스마트폰도 충전할 수 없을 것이에요. 교통수단은 또 어떤가요? 우리가 매일 타고 다니는 버스, 자동차, 지하철도 에너지가 없다면 움직일 수 없겠지요? 이렇듯 일상의 많은 것들이 기계화된 지금, 기본적인 생활을 영위하고, 계속해서 편리함을 유지하기 위해서는 에너지가 꼭 필요합니다.

에너지란 무엇일까?

사전에서 **에너지(energy)**를 찾아보면 '물체나 물체계가 가진 일을 할 수 있는 능력을 통틀어 이르는 말'로 정의됩니다. 그리스어로 '일'을 뜻하는 '에르곤(Ergon)'과 '속에'를 뜻하는 접두사 '엔(en)'이 합쳐져 만들어졌지요.[1] 쉽게 말해 에너지는 모든 종류의 움직임을 아우릅니다. 예컨대 우리가 걷거나 달리고, 일하고 공부하는 등의 모든 활동이 가능한 이유도 에너지를 소비하기 때문입니다.

에너지를 만들려면 원료가 필요합니다. 우리 인간의 경우 음식물을 먹으면 몸에서 이를 분해하여 열량, 즉 에너지를 만들어 내므로 음식물이 원료가 되겠죠? 기계를 움직이는 것도 원리는 비슷합니다. 석탄, 석유, 천연가스, 핵 등의 연료가 필요하지요. 만들어지는 에너지는 형태에 따라 열에너지, 화학에너지, 전기 에너지, 빛에너지, 소리에너지, 핵에너지 등 다양하게 존재합니다. 그리고 지금 이런 에너지들은 곧 '세상을 움직이는 힘'이지요.

아주 오래전에는 기껏해야 불을 피워 음식물을 익히거나 불을 쬐며 몸을 따뜻하게 녹이는 정도로 에너지를 활용했습니다. 하지만 근현대에 들어서는 운송, 난방, 발전 등 다양한 분야에서 에너지를 활용하며 사용량 증가와 함께 질 높은 에너지의 생산은 경제성장의 필수조건이 되었습니다.[2]

....
1. 네이버 지식백과, 〈지형 공간정보체계 용어사전〉 정의 참조.
2. 한국에너지경제연구원공동, 〈[에너지경제상식 시리즈](1) 에너지란 무엇인가〉, 《한국에너지》, 2016.07.29.

전기 에너지 사용량이 날로 폭증하는 시대

탄소중립 사회와 인공지능 및 빅데이터 기술이 산업의 기반이 되는 4차 산업혁명 시대로 나아가며, 그 어느 때보다 훨씬 더 많은 전기 에너지가 필요해질 것으로 예상됩니다. 특히 인공지능이 전 세계 산업의 핵심 키워드로 떠오르는 요즘 처리해야 하는 데이터의 양과 속도가 폭발함에 따라 데이터센터가 제대로 가동될 수 있도록 전기를 지원하는 송배전 산업의 중요성도 강화되고 있지요. 데이터센터는 '전기 먹는 하마'로 비유할 만큼 엄청난 전기를 필요로 하니까요.[3] 전기는 앞으로도 우리 삶에서 더욱 중요해질 것입니다.

그런데 우리는 에너지에 대해 생각보다 잘 알지 못합니다. 전기 에너지 사용이 지구 환경에 미치는 영향도 놓치기 쉽지요. 전기 에너지는 번개나 정전기 등처럼 자연 상태에서도 존재합니다. 하지만 일상에서 코드를 꼽거나 스위치를 켜서 전기가 들어오게 하거나, 배터리 등을 충전할 때 사용하는 전기 에너지는 모두 2차적으로 얻어집니다. 즉 화석 에너지, 원자력 에너지, 신재생 에너지 등을 이용해 발전소에서 만들어 낸 전기를 사용하는 거죠. 똑같은 전기처럼 보이지만, 에너지의 원료는 이처럼 다릅니다. 그래서 이 책의 마지막 장에서는 우리 삶에 깊숙이 스며든 다양한 에너지와 그들의 장단점을 알아보려 합니다. 지속가능한 미래를 위해 우리가 에너지를 어떻게 생산하고 소비해야 할지 고민해 보면 좋겠습니다.

....

3. 민서연, 〈인공지능 시대, 에너지 전쟁 구원투수 될 소형원자로 SMR〉, 《ChosunBiz》, 2024.06.11.

탄소중립과 전기화

다양한 에너지를 전기 에너지로 만들어 생활 여러 분야에서 적극적으로 사용하는 것을 **전기화**라고 합니다. 전기화의 장점은 크게 두 가지가 있습니다.

첫째, 전기 에너지는 다른 에너지로의 전환이 쉽기 때문에 일상생활이 편리해집니다. 예를 들어 전기 에너지가 열에너지로 바뀌어 따뜻한 바람을 내는 헤어드라이기 덕분에 빠르게 머리를 말릴 수 있습니다. 또한 전기 에너지로 빛에너지를 내는 전등 덕분에 우리는 밤낮을 가리지 않고 밝게 생활할 수 있지요.

둘째, 전기는 사용 과정에서 이산화탄소와 오염물질을 배출하지 않습니다. 자동차를 예로 든다면, 석유를 연료로 하는 기존의 디젤과 휘발유를 연료로 쓰면 이산화탄소와 같은 대기오염물질을 배출하지만, 전기 차는 오염 걱정 없는 친환경 자동차로 불리지요. 과거에는 자동차가 오래 달릴 수 있을 만큼 배터리 기술이 발달하지 않았지만, 최근 배터리 기술이 점점 더 발전하면서 전 세계적으로 전기차 보급을 더 확대하기 위해 보조금 등을 통해 독려하고 디젤 자동차 생산은 점차 줄여가려는 정책을 추진하고 있습니다.[4]

탄소중립 사회에서 전기화를 위한 노력은 필수입니다 이를 위해 전기의 안정적인 생산·보급이 중요하지요. 하지만 아직 문제가 있습니다. 왜냐하면 현재 우리가 사용하는 전기의 상당량[5]이 석탄, 천연가스와 같은 화력 발전을 통해 생산되니까요. 탄소중립을 위해 전기화 사회로 나아가고 있지만, 정작 전기를 만들 때 기후위기와 대기오염을 일으키는 모순을 범하고 있는 것입니다.

·······················
4. 곽재식, 《지구는 괜찮아, 우리가 문제지》, 어크로스, 2022, 6장 참조 재구성.
5. 《2023 에너지통계연보》에 따르면 석탄이 32.5%, 액화가스 27.5% 석유 0.3% 등 화석연료 비율이 60% 이상이다.

화석연료 삼총사, 석탄 · 석유 · 천연가스

먼저 화석 에너지부터 알아볼까요? 앞서 우리는 산업혁명과 함께 시작된 화석연료의 과도한 사용이 엄청난 온실가스 배출로 이어졌다는 것을 알아보았습니다. 그로 인해 현재의 기후위기까지 온 것과는 별개로, 폭발적인 경제성장을 일궈내며 전 세계적으로 쉬이 무너지지 않는 탄소 기반 에너지 시스템이 구축됐지요. 잠시 시간 여행을 떠나 화석연료의 대표주자인 석탄, 석유, 천연가스 등이 인류와 동행하게 된 역사를 살펴볼까요?

증기기관과 석탄

화석연료 삼총사 중 첫째는 석탄입니다. 1차 산업혁명의 아이콘 '증기기관'을 기억하나요? 증기기관이 발명되고, 갑자기 많은 연료가 필요해지면서 화석연료 중 '석탄'이 가장 먼저 주목을 받습니다. 당시만 해도 채굴 기술이 그리 발달한 상태는 아니었기 때문에 지표면 근처에서 비교적 쉽게 캐낼 수 있는 석탄의 접근성이 가장 높았던 것이지요.

하지만 석탄은 고체였기 때문에 무겁고, 여러모로 불편했습니다. 자동차를 예로 들어볼까요? 최초의 엔진 구동 자동차인 증기자동차는 석탄으로 물을 끓이며 앞으로 나아가기 때문에 증기기관이 필요합니다(257쪽 사진 참조). 따라서 지금 시각에서는 다소 우스꽝스러울 만큼 크고 무거운 증기기관이 차체에 달려 있었지요. 속도도 느리고 물도 계속 보충해 줘야 했으며, 제동이나 방향 조절도 어려 웠습니다. 그럼에도 증기자동차는 기술 개발과 성능 향상을 거듭하 였고 증기기관은 19세기 말까지 거의 100년간 유일한 자동차 동력 원이었습니다. 그러다 액체 연료인 석유를 사용하는 내연기관이 등 장하면서 역사 속으로 사라지게 되었죠.

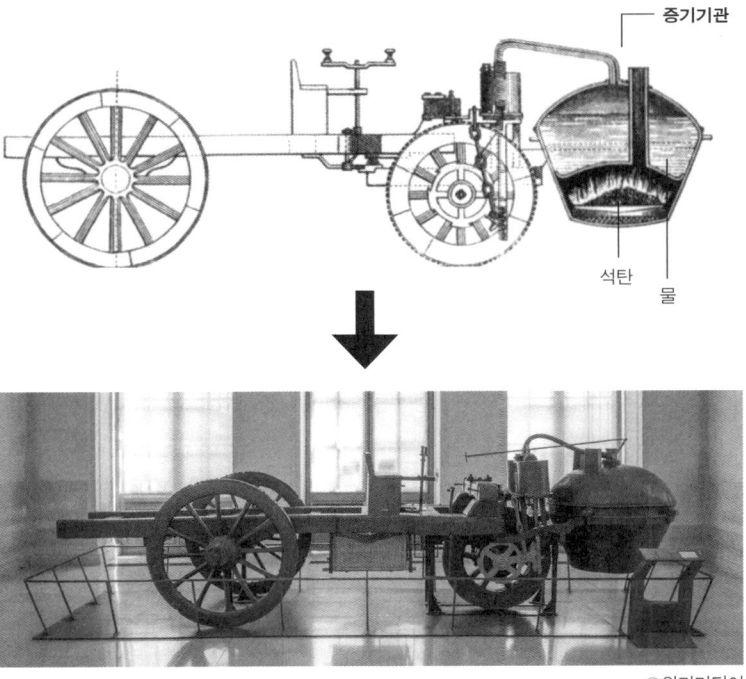

ⓒ위키미디어

세계 최초의 증기자동차

1769년 프랑스인 니콜라 퀴뇨(Nicolas Joseph Cugnot)가 발명한 말 없이 달리는 마차, 즉 엔 진 구동으로 달리는 세계 최초의 자동차입니다. 사진에서 오른쪽에 커다란 통처럼 보이는 것 이 바로 증기기관입니다. 위쪽에서 표현한 것처럼 증기기관 안에 석탄을 때워 물을 끓여 얻은 에너지로 자동차가 움직이는 원리입니다.

내연기관과 석유

석탄에 이어 주목받은 화석연료는 '석유'입니다. 19세기에 들어와 증기차 시대가 저물고 석유를 이용한 내연기관 자동차가 처음 탄생하였습니다. 석유는 분별 증류[6] 과정을 거쳐 휘발유, 경유, 나프타, 아스팔트 등 다양한 성분들을 얻을 수 있는데, 자동차에는 휘발유와 경유가 연료로 사용됩니다. 휘발유와 경유는 액체 연료이기 때문에 자동차 내부에 보관하면서 언제든 엔진에 공급해 동력을 얻을 수 있습니다. 석유를 연료로 사용하면서 자동차도 급속하게 대중화됩니다. 벤츠가 세계 최초 휘발유 자동차를 발명하였고, 이후 헨리 포드가 자동차를 대량 생산하기 시작했습니다.

증기기관 자동차보다 가볍고 잘 나가는 내연기관 자동차는 전 세계로 퍼져나갔습니다. 특히 세계대전과 함께 전차, 비행기 등 내연기관을 장착한 전쟁용 운송수단의 발달로 보관과 운반이 쉬운 액체 연료 수요 또한 폭발적으로 늘어납니다. 또한 석유 증류 과정에서 전쟁 운송 수단에 사용된 휘발유와 경유를 제외하고 남은 석유 성분을 이용해 플라스틱 등이 개발되면서 석유화학 산업은 급속히 발달하였지요.[7] 이것이 20세기로 계속 이어지며 장기간 석유의 전성시대가 펼쳐집니다. '검은 황금' 석유를 차지하려는 열강들의 패권전쟁 속에 국제유가는 들썩였고, 산유국들은 엄청난 부를 쌓았죠.

....
6. 서로 잘 섞여 있는 액체 혼합물을 끓는 점 차이를 이용해 분리하는 방법.
7. 석탄과 석유, 어떻게 다를까? [에너지식백과](https://www.youtube.com/watch?v=IkUxwceoUQ0&t=245s)

탄소중립으로 가는 징검다리, 천연가스

화석연료 삼총사 중 마지막으로 주목받게 된 것은 바로 '천연가스' 입니다. 천연가스가 가장 늦게 부각된 이유는 석탄이나 석유처럼 다루기 쉬운 고체나 액체가 아니라 부피가 큰 기체 상태이기 때문입니다. 산업혁명 초창기만 해도 기술 부족으로 이런 기체의 채취나 사용이 어려웠습니다. 하지만 기술의 발달로 천연가스 추출, 보관, 전 세계로 이동 등이 가능해지면서 사용도 점차 늘어났지요.

무엇보다 천연가스는 발전 시 이산화탄소 배출량이 석탄화력 발전의 절반, 초미세먼지 배출은 8분의 1밖에 되지 않다 보니 청정에너지라는 인식이 생기기도 하였습니다. 앞서 나온 석탄과 석유보다 유해 물질을 덜 배출하니 탄소중립 사회로의 전환 과정에서 천연가스가 과도기적 에너지로서 역할이 크다는 의견도 있지요.

하지만 천연가스도 화석연료라는 점을 잊어서는 안 됩니다. 게다가 천연가스를 채굴하고 정제, 수송하는 전 과정에서 발생하는 온실가스를 생각한다면 결코 청정에너지라고 말하기 어렵습니다. 심지어 이산화탄소보다 온실효과가 큰 메탄을 배출하지요.[8] 결과적으로 배출하는 온실가스양은 석탄, 석유와 큰 차이가 없습니다.[9]

....

8. 특히 지구상에 매장된 천연가스의 약 80% 정도를 차지하는 셰일가스의 경우 처음 채굴 공법이 개발되었을 때는 셰일혁명으로까지 불리며 친환경 에너지시대를 열었다는 의견이 높았지만, 시추 과정에서 엄청난 메탄가스가 배출되어 기후변화 재앙을 촉진하는 한편, 땅속 지형변화를 자극해 화산, 지진등의 자연재해로 이어질 가능성이 높고 지하수를 오염시킬 수 있다고 한다.
9. 이재은, 〈화석연료지만 괜찮다?… 천연가스의 '두 얼굴'〉, 《뉴스트리》, 2022.06.27.

지금은 아니라도 언젠가 고갈될 화석연료

먼 옛날 지구에 살았던 생물로 만들어진 화석연료는 유한한 자원입니다. 우리가 계속해서 사용하는 한 언젠가는 고갈되겠지요. 실제로 1970년대 오일쇼크가 일어났을 때만 해도 전 세계는 30년 이내 석유가 고갈될 것이라고 예상했습니다. 그런데 실제로 그런 일은 일어나지 않았어요. 오히려 지난 50년 동안 어마어마한 석유를 사용했음에도 채굴가능한 석유 매장량은 3배 이상 증가했습니다. 왜일까요?

가장 큰 이유는 석유 시추 기술의 발달[10] 때문입니다. 대표적인 예로 과거에는 땅속 얕은 곳에서만 석유를 뽑아낼 수 있었다면 지금은 지하 수심 1~3킬로미터에 위치한 셰일층에 묻힌 석유와 가스도 뽑아낼 수 있습니다. 이전에 발견하지 못한 매장량이 더해지니 석유 매장량은 계속해서 증가한 것이지요. 따라서 당장 화석연료가 고갈되어 에너지 위기를 맞이할 가능성은 낮아 보입니다.

하지만 고갈 위험이 줄어든 만큼 앞으로도 계속 마음껏 사용해도 될까요? 지구 환경을 위해서는 사용량을 줄여나가야 하는 것이 분명합니다. 석탄, 석유, 천연가스 등과 같은 화석연료가 지구 환경을 파괴하고 기후변화를 부추긴다는 것을 우리는 알고 있으니까요. 인간은 역사적으로 주 에너지원이 고갈되기 전에 새로운 에너지원을 발견하고 사회를 발전시켜왔습니다.[11] 나무에서 석탄으로, 석탄에서 석유로, 석유에서 가스와 원자력으로 말이죠. 이젠 그 다음을 생각해야 합니다. 기후위기를 맞은 지금, 인류는 화석연료가 고갈되기 전 이를 대체할 친환경 에너지를 찾아낼 거라고 믿습니다.

....

10. 이현우, 〈늘 30년 뒤에 고갈된다던 석유, 매장량은 왜 매년 늘어날까?〉, 《아시아경제》, 2019.01.10.
11. 고기완, 2019, 〈자원고갈론의 진실〉, 《석유와 에너지》, 가을호 vol.313. 대한석유협회.

무분별한 화석연료 사용의 대가

불과 30년 전만 해도 기후변화에 인간이 미친 영향을 확신하지 못했지만, 지금은 과학적으로도 자명해졌습니다. 특히 무분별한 화석연료의 사용은 지금도 기후변화를 가속화하고 있지요.

이제는 지구온난화, 기후변화 같은 말도 일상이 되고, 나아가 환경문제를 해결하기 위해 작은 실천이라도 결심하는 사람들도 이전보다 많아졌습니다. 또 아직 부족하지만, 환경 보호를 위한 각종 규제도 마련되고 있지요. 이런 변화라도 시작된 건 20세기 후반으로 그 이전까지 환경 보호를 위한 규제는 거의 존재하지 않았습니다. 하지만 기후변화 문제가 본격적으로 논의되기 이전에도 화석연료 사용으로 인한 심각한 환경문제가 세계 곳곳에서 발생하고 있었는데, 그 위험성을 경고한 주요 사건 두 가지를 소개합니다.

5일간 하늘을 뒤덮은 죽음의 검은색 스모그

1952년 12월 4일, 산업혁명의 발생지 영국에서는 대규모 사상자를 낸 환경 재앙, '런던 그레이트 스모그 사건'이 발생합니다. 영국은 해류의 영향으로 인해 본래 안개가 자주 끼는 편입니다.[12] 그런데

----

12. 섬나라 영국은 남서로 멕시코만류(난류)와 북동으로는 북극해류(한류)가 흐른다. 이 두 해류가 좁은 도버 해협에서 정면충돌하면 멕시코만류의 따뜻하고 습한 공기가 차가운 북극해류로 인해 차가워지면 대량의 안개가 만들어지고, 런던 거리를 뒤덮게 된다. 특히 매년 10월 하순에서 1월에 걸쳐 안개가 자주 발생하는데, 이 무렵에 북극해류의 기세가 강해지기 때문이다.

정체된 안개에 공장마다 뿜어대는 대기오염물질이 뒤섞이며 검은 빛 스모그가 빈번했습니다. 사건이 일어난 날도 평소처럼 바깥에는 스모그가 가득했습니다. 마침 기온까지 뚝 떨어지며 각 가정에서는 난방을 위해 평소보다 더 많은 석탄을 사용했고, 그 결과 황산화물과 같은 오염물질이 잔뜩 포함된 독가스나 다름없는 스모그가 만들어졌습니다. 하필 바람까지 불지 않아 대기 순환이 원활하지 않았고, 스모그가 꼼짝없이 정체되고 말았죠. 불과 1미터 앞도 분간하지 못할 만큼 자욱하게 낀 검은 스모그에 사람들은 운전은커녕 자신의 발밑도 볼 수 없을 정도였습니다. 각종 스포츠 행사와 연극 공연이 취소되었고, 집안까지 스며든 스모그는 사람들의 호흡기를 망가뜨렸지요. 5일간 지속된 이 무시무시한 스모그로 인해 폐 질환과 그 후유증으로 사망한 사람만 약 1만 2천여 명으로 추정됩니다. 환경을 고려하지 않은 무분별한 산업 발전이 인간에게 부메랑이 될 수 있음을 경고한 사건이었지요.

배기가스 오염물이 만들어 낸 황색스모그

스모그 사건은 런던이 처음은 아니었습니다. 그보다 십여 년이나 앞선 1943년, 미국 로스엔젤레스(LA)에서도 스모그 사건이 일어났지요. 다른 점이라면 검은색 스모그로 뒤덮였던 런던과 달리 황갈색 스모그가 자욱했다는 것인데요. 시간이 흘러 알아낸 황갈색 스모그의 발생 원인은 자동차 배기가스였습니다. 조금 더 구체적으로 배기가스에서 나온 질소산화물과 탄화수소가 햇빛 속 자외선에 분해되어 유독성 화학 스모그를 만들어 낸 것입니다. 그때만 해도 자동차 매연저감장치 같은 건 없던 때니까요. 이 스모그는 매캐한 냄새를 풍기며 주로 사람들의 눈과 호흡기에 영향을 끼쳤습니다. 그뿐만 아니라 식물의 잎이 마르거나 과일이 손상되고, 고무 제품이 노화되는 등의 막대한 피해를 가져왔습니다.

우리나라를 덮쳤던 혼합형 스모그

우리나라도 다르지 않았습니다. 갑작스러운 산업화를 겪으며 런던형 스모그와 LA형 스모그가 혼합되어 발생하였지요. 1988년 서울 올림픽 개최 당시 초미세먼지 농도는 현재의 '매우 나쁨' 수준이 일상적이었습니다. 혼탁한 공기로 인해 올림픽에 참가한 일부 외국 선수들은 일본에서 출퇴근하겠다고 불만을 표할 정도였지요. 정부는 성공적인 올림픽 개최를 위해 연탄 공급 중지 및 차량 2부제와 같은 강력한 정책을 한시적으로 강제할 수밖에 없었습니다.[13]

더 큰 환경비용을 치르지 않기 위하여

일련의 사건 속에서 세계 각국은 비로소 화석연료의 과도한 사용으로 인한 환경문제의 심각성을 인지하게 됩니다. 그래서 국가가 환경 관련 법을 제정하는 등 환경오염을 막기 위한 노력에 나서게 되었지요. 연탄 사용량을 줄이고, 공장이나 차량 배기가스 배출구에

....

13. 원호섭, 〈[Weekend Interview] 1980년대부터 미세먼지 저감 대책 주장 장재연 아주대 의대 교수(숲과나눔 이사장)〉, 《매일경제》, 2019.03.15.

오염물질 저감 장치를 부착하는 등 대기질을 개선해 나갔습니다.

하지만 경제 성장이 최우선인 각국의 공장과 석탄화력 발전소는 탄소와 대기오염물질을 계속 배출하며 멈추지 않고 돌아가는 중입니다. 그나마 미국을 중심으로 여러 선진국에서는 2010년 이후 석탄화력 발전소 의존도를 낮추고 있지만, 우리나라는 여전히 석탄화력 발전소에서 상당한 전기를 생산하고 있습니다. 다른 발전소에 비해 상대적으로 발전소 건립 비용이 적고, 같은 화석연료라도 석탄이 가스나 석유보다 비교적 원자재 변동성이 낮기 때문입니다. 그러나 석탄화력 발전은 발전소 중 가장 많은 온실가스를 배출합니다. 이로 인해 망가진 환경을 되돌리기 위해서는 훨씬 더 큰 비용을 치러야 한다는 것을 고려한다면, 지금이라도 미래를 지키기 위한 과감한 결단을 내려야 할 때입니다.

| 우리나라 화력 발전소의 입지 조건과 장·단점 |

입지	- 대소비지 인근에 설립 가능 (우리나라의 경우 수도권, 충남, 남동 해안가 지역에 설립)
장점	- 비교적 단기간에 발전소 건설 가능 - 비교적 저렴한 비용에 발전소 건설 가능 - 송전비가 다른 발전방식에 비해 저렴
단점	- 에너지의 원료인 연료의 가격이 높음 - 발전방식 중 오염배출량이 가장 높음

원자력 에너지의
두 얼굴

#원자력 #핵분열

원자력 에너지의 강렬한 등장

화석연료에 이어 살펴볼 것은 바로 **원자력**입니다. 원자력은 특히나 친환경 에너지에 관한 논쟁에서 찬반이 엇갈리는 뜨거운 감자이기도 합니다. 예컨대 석탄은 태울 때마다 온실가스를 배출하는 반면 원자력은 에너지 발생 과정에서는 대기오염물질을 만들지 않습니다. 그래서 2050 탄소중립 달성을 위해 포기할 수 없는 발전 방식으로 꼽히지요. 하지만 진정한 탄소중립을 위해서는 탈원전(원자력 발전소를 이용하지 않는 것)을 꼭 해야 한다고 반박하는 사람들도 적지 않습니다. 이번 주제에서 과연 원자력 에너지가 우리의 미래를 구원해 줄 친환경 에너지일지 함께 고민해 봅시다.

핵분열 시 만들어지는 엄청난 에너지

원자력은 우리나라에서 석탄이나 가스 못지않게 많은 전기를 가져다주는 주요 에너지원입니다. 아래 그림에서 정리한 것처럼 우리나라의 2022년 기준 원자력 발전 비율은 약 29.6퍼센트[14]로, 석탄에 이어 두 번째를 차지하고 있습니다.

원자력에 대해 좀 더 자세히 알아볼까요? 원자력은 원자의 힘, 더 정확히 말하면 원자의 핵이 분열하며 일으키는 힘을 뜻합니다. 영어로 atom, '더 이상 쪼개질 수 없다'는 뜻을 가진 원자는 오래전부터 만물을 이루는 최소 단위로 여겨졌습니다. 예를 들어 우리 인체

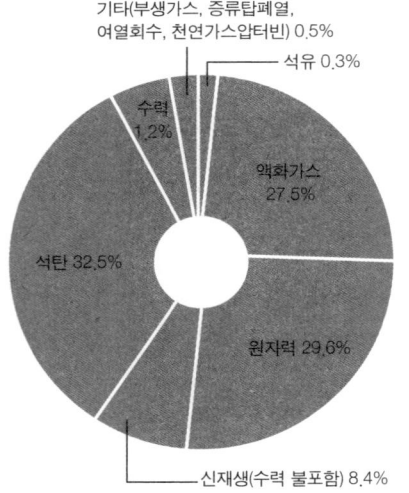

※자료: 에너지통계연보, 2024

우리나라의 에너지원 구성[15]
화석연료 발전 못지 않게 원자력 발전이 에너지원의 상당 부분을 차지하고 있습니다. 2022년 발전량을 기준으로 원자력 발전 비중이 29.6%를 차지합니다.

----
14. 에너지경제연구원, 2024, 《2023 에너지통계연보》, 산업통상자원부.
15. 주석 14와 동일.

도 결국 아주 작은 원자 알갱이의 집합이라는 것이지요. 하지만 20 세기에 들어 과학자들은 최소 단위는 원자가 아닌 '원자핵'과 '전자' 로 이루어졌다는 것과, 특히 우라늄[16]이라는 물질은 원자핵을 쪼개 '핵분열'을 일으키며 많은 양의 에너지를 내보낸다는 것을 발견합 니다.[17] 이 핵분열을 연쇄적으로 일으키기만 하면 한꺼번에 많은 에 너지를 방출할 수 있으니 이 원리를 활용해 폭탄을 만들면 세상에 없던 초강력 폭탄이 탄생할 수도 있는 것이었지요.

그리고 1939년부터 시작된 제2차 세계대전에서 그 가공할 만한 위력이 비로소 확인됩니다. 독일, 일본, 이탈리아 중심의 추축국과 영국, 프랑스, 미국 등의 연합국 사이에 벌어진 이 전쟁은 수많은 사람들의 목숨을 빼앗으며 지속됩니다. 그러다 1945년, 두 개의 원 자폭탄이 일본의 히로시마와 나가사키에 떨어지며 종결되었지요. 당시 히로시마는 중심가 근처 7킬로미터 이내가 폐허가 되었고, 순 식간에 일어난 열폭풍과 이어진 방사선 유출로 수많은 사람들[18]이 목숨을 잃었습니다. 희생자 대부분은 군인이 아닌 민간인이었고, 그중에는 한국인도 3만여 명이나 됩니다.[19]

....
16. 정확히는 우라늄 235이다. 자연에서는 우라늄 238이 99퍼센트 이상을 차지하고 있으며, 우 라늄 235는 1퍼센트도 채 차지하고 있지 않다. 위 글에서 언급하는 우라늄은 우라늄 235를 뜻한다.
17. 고기완, 〈중성자 충돌로 원자핵 깨뜨리면 연쇄반응…1초 10억번 핵분열… 엄청난 열에너지 생성〉, 《한국경제》, 2015.11.20.
18. 정확한 희생자 수에 대한 신뢰할 만한 근거를 찾기 어려운 관계로 이렇게 표현했다. 자료에 따라 9만~16만 정도가 희생된 것으로 추산되고 있다.
19. 권윤희, 〈'증발' 녹아내린 14만 명… 인류 최초이자 최후 히로시마·나가사키 원폭〉, 《서울신 문》, 2023.05.10.

원자폭탄은 누구도 감히 넘볼 수 없는 위력적인 무기를 앞세워 오히려 참혹한 전쟁을 막고자 미국이 개발한 것입니다. 하지만 이제 핵무기는 세계 무대에서 가장 위협적인 힘겨루기 수단이 되고 말았습니다. 세계 평화를 한순간에 무너뜨릴 수 있는 핵무기 보유를 위한 경쟁은 지금도 계속되고 있습니다.

핵을 평화롭게 활용할 방법은 없을까?

2차 세계대전 후 미국에서 원자력을 무기로써가 아닌 평화적으로 이용하는 계획이 발표되었습니다. 바로 핵을 '에너지'로 용도 확장

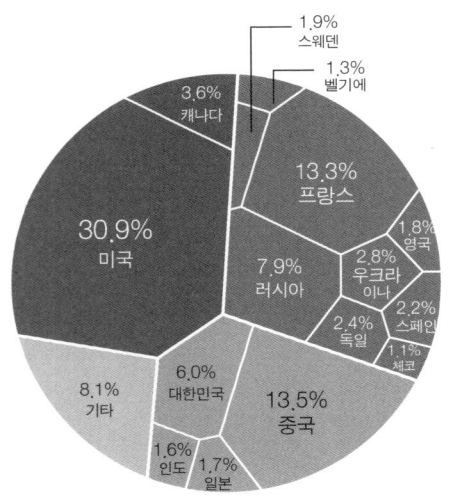

세계 원자력 발전 점유율 현황[20]
전 세계의 원자력 발전 생산량은 2020년 기준으로 2,553TWh입니다. 미국이 원자력 에너지 생산 점유율 1위를 차지한 가운데, 우리나라도 상위권에 속합니다.

20. 이혜영, 〈[초점] 전세계 가동 원전 450기… 한국 세계 5위·원전 의존도 13위〉, 《글로벌이코노믹》, 2022.01.23.

하는 방안이었지요. 원자력 발전이 동력으로써 처음 적용된 것은 잠수함입니다. 잠수함은 물속에서 오랫동안 항해해야 하는 만큼 높은 에너지 효율을 필요로 하는데 사용량 대비 효율이 떨어지는 화석연료와 달리 아주 적은 양의 연료만으로 큰 에너지를 만드는 원자력이 제격이었지요. 또한 상업용 원자력 발전소가 미국[21]에서 처음 건설된 후 영국, 독일, 프랑스, 일본, 우리나라에 이르기까지 세계 각국에 원자력 발전소가 속속 건립되었습니다. 원자력 발전소가 처음 등장했을 때, 각국 정부와 과학자들은 홍보에 열을 올렸습니다. 이제 핵으로 만든 값싼 에너지가 무한정 공급될 수 있으니 대단히 경제적일 뿐만 아니라, 나아가 깨끗하고 안전한 방식이라고 선전했지요. 사람들도 원자력 발전으로 인류의 에너지 문제가 해결되리라 기대하며 열광했습니다.

원자력 에너지가 전기를 만드는 방법

여기서 잠깐! 원자력 발전의 원리를 알아볼까요? 원자력 발전은 원자폭탄처럼 우라늄의 핵분열 반응을 이용하는 점에서 기본원리는 같습니다. 다만 원자폭탄은 핵연료(우라늄)를 90퍼센트 이상 농축(농도를 진하게 만듦)시켜 만든다면, 원자력 발전은 3~4퍼센트 정도

---

21. 미국은 여전히 세계 최대의 원전국이다. 다만 원전 발전량이 세계 1위일 뿐, 자국 내 발전량에서 원전이 차지하는 비중은 그리 높지 않다.

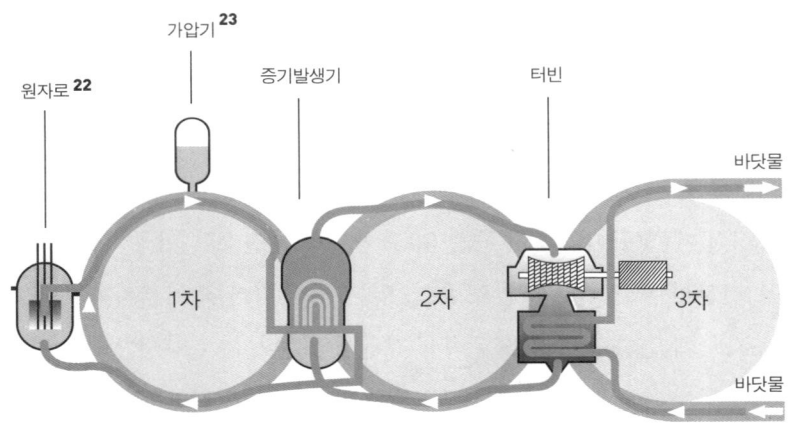

원자력 발전의 원리

원자로에서 핵분열 반응으로 만들어진 열에너지가 물을 끓이고, 이를 이용해 증기발생기 속 물을 기체(증기)로 만듭니다. 이 증기가 터빈(전기를 만들어 내는 모터)을 돌리면 전기가 만들 어집니다. 뜨거워진 증기를 차가운 바닷물로 식혀서 다시 물로 순환합니다.

만 농축시켜 이용하지요. 핵분열이 연쇄적으로 일어나는 반응 속도 가 원자폭탄보다 훨씬 느린 것입니다. 조금 더 자세히 살펴볼까요?

위 그림에서 정리된 것처럼 원자력 발전소에서 전기를 만들려면 크게 3가지 단계를 거칩니다. 먼저, 안전하게 보관한 핵연료를 분 열시켜 열에너지를 만들고, 물을 펄펄 끓입니다. 다음으로, 이 뜨거 운 물을 이용해 증기발생기 속 물을 기체(증기)로 만듭니다. 이 증 기가 터빈(전기를 만들어 내는 모터)을 돌리면 전기가 만들어집니다.

....
22. 원자로: 원자핵 분열 연쇄 반응의 진행 속도를 인위적으로 제어하여 원자력을 서서히 끌어 내는 장치를 말함.
23. 가압기: 뜨거워진 물이 증기로 변하지 않도록 압력을 가해주는 장치를 말함.

| 원자력 발전소의 입지 조건과 장·단점 |

입지	- 지반 조건이 견고한 곳 - 주로 해안가처럼 지속적인 냉각수 공급이 가능한 곳 (우리나라의 경우 경북, 울진, 울산, 부산, 전남, 영광에 포진)
장점	- 저렴한 발전 단가 - 연료 대비 대용량 전력 생산 가능 - 에너지 생산 과정에서의 낮은 온실가스 배출량
단점	- 높은 발전소 건립 비용 - 방사능 폐기물 및 원자로 처리 문제 - 방사능 누출에 따른 안전 문제의 고위험성

마지막으로, 뜨거워진 증기를 바닷물로 식혀 다시 물로 만듭니다. 이 과정에는 초당 60~70톤의 바닷물이 필요하기 때문에 원자력 발전소는 주로 바닷가에 위치합니다. 단, 물에 핵연료가 직접적으로 닿으면 오염되므로, 물이 끓고 증기가 되었다가 다시 물로 순환하는 과정은 관을 통해 이루어집니다.

원자력 발전의 최대 장점은 역시 탁월한 에너지 효율입니다. 우라늄 1그램으로 무려 석탄 3톤(3,000,000g)이 만드는 에너지를 얻을 수 있기 때문입니다. 게다가 앞에서 설명한 대로 발전 과정에서는 이산화탄소와 같은 온실가스나 미세먼지가 발생하지 않습니다. 많은 사람들이 탄소중립을 위해 원자력 발전을 포기할 수 없다고 주장하는 이유입니다.

다만 원자력 발전소는 방사선이 절대 발전소 밖으로 유출되지 않도록 안전하게 설계해야 합니다. 핵분열 후 방출되는 방사선은 인체와 생태계에 중대한 해악을 끼칠 수 있으니까요. 방사선에 노출되는 것을 '피폭'이라 하는데, 방사선의 종류와 강도에 따라 세포의 DNA 파괴나 변형을 일으키기도 합니다. 피폭 강도가 센 경우 수분에서 수일 내 고통스럽게 사망에 이를 수도 있지요.

또한 발전에 사용한 후 방사선을 강하게 방출하는 핵연료를 폐기할 때도 방사선 피해가 없는 곳에 안전하게 보관해야 합니다. 문제는 이 보관 기간이 무려 10만 년 정도라는 점입니다. 인간의 수명을 100년이라고 쳐도 1,000배 이상 긴 기간이지요. 비록 연료를 구하고 발전 과정에서의 비용은 저렴할지 몰라도, 안전한 발전소 설립부터 사후관리 비용 등을 두루 고려한다면 그 어떤 발전 방식보다 값비싼 비용을 치러야 하는 셈입니다.

핵발전소 폭발과 그 이후

안전 규정을 철저하게 준수하여 발전소를 짓고 관리한다고 가정하면 원자력 발전소에서 유출된 방사능물질로 인한 피폭의 위험은 지극히 낮습니다. 다만 안전문제는 100퍼센트 장담이 어렵다 보니 아무리 조심해도 사고의 위험성은 늘 잠재하지요. 이에 역사상 최악으로 꼽히는 원전 사고를 소개합니다.

인류 역사상 최악의 인재형 원전 사고

1986년 4월 26일, 과거 소련이었던 우크라이나 체르노빌에서 원자력 발전소 폭발 사고[24]가 일어났습니다. 원자력 발전은 핵이 분열하는 강력한 힘으로 전기를 생산하는 만큼 그 힘을 제어하는 것도 중요한데요. 만약 그 힘을 제어하지 못하면 돌이킬 수 없는 큰 사고로 이어질 수 있습니다. 예컨대 발전 중 갑작스런 정전이 일어나 핵분열 과정을 제어할 수 없게 되면 원자로(270쪽 그림 참조)가 뜨거운 열을 감당하지 못해 폭발할 위험이 있는 것이죠.

체르노빌 사고 발생 하루 전인 4월 25일 밤, 발전소 내의 기술자들은 갑작스런 정전 발생에 대비하는 모의실험[25]을 진행하는 중이었습니다. 정전 상태에서 핵분열이 제어되지 못하면 무한 에너지를 생성해 결국 폭발해 버릴 테니까요. 정전을 가정한 출력량은 평소 출력량인 3,200메가와트(MW)의 약 4분의 1 수준인 700MW로 계획하여 실험을 진행하기로 했지요. 다만 출력량은 단계적으로 내려야 하므로 일단 절반 수준인 1,600MW로 조정되었습니다.

그런데 갑자기 발전소로 키예프(Kyiv)[26]에서 필요한 전기를 생산하기 위해 실험을 늦춰달라는 연락이 옵니다. 이에 평소 출력량의

....

24. 원전이 이렇게 위험하다고?! 어쩌면 폭탄보다 더 위험할 수 있다. 체르노빌 폭발 사고의 모든 것 알아보기(https://www.youtube.com/watch?v=CIDB3b6c0M)
25. 정전 발생해 대비해 마련한 디젤 발전기가 실제 정전이 발생했을 때, 원자로의 과열을 방지하는 냉각펌프로 충분한 전력이 제공되어 핵분열 제어가 가능한지를 판단하려는 실험이었다고 함. 정전 사태가 벌어졌을 때, 비상용 디젤 발전기가 기동해 원자로로 냉각수를 보내 냉각시키도록 하는 데 걸리는 시간이 1분인데, 전력이 끊긴 상태에서 계속 돌아가는 터빈으로 1분의 간격을 메우겠다는 실험.
26. 현재 우크라이나의 수도 키이우.

절반인 1,600MW 상태로 10시간 정도 발전소가 가동되었고, 바로 이 10시간이 사건의 발단이 됩니다. 실험이 재개되자 연구자들은 현재 출력량 1,600MW에서 정전을 가정한 출력량인 700MW로 줄이려고 했습니다. 하지만 출력량은 700MW이 아니라 30MW로 급격히 떨어졌죠. 원인은 평소의 절반밖에 되지 않는 낮은 발전량이 10시간가량 유지되는 동안 '제논(Xe)'이라는 원소가 원자로에 쌓여 반응성을 낮추었기 때문이었습니다. 제논은 핵분열로 생기는 잔여물질인데, 평상시 출력량에서는 중성자와 반응해서 대부분 사라져 버리므로 문제를 일으키지 않습니다. 하지만 이때는 평소 출력량의 절반만 가동되고 있었기 때문에 제논이 원자로에 쌓였던 것이지요. 연구진들은 당황했고, 출력량을 빠르게 높이기 위해 원자로의 제어봉까지 빼내는 위험한 선택을 합니다. 당시 제어봉의 성분인 흑연과 붕소도 제논처럼 반응성을 낮추니까요.[27]

우왕좌왕하는 사이 제어봉이 사라진 원자로 안에서 증기가 끓어오르며, 좀 전과 달리 출력량이 급상승했습니다. 연구원들은 제어봉을 다시 집어넣고, 출력량 700MW를 다시 맞추려고 했지만 소용없었죠. 감당할 수 없는 핵분열이 일어나며 약 6,000도가 넘는 고열 속에 원자로가 끓어올랐지요. 무려 1,000톤 무게에 달하는 발전소 뚜껑마저 어마어마한 수증기의 압력을 견디지 못해 날아가고 맙니다. 그와 함께 원자폭탄의 400배에 달하는 방사능이 순식간에 유출

....

27. '체르노빌' 과학적으로 100% 이해하기 (+후쿠시마)(https://www.youtube.com/watch?v=
1kEw0fTUfh4)

되었고, 발전소에 있던 모든 직원들은 그 자리에서 방사능에 피폭되었습니다. 그리고 발전소 밖으로 순식간에 뻗어나간 열폭풍이 체르노빌 전체를 휩쓸면서 폐허가 되어버립니다.

그런데 폭발로 끝난 것이 아니었습니다. 방사능이 대기를 타고 주변 유럽 국가로 퍼지기 시작했으니까요. 당신 소련은 사고를 투명하게 수습하기보다 피해 규모와 원인을 가리기에 급급했습니다. 심지어 방사능의 위험성이 제대로 알려지지 않았던 시절이다 보니 보호 장비도 갖추지 않은 채 방사능 건물 잔해를 치우던 몇십만 명의 시민들이 고통 속에 죽어가기도 했죠. 그 후 30년간 체르노빌 반경 30킬로미터는 누구도 접근할 수 없는 제한구역이 되었습니다. 원자력 발전소의 돌이킬 수 없는 위험성을 보여준 안타까운 사고입니다.

자연재해로 시작해 인재로 마무리된 원전 사고

두 번째는 2011년 3월 12일, 일본 후쿠시마에서 발생한 원자력 발전소의 수소 폭발 사고입니다. 체르노빌 원전 폭발 사고의 비극을 겪고 이와 같은 일이 다시는 발생하지 않았으면 좋았겠지만, 불과 25년 후 또다시 대형 원전 사고가 발생하고 말았습니다.

시작은 자연재해였습니다. 사고 하루 전인 2011년 3월 11일은 약 1만 5천여 명이 목숨을 잃었던 동일본 대지진이 일어난 날이었습니다. 규모 9.0 이상의 대지진은 거대한 쓰나미를 일으켰습니다. 높이가 14미터에 달했던 쓰나미에 후쿠시마 발전소 앞에 만들어둔 방파제는 무용지물이나 다름없었습니다. 쓰나미와 함께 바닷물이 그대로 발전소로 밀려들었습니다. 문제는 발전소의 비상전력 장치가 바닷물에 잠긴 것입니다. 비상전력 장치는 지진, 정전 등 갑작스러운 사고로 인해 발전소가 긴급 정지되어도 전력이 계속 공급되어 원자로의 열 제어가 이루어지도록 마련해 둔 것입니다. 후쿠시마 발전소의 이 유일한 비상 전력 장치는 지하에 있었던 탓에 물에 잠겨버려 제대로 작동하지 못했지요. 뜨거워질 대로 뜨거워진 원자로를 식힐 수 있는 유일한 방법은 차가운 냉각수(바닷물)를 투입하는 것뿐이었습니다. 하지만 이 방법을 쓰게 되면 발전소를 영영 쓰지 못하게 되다 보니 의사결정은 늦어졌습니다. 결국 다음날 후쿠시마 제1원자력 발전소가 폭발해 버렸고, 곧이어 3호기와 4호기도 함께 폭발하며 후쿠시마 전역은 초토화되고 맙니다.

폭발 이후 핵연료를 식히기 위해 투입한 바닷물은 고스란히 방사능에 노출되며 '후쿠시마 오염수'가 되었습니다. 사고가 발생한 지 10년이 넘어 이 오염수는 다시 국제사회의 뜨거운 쟁점으로 떠오릅니다. 일본이 2023년 8월부터 그동안 탱크에 보관해 둔 오염수를 바다에 방류하기 시작했기 때문입니다. 일본은 오염수 내 방사능물질을 정밀한 기계로 걸러낸 후 30년에 걸쳐 아주 적은 양씩 방류하겠다고 국제사회를 안심시켰습니다. 그러나 일본이 끝까지 이 약속이 지킬 수 있을지, 또 이 정도의 방류량이면 과연 인체와 생태계에 무해하다고 확신할 수 있는지는 과학자들 사이에서도 의견이 분분합니다. 방류 후 오염수가 해양생태계나 인간에게 미칠 영향은 단기간에 파악하기 어렵기 때문에 이러한 우려는 세계 곳곳에서 원자력 발전소가 돌아가는 한 사라지지 않을 것입니다.

살펴본 2건의 비극적인 사건만 보더라도 원전 사고는 비단 그 지역, 그 나라만의 문제가 아닙니다. 체르노빌 사건 이후 체르노빌이 오랜 시간 아무도 접근할 수 없는 죽음의 땅이 된 것뿐만 아니라, 방사선은 대기를 타고 퍼져가 주변국의 국토까지 오염시켰지요. 후쿠시마 원전 사고도 마찬가지입니다. 특히 오염수 방류 이전부터 우리나라는 일본의 최근접국으로서 오염수의 직접적인 피해를 받을 가능성이 제기되었기 때문에 논란이 끊이지 않았죠.

원자력 발전은 결국 우리 주변에 작은 핵폭탄을 심어놓은 것과 같습니다. 사고 발생 시 쉽게 회복될 수 없는 위험성을 안고 가야 하는 만큼 심혈을 기울여 안전사고에 대비한다고 해도 위와 같은 예기치 못한 사고 발생 위험성이 잠재되어 있습니다. 그 모든 것을 감수하고 원자력을 미래 에너지의 대안으로 삼는 것이 과연 옳은 일인지 우리는 다시 질문해야 합니다.

원자력 에너지는 친환경일까?

후쿠시마 발전소 폭발 사고 이후 탈원전을 외치는 목소리가 세계 곳곳으로 퍼져 나갔습니다. 원자력 발전에 대한 의존을 줄이려는 노력도 분명 진전이 있는 것처럼 보였습니다. 그런데 탈원전에 찬물을 끼얹는 발표가 나오게 됩니다.

그린텍소노미와 원자력 발전

유럽연합(EU)은 2020년 6월, 세계 처음으로 환경적으로 지속가능한 경제 활동의 범위를 정한 **그린텍소노미(녹색분류체계)**를 발표했습니다. 그린텍소노미에 포함되면 친환경 부문에 있어 투자나 자금 확보가 유리해지지요. 첫 발표 때만 해도 원자력 발전과 천연가스는 포함되지 않았지만, 포함 여부를 동의하는 국가와 동의하지 않는 국가 간의 첨예한 대립 끝에 2023년 1월부터는 그린텍소노미에 포함되어 친환경 에너지로 분류되었습니다. 이 결정에 따라 탈원전을 선언했던 유럽 등 해외 국가들은 원전 복구에 나서게 되었고,[28] 이러한 EU의 결정에 대해 환경운동가들은 그린텍소노미가 아니라 그린워싱이라며 반발하였지요.

원자력 에너지에 대한 앞선 내용들을 되짚어 봅시다. 원자력 발전은 적은 양의 원료로 막대한 에너지를 생산할 수 있습니다. 더욱이 석탄 발전과 비교했을 때 온실가스 배출량을 98퍼센트나 절감합니다.[29] 4차 산업이 더욱 발달할 미래와 앞으로 30년간 탄소중립 목표를 달성하기까지 지금보다 훨씬 더 많은 전기 에너지가 필요해질 것입니다. 이런 상황에서 원자력 발전의 장점은 매력적일 수밖에 없죠. 특히 우리나라를 비롯하여 일본, 서유럽 등 화석연료 대부분을 수입에 의존해야 하는 나라들은 화력 발전 의존도를 낮추기 위

28. 이태성, 〈[원전의 재발견] ③ 온실가스 배출량 석탄보다 68배 적어··· 친환경 에너지 재조명〉, 《뉴스핌》, 2023.10.09.(수정: 2023.10.12.)
29. 주석 28과 동일.

한 대안으로 원자력 발전에 집중하는 모습입니다. 기존 원자력 발전의 문제를 해결하기 위한 방안으로 소형 모듈 원전(SMR)[30]을 제안하기도 하지요. SMR은 기존 대형 원자로 시설에 비하면 안전하고, 나오는 폐기물의 양도 적습니다. 꼭 바닷가에 위치할 필요도 없으며, 시설 비용도 낮아 최근 큰 주목을 받고 있지요. 하지만 기존 원자력 발전에 비하면 전기 생산성이 낮습니다. 또 기존 원전 시설과 다른 형태인 만큼 동일한 안전 표준을 적용할 수 없는데, 아직은 SMR 맞춤형 제도적 장치가 부족하고, 또 SMR 관련된 중장기적 데이터가 쌓이지 않은 점도 불안 요인으로 꼽힙니다.

여전히 끊이지 않는 논쟁들

앞에서 우리는 원자력 발전소 사고 발생시 돌이킬 수 없는 위험성을 확인하였습니다. 한순간의 사고로 수많은 사람들이 목숨을 잃고 사회의 안전 시스템이 무너지는 것을 목격했지요. 당장 후쿠시마 오염수 방류 문제를 두고도 그렇습니다. 문제 해결과 시스템 복구를 위해 들여야 하는 시간만 해도 몇 십 년인데, 문제가 '잘' 해결될지 누구도 장담할 수 없습니다. 또 앞으로 발전소 폭발 사고와 같은 대형 사고는 철저한 안전 관리로 막는다고 가정해도, 발전 과정에서 나올 수밖에 없는 폐기물은 어떻게 처리해야 할까요? 우리나

....
30. 대형 원전보다 전기출력량은 적지만 크기가 10~20m 높기의 모듈 형태로 제작되어 운송이 가능하다는 것이 장점이다. 원자로, 증기발생기 등 주요 기기가 원자력 압력용기에 모두 담겨 있어 방사능 유출 위험이 줄어든다.(https://blog.naver.com/komipo_official/222420989996)

라는 원전을 가동한 지 40년이 넘었지만, 아직 핵폐기물과 같은 고준위 방사능 폐기물을 보관할 영구 처리 시설을 마련하지 못했습니다. 1980년대부터 부지를 선정하려고 추진했지만, 법적 근거의 부족과 지역 주민의 심한 반발로 무산되었지요. 현재 사용이 완료된 핵폐기물은 원자력 발전소 내부에 임시 보관 중인데 그마저도 곧 포화 상태에 이를 것이 우려됩니다. 전 세계적으로도 현재 고준위 핵폐기물 처리장을 건설한 나라는 핀란드뿐이고, 스웨덴과 프랑스 정도만 2030년 이내 건설을 시작할 것으로 보입니다.[31] 또한 고준위 핵폐기물은 방사선이 강해 보관 기간만 10만 년입니다. 편리함은 지금의 우리가 모두 누리고, 모든 짐은 미래 세대가 떠맡아야 하지요.

비록 그린텍소노미에 원자력 에너지가 포함되었지만, 고준위 방사성 폐기물 처리장이 확보되어야 하고, 사고가 발생하더라도 위험성을 낮출 수 있는 사고 저항성 핵연료를 사용해야만 하는 조건을 충족해야 합니다. 현재의 기술과 상황으로는 위와 같은 조건을 맞추기가 쉽지 않습니다. 이제 현재를 살아가고 있고, 더 먼 미래를 살아가야 할 여러분 스스로가 질문하고 판단해야 합니다. 원자력 에너지는 친환경인가요?

····················
31. 이슬기, 〈핀란드, 2년 뒤 방폐장 운영하는데··· 韓은 국회 논의부터 막혀〉, 《한경닷컴》, 2023.09.05.(수정: 2023.09.06.)

친환경 에너지,
어디까지 알고 있니?

#친환경 에너지 #재생에너지

자연을 이용한 무한 재생에너지

과거처럼 지나치게 화석연료에 의존하여 에너지 생산을 계속한다면 미래의 지속가능성을 보장하기 어려워졌습니다. 이미 지구 생태계는 물론 인간의 건강과 생존을 위협할 만큼 환경문제는 심각한 상황이지요. 아울러 당장은 아니라도 자원 고갈에 대한 불안감도 여전합니다. 이에 인류도 100년 넘게 사용해 온 화석연료(화석 에너지)를 대신할 에너지를 찾기 위해 온갖 노력을 기울이고 있습니다. 원자력 에너지도 그중 하나였지만, 한순간에 사회와 국민의 안전을 위협할 수 있는 엄청난 위험성을 감수해야 하는 문제가 있지요. 그렇다면 대체 친환경 에너지는 어떤 조건을 갖춰야 할까요?

첫째, 지구에 부담을 주는 기후변화나 환경오염을 일으키지 않는다.

둘째, 에너지를 사용하는 과정에서 생태계와 사회가 안전해야 한다.

셋째, 에너지 생산을 위한 자원이 풍부해 고갈 위험이 없어야 한다.

이 조건을 두루 만족하는 친환경 에너지를 '재생에너지'라고 부릅니다. 태양광, 풍력, 지력 에너지 등을 말하지요. 자연에 존재하는 태양빛, 바람의 힘, 땅의 열 등을 이용하기 때문에 고갈 걱정 없이 무한히 재생될 수 있으니까요. 게다가 이런 에너지를 이용해 발전하면 화석연료처럼 온실가스가 배출되지 않고, 원자력 에너지처럼 사고 위험 때문에 불안해할 필요도 없습니다.

하지만 우리나라의 경우 2022년 기준 재생에너지 발전량 비중은 8.1퍼센트에 불과합니다.[32] 전 세계의 재생에너지 발전 비중이 29.9퍼센트[33]인 것과 비교해도 3분의 1도 되지 않는 낮은 수치이지요. 우리나라에서 재생에너지 보급이 어려운 이유로 첫째 화력과 원자력 발전에 비해 비싼 발전 단가, 둘째 재생에너지 생산에 불리한 지리적 환경, 셋째 재생에너지 확산을 막는 사회적 정책 등이 언급됩니다. 이런 이유를 앞세워 재생에너지 발전과 보급 확대는 비현실적이라며 한계를 그어버리는 거죠. 과연 대한민국은 재생에너지 사회로 도약할 수 없는 걸까요?

....
32. 한국에너지공단, 〈2022 신·재생에너지 보급통계 확정치〉, 2023. 12. 결과 요약.
33. 장연재·오현영, 2023, 〈국제 신재생에너지 정책변화 및 시장분석: 공급망 분석 및 산업활성화 정책을 중심으로〉, 에너지경제연구원.

재생에너지 사회로 나아가려는 노력

재생에너지로의 전환은 선택이 아니라 지구의 지속가능한 미래를 위해 우리가 반드시 이뤄야 할 필수 과제입니다. 따라서 현실적인 문제나 조건을 탓하며 미루기보다 할 수 있는 것부터 찾아서 바꿔나가려는 노력이 필요합니다. 재생에너지 사회로 성공적으로 탈바꿈하고 있는 두 나라의 모습에서 교훈을 찾아볼까요?

지속가능에너지 강국, 독일과 덴마크

첫 번째로 소개할 나라는 덴마크입니다. 덴마크는 북유럽 국가 중 하나로, 북해와 자국 내에서 원유와 천연가스를 생산할 수 있는 나라입니다. 또한 북반구 고위도에 속한 만큼 추운 나라에 속하는데 지구온난화로 기온이 따뜻해지면서 오히려 화석연료 생산 작업은 쉬워질 것으로 예상됩니다. 그럼에도 불구하고 덴마크는 북해에 매장된 원유 채굴에 골몰하기보다 시민 사회는 물론 정치권, 산업계가 한목소리로 에너지 전환에 뜻을 모았습니다. 북해에서 불어오는 강한 바람을 이용한 해상 풍력과 육상 풍력 발전이 강점인 덴마크는 2014년에 이미 풍력 발전량이 석탄화력 발전량을 넘어섰습니다. 그리고 2020년 기준으로 재생에너지가 전체 발전량에서 차지하는 비중은 84퍼센트에 달합니다.[34]

34. 박상욱, 〈[박상욱의 기후 1.5] 한국 '녹색성장 동맹' 파트너가 에너지전환에 임하는 자세〉, 《JTBC News》, 2022.10.14.

두 번째 나라는 독일입니다. 독일은 대표적인 에너지 수입국인 점에서 우리와 닮았습니다. 오랜 시간 화석연료 발전에 크게 의존해 온 점도 비슷합니다. 하지만 1980년대부터 꾸준히 추진한 에너지 전환(Energiewende) 정책을 통해 온실가스 저감을 위한 친환경 에너지원의 사용을 확대해 왔습니다. 2000년까지만 해도 독일 내 에너지 소비 중 풍력·태양광·수력 등 재생에너지 발전 비중은 10퍼센트 미만에 불과했지만, 2022년에는 재생에너지 발전 비중이 46.9퍼센트[35]에 이르게 된 점에 주목할 필요가 있습니다.

독일은 국제사회에 탄소중립 의지를 강하게 드러냅니다. 올라프 숄츠 독일 총리는 2023년 1월, "2045년 세계에서 첫 기후중립국이 되겠다." 선언하였습니다. 그리고 "2030년까지 약 534조 원을 재생에너지에 투자하겠다."고 밝혔죠.[36] 기존 농지를 사용해 태양광 발전을 하는 과정에서 경작지가 줄어드는 문제로 농민들과의 갈등도 있었지만, 태양광 패널 아래에서 작물을 생산할 수 있는 영농형 태양광의 확대 등 갈등 봉합을 위해 적극 노력하고 있습니다.[37]

방금 소개한 덴마크와 독일의 사례에서 우리가 얻을 수 있는 교훈이 있습니다. 그건 문제해결을 위한 노력 없이는 화석연료 의존도를 낮춰 재생가능 에너지 사회로 결코 전환할 수 없다는 것이에요. 구체적으로 어떤 노력을 기울였는지 함께 살펴볼까요?

....

35. 곽용석, 〈독일, 재생에너지 발전 비중 '급증'〉, 《초이스경제》, 2022.12.21.
36. 김지선, 〈독일 총리 "재생에너지만이 미래… 2045년 첫 기후중립국"〉, 《연합뉴스TV》, 2023.10.19.
37. 최송현, 〈[재생에너지의 명암]⑥에너지 전환 '선두' 독일, 갈등 어떻게 풀었나?〉, 《KBS뉴스》, 2022.09.19.

공동체가 함께 일군 에너지 전환

첫째, 에너지 전환 과정에서 생길 수 있는 다양한 갈등에 대한 사회적 합의를 이끌어 내기 위해 노력을 기울이는 점입니다. 예컨대 발전소 건설 부지 선정부터 발전을 통해 얻는 이익 분배, 기존의 석탄화력 발전에 종사하는 사람들의 고용불안 등 다양한 갈등이 일어날 수 있죠. 독일의 경우 재생에너지 갈등 중재 전문기관을 운영하고, 지자체에 지역 재생에너지 매니저를 두어 입지 선정부터 관련 정책까지 의견을 낼 수 있는 장치를 마련하였습니다. 덴마크는 재생에너지 발전을 통해 발생하는 수익이 기업과 지역사회에 돌아갈 수 있도록 정책을 마련함으로써 사회 전반에서 자발적으로 재생에너지를 선택할 수 있는 문화를 만들어가고 있습니다.

둘째, 재생에너지 발전 효율은 높이는 반면, 부정적인 문제는 줄이기 위한 연구·개발을 꾸준히 한다는 것입니다. 예컨대 풍력 발전은 블레이드가 돌아가며 소음이 발생하고, 하늘을 비상하는 새들이 목숨을 위협받는다는 문제가 존재합니다. 이에 덴마크는 새의 움직임을 감지하는 레이더를 설치하는 등의 기술 개발로 친환경 에너지와 다양한 생명이 공존할 수 있는 방법을 모색하고 있습니다. 또한 독일은 무인 드론 기술력을 높여 해상풍력 발전 설비가 고장났을 때 정보를 전송받는 기술을 개발 중에 있습니다.

셋째, 에너지 안보에 대한 공감대 형성으로 에너지 전환을 위해 모두가 함께 노력한다는 것입니다. 석유파동과 2022년 발발한 우크라이나-러시아의 전쟁으로 안정적인 화석연료 수급이 어려워지자 유럽 국가들 내에서는 자국의 에너지 안보를 지키자는 공감대가 확산되었습니다. 예컨대 덴마크는 지난 30년 동안 원자력 발전이 아닌 재생에너지로 전환하기 위해 일관된 방향성으로 정책을 꾸준히 추진해오고 있습니다. 친환경 에너지로 전환하기 위한 노력뿐만 아니라, 에너지를 절약하고 효율을 높이기 위한 노력도 꾸준히 전개하여 1990년 대비 2020년 에너지 생산량을 6.85퍼센트 줄이기도 하였지요.[38] 이런 성과는 정부, 의회뿐만 아니라 시민들이 함께 목소리를 높여 참여하였기에 가능한 일이었습니다.

우리나라의 상황은?

앞서 소개한 독일의 경우 영농형 태양광 개발을 통해 재생에너지 생산과 농민들의 작물 보급이 상생할 수 있도록 노력했습니다. 그런데 우리나라는 염해 농지(염분이 높아 일반 토지보다 생산성이 떨어지는 토지)에 태양광 발전사업을 가능하게 했더니, 태양광 발전사업 계약이 증가하면서 농지를 잃고 쫓겨나는 임차농(돈을 내고 일정 기간 농지를 빌려서 농사짓는 사람)이 많아졌습니다. 염해 농지의 기준이 모호했던 탓에 기존 농작지가 태양광 발전을 위한 땅으로 바뀌면서 줄어들었고, 그만큼 임차료가 높아져서 농민에게 피해가 돌아간 거죠. 억울한 피해자를 야기하는 정책은 재생에너지에 대한 반발만 키우게 됩니다. 또 2024년에는 재생에너지와 탄소중립부문 핵심

---

38. 박상욱, 〈[박상욱의 기후 1.5] 해외 가스전 캐는 한국, 앞바다 가스전 버리고 재생에너지 찾는 북유럽〉, 《JTBC》, 2022.01.10.

기술의 연구와 개발에 쓰일 예산도 대폭 삭감했죠.[39]

모든 변화가 그러하듯 재생에너지로 전환하는 과정에서도 다양한 갈등과 문제를 맞닥뜨릴 수 있습니다. 하지만 덴마크나 독일의 사례에서 살펴본 것처럼 문제에 얽힌 당사자들 간의 긴밀한 소통을 통해 방향성을 공유하고 문제를 해결하고자 올바른 대책을 세워나간다면 충분히 극복할 수 있지 않을까요?

게다가 현재 재생에너지 선두 국가 내에서는 원자력 발전 단가보다 재생에너지 발전 단가가 더 싸졌다는 점에 주목해야 합니다. 또한 대한민국은 태양광과 풍력 발전을 위한 일사량과 바람의 질이 다른 나라 못지않은 잠재량을 갖추고 있지요.[40] 이런 점들을 종합적으로 고려할 때, 우리나라가 재생에너지로 전환하는 것이 결코 불가능한 목표는 아닐 것입니다.

진정한 탄소중립을 실현하기 위해서라도 진짜 친환경 에너지는 무엇인지 고민이 필요합니다. 섣불리 재생에너지의 한계만 주목하며 선을 긋기보다 한계를 극복하기 위한 다양한 노력이 이루어져야 할 것입니다. 아울러 재생에너지 발전 혜택을 시민과 지역사회, 기업이 함께 가져갈 수 있도록 하는 정책 마련과 관련 일자리 창출 등으로 재생에너지의 긍정적인 면을 적극적으로 부각해야 합니다. 그와 함께 재생에너지 발전 효율 높이기 위한 연구와 개발도 계속되어야겠지요.

....
39. 이은실, 〈정부, 재생에너지·탄소중립 R&D 예산 삭감〉, 《kharn》, 2023.10.15.
40. 기후 불황에서 살아남기, 지금 우리 지구는..? (https://www.youtube.com/watch?v=8fY45o9WZ0U)

수소 에너지에 거는 기대

태양광, 물, 바람 등처럼 자연의 힘을 직접 이용하는 방식은 아니지만, 오염물질을 배출하지 않는 깨끗한 에너지가 있습니다. 그건 바로 **수소 에너지**입니다. 수소를 연소시키거나 연료전지로 화학 반응을 일으켜 에너지를 얻는 방식이지요. 기존의 화석연료와는 다른 새로운 에너지이기 때문에 신(新)에너지로 불립니다.

수소 에너지의 이모저모

다만 자연적으로 자원이 무한히 재생되는 재생에너지와 달리 수소를 얻으려면 기술이 필요합니다. 물(H_2O)에 전기에너지를 가해 수소와 산소로 분해하는 '수전해 기술'을 통해 친환경적으로 수소를 추출하는 것이지요. 지구의 70퍼센트 이상이 바다로 이루어져 있어 물은 언제든 쉽게 구할 수 있으니 화석연료처럼 자원이 고갈될 걱정은 하지 않아도 되지요. 그럼 수소를 이용하여 어떻게 에너지를 만들 수 있을까요? 앞선 과정을 거꾸로 생각하면 됩니다. 연료전지 내에서 수소와 산소를 화학적으로 반응시켜 물로 만드는 것이지요. 화학반응 과정에서 전기와 열에너지가 만들어지면 전기에너지로 자동차를 움직이게 하거나, 열에너지로 난방을 돌릴 수 있습니다. 화력 발전과 달리 대기오염물질을 배출하지 않고 순수한 물만 생성되니 친환경 에너지로 주목받는 것이지요.

내연기관 자동차와 달리 주행 중 배기가스를 배출하지 않는 전기

차가 친환경 자동차로 각광받고 있지요? 일반 전기차는 리튬이온 배터리가 내연기관 엔진을 대신합니다. 이런 일반 전기차와 수소차(수소전기차)를 비교해 볼까요? 일반 전기차는 전기 충전을 위한 무거운 배터리를 차체에 장착해야 하고, 급속 충전기 기준 약 30~60분 정도로 충전 시간도 비교적 오래 걸립니다. 또 배터리 충전을 위한 전기는 아직 대부분 화력 발전으로 생산되고 있지요. 특히 경제성을 이유로 널리 사용되는 LFP 배터리는 버려질 때, 현행법상 폐기물로 분류되어 친환경과는 거리감이 있습니다.[41]

반면 수소차는 수소탱크에 기름을 충전하듯 수소를 충전하면 연료전지에서 산소와 결합해 전기 에너지를 만들어 냅니다. 그래서 수소 에너지는 특히 많은 짐을 싣고 장거리를 이동해야 하는 수송 부문에서 큰 이점이 있습니다.[42]

아직 갈 길이 먼 수소 에너지

알아볼수록 수소 에너지는 매력적이지요? 하지만 아직 수소차가 생소하게 느껴지는 이유는 무엇일까요? 그 이유는 다음과 같은 치명적인 단점이 있기 때문입니다.

첫째, 수소와 산소를 분리하기가 어렵습니다. 수소는 우주 전체 원소 질량의 75퍼센트를 차지할 만큼 흔하지만, 활동성이 너무 높고 질량이 가벼워 자연 상태에서 좀처럼 홀로 존재하지 않습니다.

....
41. 김도현, 〈쓰고 나면 폐기물… 한국시장에 밀려드는 '中 LFP배터리'〉, 《머니투데이》, 2023. 08. 31.
42. 곽재식, 《지구는 괜찮아, 우리가 문제지》, 어크로스, 2022. 7장 부분 참조.

분해하기 무섭게 탄소나 산소 같은 다른 원소들과 도로 쉽게 결합해 버리다 보니, 수소 분자를 얻기가 어려운 거죠. 둘째, 수소 분자를 저장하고 이동하는 기술이 아직 부족합니다. 상온에서 수소는 기체로 존재하기 때문에 그대로 저장하려면 너무 많은 부피를 차지하게 됩니다. 그래서 대기압의 700배에 달하는 압력으로 압축하거나, 영하 253도 이하에서 액체로 만들어야 하는데, 두 가지 모두 쉽지 않은 일입니다.[43]

또 전기차의 배터리 충전에 화력 발전으로 생산된 전기가 사용되는 것처럼 지금의 기술력으로 생산된 수소 에너지도 친환경적이라고 말하기 어렵습니다. 수소는 생산 방식에 따라 그레이수소, 블루수소, 그린수소의 세 가지로 분류하는데, 현재 생산되는 수소의 약 96퍼센트는 그레이수소에 해당됩니다. **그레이수소**의 이름에 회색을 뜻하는 '그레이'가 붙은 데서 알 수 있듯이 화석연료에서 수소를 얻는 방식이에요. 천연가스의 주성분인 메탄을 이용하다 보니 약 1킬로그램의 수소를 생산하는데, 10킬로그램의 이산화탄소를 배출합니다. 다음으로 **블루수소**는 그레이수소와 동일한 방식으로 수소를 생산하되, 이때 배출되는 이산화탄소를 포집·저장 기술을 이용해 대기에 방출하지 않습니다. 마지막으로 **그린수소**는 친환경 사회를 위해 가장 이상적인 방식으로 얻어낸 수소라고 할 수 있습니다. 물을 전기 분해하여 수소를 얻고, 분해를 위한 전기 또한 신재생 에너

43. 오현길, 〈[수소경제, 기업이 뛴다]미래 에너지가 온다… 수소의 일생〉, 《아시아경제》, 2023.11.13.

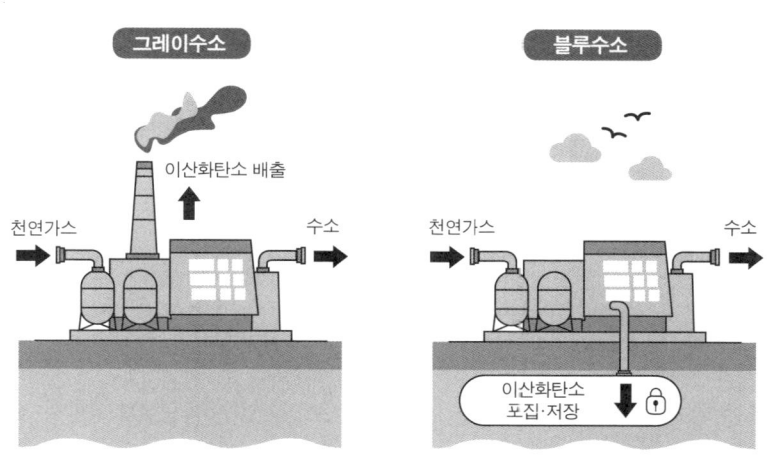

수소 생산에 따른 방식 차이[44]

수소는 생산방식에 따라 그레이수소, 블루수소, 그린수소의 3가지로 나뉘는데, 현재의 기술력으로는 생산되는 수소의 약 96퍼센트가 그레이수소로 완전히 친환경적이라고 하기 어렵습니다.

....

44. GS칼텍스 뉴스레터, 〈'색'다른 수소, 그리고 CCUS!〉, 2023.02.14.

지를 이용해 얻어냅니다. 하지만 수전해 설비의 효율이 떨어져 수소 생산을 위한 전력 소모가 너무 많은 것이 현실입니다.

아직 가야 할 길이 멀지만, 수소 사회로 나아가는 노력은 멈출 수 없습니다. 우리나라도 2005년부터 수소 경제 사회 실현을 위한 계획을 수립하면서 지금까지 수소 경제 활성화를 위해 노력하고 있는데요. 향후 기술 역량을 갖춘다면 수소로 지구 환경에 해악을 끼치지 않는 깨끗한 에너지 시대를 열어갈지 모릅니다. 재생에너지처럼 자연적 환경조건에 따른 제약이 없고, 또 원료는 지구 어디에서나 구할 수 있으니까요. 또한 기술 개발과 함께 사회 전반에 인프라를 구축하고 시스템을 갖춰나가야 합니다. 예컨대 수소 충전소가 적으면 사람들이 수소차를 선택하지 않을 테니까요.

친환경 에너지를 친환경답게

우리도 더 이상 지구 환경을 오염시키는 화석연료 기반 사회를 고집할 순 없습니다. 탄소중립 사회에서 필요한 것은 친환경 에너지니까요. 《2023 에너지통계연보》(2024)에 따르면 2022년 우리나라 신재생 에너지 생산량 1위는 약 42퍼센트를 차지하는 태양광이고, 그 뒤를 이어 2위는 약 27.8퍼센트를 차지하는 바이오에너지입니다. 1장에서 살펴본 것처럼 **바이오에너지**는 곡물, 나무, 쓰레기, 배설물 등 생물자원을 직접 혹은 가공하여 얻은 에너지를 뜻합니다.

이런 자원은 고갈 위험이 낮고, 화석연료보다 오염물질이나 공해가 적게 발생하기 때문에 바이오에너지도 친환경 에너지로 분류합니다. 하지만 바이오에너지도 생산 과정을 자세히 들여다보면 정말 친환경적인 것인지 의문이 듭니다.

바이오에너지 ❶ 목재 펠릿

우리나라 바이오에너지 중 생산량 1위는 '목재 펠릿'입니다. 목재 펠릿은 목재의 부산물을 톱밥으로 분쇄한 뒤, 작고 일정한 크기로 압축하여 만든 바이오연료입니다. 가구나 합판, 종이 생산 등에 사용되지 못하는 나무 부산물을 버리지 않고 목재 펠릿으로 만들어 자원 순환도 시키고 발전 연료로도 사용하는 것이지요. 그러나 국내 목재 펠릿 제조 업체의 동태를 살펴보니 잔가지와 같은 미이용 산림자원이 아니라 원목 생산에 쓰이는 통나무를 목재 펠릿 생산에 사용하고 있었습니다. 2021년 기준 목재 펠릿에 투입된 원자재 비율 중 원목은 41.8퍼센트에 달했는데요. 좋은 나무들을 원목이 아닌 펠릿으로 만들어 단기간에 태워버린다면 탄소 배출은 물론, 산림 자원까지 낭비하는 것입니다.[45] 또한 바이오연료용 목재 수요 증가로 기존 목재 산업에 필요한 원자재 가격의 상승으로 이어져 벌목에 대한 요구도 더욱 커지는 상황입니다.[46]

....

45. 김지윤·강혜인·이명주, 〈[삼림파괴 주식회사①]멀쩡한 나무로 목재 펠릿… 친환경의 비밀〉, 《뉴스타파》, 2023.03.02.
46. 목재가격 천정부지.. "바이오매스가 싹쓸이" (https://www.youtube.com/watch?v=qQ_5cHd7xnM)

바이오에너지 ❷ 바이오디젤과 바이오중유

목재 펠릿에 이어 바이오디젤(15.6%)과 바이오중유(8%)의 생산량도 합계 20퍼센트 이상 차지합니다.[47] 두 가지 모두 석유를 대체할 수 있는 바이오연료로, 바이오디젤은 자동차용 경유에 혼합하여 사용할 수 있고, 바이오중유는 주로 기력 발전소의 연료로 사용됩니다. 기력 발전소[48]는 석탄, 석유 등을 연소시켜 얻은 열에너지로 증기를 만들고 그 증기로 발전기를 돌려 전기를 얻는 화력 발전소 중 하나입니다. 다시 말해 친환경 에너지인 바이오중유로 온실가스를 배출하는 화력 발전소를 유지시키는 데 도움을 주고 있는 것이지요. 바이오중유는 수입산 팜 부산물에서 얻어지는데, 팜유는 생산 과정에서 환경과 사회에 미치는 부작용이 큽니다. 팜유 생산을 위해 기존에 있던 열대림을 파괴하고, 팜유 플랜테이션으로 인해 토착민과 소작농의 권리도 침해당하고 있으니까요(1장 참조).

에너지 생산과 사용 등을 아우르는 전 과정의 친환경화

대한민국은 2015년부터 RFS(신재생연료 의무혼합제도)를 시작하였습니다. 이 제도는 수송용 연료 부문에 신재생 에너지원 공급을 확대하기 위한 정책으로, 경유에 혼합이 가능한 바이오디젤, 바이오에탄올[49] 등을 일정 비율 섞어야 한다고 명시합니다. 그 비율은 2.5

....
47. 에너지경제연구원,《2023 에너지통계연보》, 산업통상자원부, 2024. 3.
48. 물을 끓여 전기를 생산하는 방식으로 열에너지를 활용하여 고압의 증기를 생산, 그 압력을 활용하여 증기터빈을 돌려 발전기를 가동하여 전기를 생산하는 방식으로 발전을 하는 방식.
49. 사탕수수, 밀, 옥수수 등 주로 녹말작물을 발효시켜 만드는 바이오연료.

퍼센트를 시작으로 2030년 이후에는 5퍼센트까지 늘려나갈 예정이지요. 앞으로 바이오에너지가 더욱 많이 활용되고 중요해진다는 뜻입니다. 그러니 에너지 생산을 위해 자원을 획득하고, 만들어진 에너지를 사용하는 전 과정에서 이 에너지가 친환경적인지 점검하고 확인해야 합니다. 만약 문제점이 발견된다면 개선하기 위해 노력해야겠지요. 친환경 에너지가 무늬만 친환경이 아닌 진정 친환경다울 수 있도록 말입니다.

지속가능한 에너지 시대로 나아가기 위하여

#핵융합 #에너지자립

과학기술은 에너지의 미래를 바꿀 수 있을까?

인류는 그동안 과학기술을 이용해 다양한 난제들을 해결해 왔습니다. 이제 탄소중립 실현을 위한 과학기술도 개발 중에 있습니다. 대표적으로 핵융합 기술을 이용해 만든 인공태양이 완성되면 1,500만 년 동안 인류는 에너지 걱정 없이 살 수 있다고 합니다. '핵'이라고 하니까 원자력 발전과 헷갈릴 수 있어 덧붙이면, 원자력 발전이 핵을 분열시켜 에너지를 얻는 것과 달리 핵융합은 두 개의 수소 원자핵이 합쳐지면서 더 큰 에너지를 얻는 기술입니다. 마치 하늘에 떠 있는 태양처럼요. 핵융합 기술이 각광받는 이유는 핵융합에 필요한 원료를 바닷물에서 무궁무진하게 얻을 수 있고, 에너지 생산

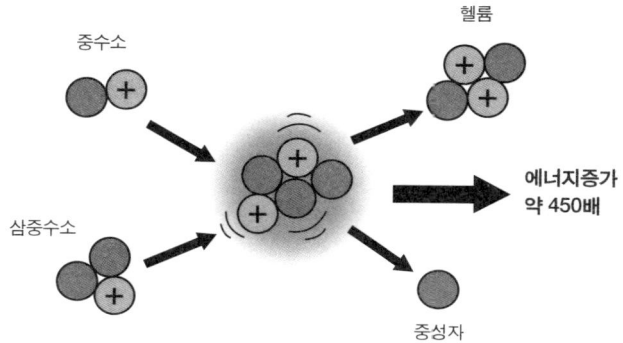

중수소

삼중수소

헬륨

에너지증가
약 450배

중성자

핵융합 에너지 발생 원리

태양의 중심에서 수소(1H)의 원자핵들이 충돌해 헬륨(2He) 원자핵으로 바뀌는 핵융합 반응이
일어나고, 이때 발생하는 빛과 열에너지가 지구에 전달되고, 이 에너지를 받아 동식물이 살아
갑니다. 이런 원리로 인공적인 핵융합을 통해 에너지를 생산합니다.

과정에서 온실가스를 전혀 만들지 않기 때문입니다. 또한 핵분열
에 비해 사고의 위험이 적으며, 핵폐기물도 방사능 수치가 적은 저
준위 폐기물에 그칩니다.[50] 하지만 태양에서는 자연스럽게 일어나
는 핵융합을 지구에서 인공적으로 발생시키기 위해서는 핵연료를
1억℃ 초고온 환경에서 플라즈마(원자핵과 전자가 따로 노는 상태) 상
태로 유지해야 합니다. 우리나라는 2021년 세계 최초로 이 상태를
30초 유지시키는 데 성공하였지만, 아직 짧은 시간인 만큼 갈 길이
멉니다. 인류의 미래가 달린 기후변화 문제도 과학기술을 믿고 기
다리다 보면 해결할 수 있을까요?

....
50. [이슈 픽 쌤과 함께] 과.알.못 환영! 핵융합 에너지 핵심정리(https://www.youtube.com/
watch?v=AU3KvTrJcbk)

인류는 땅과 바닷속에서 기나긴 시간 잠들어 있던 화석연료를 끄집어내 고도의 성장을 일구었습니다. 한편으론 그 부작용으로 기후위기 시대를 맞이했고, 이제 과학기술의 힘을 빌려 에너지 사용량을 줄여 탄소 배출을 막으려고 합니다.

대표적으로 '에너지 효율화'가 있습니다. 에너지 손실을 막고 효율성을 높여 에너지 사용량을 줄이기 위한 기술적 방안이에요. 과학기술이 에너지 효율화에 어떻게 기여하는지 살펴볼까요? 예컨대 태양광 에너지 생산에 필요한 태양광 패널(전지판)을 설치하기 위해서는 공간이 확보되어야 합니다. 2050 탄소중립 목표 달성을 위해 재생에너지 발전 시설을 20배 이상 늘려야 하는 상황에서, 국토 면적이 좁은 우리나라는 불리하게 여겨집니다. 모든 땅에 태양광 패널만 설치할 수는 없으니까요.

하지만 기술 혁신을 통해 고효율 태양광 패널이 개발되면서 태양광 패널 설치에 필요한 국토 면적은 줄어들고 있습니다. 태양광 패널의 효율이 1퍼센트 증가할 때마다 설치에 필요한 부지는 4~6퍼센트 감소하는데, 현재 기준으로 태양광 패널 설치에 필요한 우리나라의 국토 면적은 전체의 3.5~4퍼센트까지 줄어들었습니다.[51] 기술의 발전을 통해 에너지 생산에 필요한 자원의 양을 줄인 거죠.

그러나 이처럼 기술 개발을 통해 효율적으로 재생에너지 생산량을 늘렸음에도 아직 재생에너지 발전 비율이 낮은 이유 중 하나

....

51. 기후 불황에서 살아남기, 지금 우리 지구는..? (https://www.youtube.com/watch?v=8fY45o9WZ0U)

는 에너지 소비량의 증가 때문입니다. 앞으로 전기 수요는 2050년까지 2.5배 이상 증가할 것으로 예상됩니다. 에너지 효율화를 통해 얻을 수 있는 재생에너지 양에는 한계가 있습니다. 따라서 우선되어야 하는 방법은 '에너지 절약의 습관화'입니다. 에너지 절약은 에너지 위기로부터 우리 스스로를 지키는 가장 빠르고 값싼 방법입니다.

지금 당장 시작하는 에너지 절약

한순간 세상의 모든 전기가 끊겨버린다면 어떤 일이 벌어질까요? 불을 켤 수 없으니 집 안팎이 깜깜한 어둠 속에 갇히고, 한시도 손에서 뗄 수 없는 스마트폰도 충전할 수 없겠지요. 나아가 훨씬 더 심각한 상황이 예상됩니다. 전체 사회 시스템과 경제가 마비되는 일이 벌어질 테니까요. 좀 오래된 이야기지만, 에너지에 관한 경각심을 일깨우기 위해 사건 하나를 소개하겠습니다.

2003년 8월 14일, 북아메리카 동부 지역에 대규모 정전 사태가 일어났습니다.[52] 갑자기 전기가 끊기면서 사람들이 엘리베이터와 지하철에 갇혔고, 컴퓨터 네트워크도 모두 마비되었으며, 전화는 불통 상태였지요. 병원은 비상 발전기로 겨우 운영되었지만, 주요 공장들은 문을 닫아야 했습니다. 하수 처리도 되지 않으니 수돗물

---

52. 정전이 일어난 원인은 복합적이었다고 한다.

을 제대로 이용할 수 없었고 대부분의 상점이 약탈을 막기 위해 가게 문을 닫아 생필품을 구하기도 어려워졌습니다.[53] 한 마디로 기본적인 일상생활이 불가능할 정도로 도시 전체가 멈춰버린 것입니다. 이 정전은 3일이나 이어졌고, 복구될 때까지 많은 사람들이 무더위와 암흑 속에서 생활해야 했습니다. 이때 정전이 일어난 상황은 복합적이었습니다. 무더운 날씨에 에어컨 전기 소비량이 급격히 늘어났고, 엔지니어들이 에너지 공급을 통제하는 컴퓨터 소프트웨어를 다루는 중에 실수가 있었다는 정도로 알려집니다.[54]

그런데 이런 정전은 지금도 세계 곳곳에서 일어나고 있습니다. 또한 나날이 에너지 사용량이 폭발하는 지금 우리에게도 얼마든지 일어날 수 있는 일입니다. 그 어느 때보다 에너지 절약 실천이 간절한 때입니다. 일상에서 쉽게 실천할 수 있는 에너지 절약 방법을 몇 가지만 알아볼까요?

첫째, **쓰지 않을 때는 전원을 차단**합니다. 이를 위해 전원 차단이 가능한 멀티탭을 사용하거나, 사용이 끝난 전자 제품은 전원 코드를 뽑는 것입니다. TV, 컴퓨터, 인덕션 등 전자제품은 전원이 꺼진 상태에서도 '대기전력'이라 불리는 최소한의 전력이 계속 소모됩니다. 한국에너지공단(2023)의 전자기기별 대기전력 소모량을 살펴보면 셋톱박스가 약 10W 이상으로 가장 높고, 에어컨은 약 7W, 전

53. https://blog.naver.com/iamkowepo/221972776160
54. 이완 맥레쉬, 《세상에 대하여 우리가 더 잘 알아야 할 교양: 에너지 위기, 어디까지 왔나?》(박미용 옮김), 내인생의책, 2012, 8~9쪽 참조.

#일상에서_실천하는_#에너지_절약

자레인지는 약 3W의 대기전력을 소모한다고 해요.[55] 매번 전기 코드를 뽑기가 너무 수고스럽다면 코드별로 전원을 차단할 수 있는 멀티탭을 활용해 보세요. 대기전력 낭비를 막을 수 있습니다.

둘째, **냉장고 문을 적게 여닫습니다.** 냉장고 문을 열면 더운 공기가 냉장고 안으로 들어오면서 냉장고 내부 온도를 높이기 때문에 차가운 온도를 유지하려고 전기 에너지가 더 많이 소모됩니다. 한 대형 마트는 냉장식품 코너에 개방형 냉장고 대신 여닫이문을 설치함으로써 4인 가구 기준 약 3,700호가 연간 사용하는 전력만큼 에너지를 아꼈다고 합니다.[56] 그 외에도 냉동실은 꽉 채우고 냉장실은 70퍼센트만 채우면 냉기 순환이 잘 이루어지며 에너지를 절약할 수 있습니다.

셋째, **소등을 습관화**합니다. 평소 사용하지 않는 방은 전등을 끄거나, 외출 시에는 집안의 전등을 모두 소등하고 나갑니다. 매년 8월 22일 '에너지의 날'에는 밤 9시마다 5분간 소등 행사를 실시합니다. 2023년 8월 전국적으로 이루어진 소등 행사를 통해 단 5분만으로도 4인 가구 기준 약 4,500가구가 하루 종일 사용할 수 있는 양의 전기를 절감했지요. 모두가 매일 밤마다 5분씩만 소등을 실천한다면 절감할 수 있는 에너지의 양은 상상 이상일 것입니다.

하지만 에너지 실천 방안 중 단 한 가지라도 일상에서 의식적으

....
55. https://blog.naver.com/kea_sese/223221223500
56. 오유진, 〈에너지 절약실천②_냉장고 문 달기 사업… 사업자·소비자 반응 살펴보니〉, 《전기신문》, 2023.07.06.

로 꾸준히 실천하고 있는 사람은 생각보다 많지 않을 거예요. 그만큼 아직 우리는 살면서 에너지의 소중함, 아쉬움 등을 느끼지 못한다는 뜻이지요. 실제로 우리나라의 에너지 소비량은 OECD 국가 중 늘 최상위권입니다. 이는 비교적 값싼 전기료도 한몫하는데, 우리나라 전기요금은 OECD 국가 중 최하위권에 속합니다. 하지만 이대로 전기를 펑펑 써도 될 만큼 우리나라의 에너지 사정은 결코 여유롭지 않습니다.

불안하지만 극복해야 할 우리나라의 에너지 현실

우리나라에서 에너지 생산은 주로 화력 발전과 원자력 발전에 의존하고 있습니다. 자원빈국인 우리나라는 화력 발전과 원자력 발전에 필요한 원료인 유연탄, 석유, LNG, 우라늄 등을 대부분 수입하고 있다 보니 에너지 수입의존도는 무려 94.4퍼센트에 달합니다.[57] 신재생 에너지원[58] 정도만 국내 환경을 이용한 생산이 가능한 상황이지요.[59] 하지만 재생에너지 발전량은 과거보다 늘었다고 해도 아직 전체 발전량의 10퍼센트에도 미치지 못합니다. 우리나라의 에너지 자급률은 고작 12퍼센트에 불과하며, 같은 자원빈국인 일본의 에너

57. 《2023 에너지통계연보》 기준.
58. 좀 더 구체적으로 원유 및 정제 원료 일부, 무연탄 일부, 수력/신재생 및 기타 정도를 생산한다.
59. 《2023 에너지통계연보》 12쪽 참고.

지 자급률 41퍼센트와 비교해도 매우 낮습니다.[60]

우리나라는 한국전력공사(한전)가 전기를 판매하고 공급하는 역할을 하는데, 2023년 1분기 기준 한전의 누적 적자는 44조 원을 넘어섰습니다. 에너지 생산에 필요한 원료를 수입하는 비용 대비 상대적으로 낮은 전기요금 때문에 전기를 국내에 공급하여 얻는 수익이 적어 매년 적자를 기록하고 있는 거죠. 에너지 수입의존도가 높다는 것은 늘 높은 불안감을 안겨줍니다. 왜냐하면 에너지원 수출국의 정치적·경제적 상황에 따라 우리나라 에너지 안보가 크게 흔들릴 수 있으니까요. 에너지 가격이 오르고 내림에 따라서 우리나라 경제 전반이 영향을 받게 되고, 만약 에너지 수입 통로가 막히는 등의 문제가 생기면 중대한 타격을 입을 수 있지요. 심지어 이런 상황이 장기화된다면 최악의 경우 원료 수입이 불가해 국내 전기 생산에 차질이 생겨 전력 공급이 원활하지 못할 수 있습니다. 이미 우리는 전기 없는 삶을 상상할 수조차 없는데 말입니다. 따라서 기후 위기에 대한 대응은 물론 국내 에너지 안보를 지키기 위해서라도 우리에게 에너지를 절약은 절실한 과제입니다.

OECD 38개국 중 우리나라 1인당 전기 사용량은 8위입니다. 다만 이는 산업용, 상업용, 가정용 전기 사용량을 모두 합한 순위입니다. 우리나라의 전체 에너지 소비량 중 산업(60.8%)과 수송(16.9%), 상업 및 공공(11.2%)에 대한 합산이 거의 90퍼센트에 이르기 때문

....
60. 최은경, 〈같은 '자원빈국'인데… 에너지 자급률 한국 12% 일본 41%〉, 《TheJoongAng》, 2022.10.18.

에 전체 소비량의 10퍼센트 남짓한 각 가정에만 전기 절약에 책임을 떠넘겨서는 안 되겠지요.[61] 개인적인 실천과 더불어 국가와 기업이 에너지 전환을 위해 적극적으로 나서도록 지속적인 요구와 감시가 필요한 이유입니다. 에너지 소비량 감측 목표를 세워 관리하고, 건물 에너지 효율을 향상시키며, 전기·수소차 보급이나 대중교통 활성화를 위해 노력하도록 말입니다.[62]

다만 앞서도 얘기한 것처럼 변화 과정에는 다양한 사회적 갈등이 야기될 수 있습니다. 예컨대 탄소배출 감소를 위해 산업 구조를 바꾸는 과정에서 화력 발전 의존도를 낮추고 신재생 에너지 발전을 늘리다 보면 석탄화력 발전소 관련 노동자들이 일자리를 잃을 수도 있겠지요. 또 단기적으로는 지역사회 소비시장 위축, 전기요금 인상 등의 부작용도 마주할 수밖에 없습니다.

그럼에도 주춤하지 말고 나아가야 합니다. 부작용만 우려해 변화의 시기와 속도를 자꾸 늦춘다면 결국 환경 위기만 앞당길 것이기 때문입니다. 전환 과정에서 국가는 모든 이해당사자가 골고루 의사결정에 참여할 수 있도록 해야 합니다. 또 직·간접적으로 발생하는 피해를 줄이기 위해 대비함으로써 기후정의가 지켜질 수 있도록 노력해야 합니다. 이러한 과정에 청소년도 함께 행동하고 목소리를 낼 수 있습니다.

....
61. 《2023 에너지통계연보》에 제시된 수치를 토대로 비율을 계산한 결과임.
62. 권승문, 〈[에너지전환 Q&A ④] 우리나라 에너지 소비 줄일 수 있나?〉, 《그린포스트코리아》, 2022.03.04.

에너지 자립에 도전하다

지금 내가 쓰고 있는 에너지는 어디에서 만들어져서 나에게 오는 걸까요? 오른쪽(307쪽 참조) 그래프는 2022년 지역별 전력자립률을 나타난 것입니다. '전력자립률'이란 지역의 발전량을 소비량으로 나눠 퍼센트로 환산한 값으로, 해당 지역에서 필요한 전력량을 얼마나 스스로 생산해 내는지를 확인할 수 있는 수치입니다.

그림에서 정리된 것처럼 우리나라에서 가장 많은 인구가 집중된 서울과 경기도는 각각 약 90퍼센트, 40퍼센트에 이르는 전기를 다른 지역에서 받아 쓰고 있습니다. 반면 인천, 강원, 충남, 경북 등은 해당 지역에서 소비하는 전력보다 훨씬 초과하여 자체 생산하고 있지요.[63] 이러한 차이는 대규모 석탄화력 발전소와 원자력 발전소가 비수도권인 특정 지역에 몰려 있기 때문입니다.

전력 생산지와 소비지 간의 불균형은 여러 가지 문제를 야기합니다. 예를 들어 강원도에서 남은 생산 전력을 소비 전력이 부족한 수도권으로 보내기 위해서는 송전망을 설치해야 하는데, 송전탑을 세울 때마다 천문학적 비용뿐만 아니라 지역 주민의 거센 반발도 일어납니다. 발전소를 가동하며 얻는 피해는 해당 지역에 사는 주민들이 오롯이 감당하는 반면, 생산해 낸 전기만 다른 지역과 나눠 가져야 하는 현실 때문이지요.

....
63. 전지성, 〈[신년기획=환동해 데이터센터 허브 구축] 전력자립도 지역별 격차 최대 '85배'… 소비 분산 필요〉, 《에너지경제》, 2023.01.03.

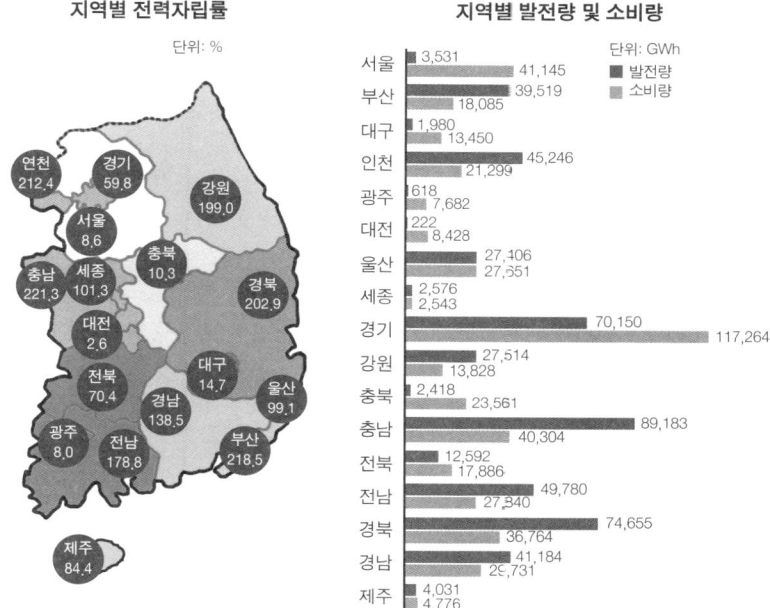

지역별 전력자립률

단위: %

연천 212.4
경기 59.8
강원 199.0
서울 8.6
충북 10.3
충남 221.3
세종 101.3
경북 202.9
대전 2.6
대구 14.7
전북 70.4
경남 138.5
울산 99.1
광주 8.0
전남 178.8
부산 218.5
제주 84.4

지역별 발전량 및 소비량

단위: GWh
■ 발전량
■ 소비량

서울 3,531 / 41,145
부산 39,519 / 18,085
대구 1,980 / 13,450
인천 45,246 / 21,299
광주 618 / 7,682
대전 222 / 8,428
울산 27,406 / 27,651
세종 2,576 / 2,543
경기 70,150 / 117,264
강원 27,514 / 13,828
충북 2,418 / 23,561
충남 89,183 / 40,304
전북 12,592 / 17,886
전남 49,780 / 27,340
경북 74,655 / 36,764
경남 41,184 / 29,731
제주 4,031 / 4,776

2022년 1~10월 지역별 전력자립률(좌)과 지역별 발전량 및 소비량(우)[64]
그래프에 나타난 것처럼 우리나라는 전력 생산지와 소비지 간의 불균형이 매우 심한 것을 알
수 있습니다.

이 문제를 해결하는 가장 좋은 방법이 전력 소비지에서 직접 전력
을 생산하는 것, 즉 '에너지 자립 마을'을 만드는 것입니다. 에너지
자립 마을은 외부에서 들여오는 에너지를 최소화하고, 마을 내부에
서 직접 신재생 에너지를 생산하거나 한마음으로 에너지를 절약하
여 에너지 자립을 이루고자 노력하는 마을을 뜻합니다.

....
64. 주석 63과 동일.

서울 성대골에 우리나라의 대표 에너지 자립 마을이 있습니다. 이곳 주민들은 2011년 후쿠시마 원전 사고를 계기로 지금까지 사용해 온 에너지가 안전하지 않다고 자각했죠. 나아가 환경과 아이들의 건강을 모두 지킬 수 있는 에너지의 필요성을 느끼고 실천에 나섰습니다. 가장 먼저 가정별로 매달 사용한 전기 사용량을 그래프로 그려서 평균 10~15퍼센트의 전기량을 절감해 나갔습니다. 지역 내 가게들도 조명을 반 이상 LED 전구로 바꾸거나 **에너지 슈퍼마켙**[65]을 열어 에너지 효율을 높이는 제품을 판매하는 등 마을 전체가 에너지 전환을 위해 함께 노력하였습니다. 실제로 학교나 주택, 상가 옥상에 태양광 패널을 설치하여 연간 42가구가 한 해 쓸 수 있는 전력량을 생산하기도 하였습니다.[66] 심지어 태양광 발전으로 생산한 전기를 판매하여 수익을 내고 있습니다.[67] 앞으로 더 많은 지역과 마을이 성대골과 같이 에너지 자립을 이루기 위해 노력한다면 전기를 이동시키는 과정에서 발생하는 비용과 손실을 줄이고, 남은 전기를 상호 교환하거나 판매함으로써 효율적으로 자원을 활용할 수 있을 것입니다.

성대골 에너지 자립 마을의 에너지 전환 운동은 국가가 아닌 주민들이 자발적으로 나서 운동을 이끌었다는 데 의의가 있습니다.

....

65. supermarket의 우리말 표기법은 '슈퍼마켓'이지만, 시옷(ㅅ)받침 대신 에너지(Energy)를 뜻하는 영어 앞글자 E를 받침처럼 사용하여 '슈퍼마켙'이라고 지은 것이라고 함. 성대골 마을기업인 '마을닷살림협동조합'이 2014년부터 운영해오고 있다.

66. [르포] 학교 옥상에 태양광 설비… 서울의 '에너지 자립마을'(https://www.youtube.com/watch?v=_GKyy7BmHME)

67. 최태용, 〈"에너지 전환, 일상 속에 녹아들어야"〉, 《인천in.com》, 2024.07.04.

지구의 에너지를 충전하는 7가지 습관[68]

다음에 정리한 7가지를 일상에서 꾸준히 실천해 주세요. 생활 속 작은 습관으로 지구의 에너지를 충전할 수 있답니다. 각 실천마다 언급되는 수치는 한 사람이 1년간 실천할 때를 기준으로 한 것입니다.

첫째, 냉·온수 전원을 끄면 아프리카카 아이에게 43개의 개인용 물 정수 필터를 선물할 수 있어요.

둘째, 먹을 만큼만 밥을 하면 아낀 전기요금으로 푸짐한 저녁 만찬을 4번 차릴 수 있어요.

셋째, 하루 한 번 계단을 사용하면 1년 동안 2,555칼로리를 소모할 수 있어요.

넷째, 추운 날에 커튼을 치면, 실내온도가 1.5도 올라가요.

다섯째, 점심시간에 컴퓨터를 꺼두면 아프리카 아이가 47번 밥을 먹을 수 있어요.

여섯째, 절전형 멀티탭을 사용하면 1년 중 1달 무료로 전기를 이용할 수 있어요.

일곱째, 냉장고의 문을 여닫는 시간을 단축하면 1년에 쌀 1가마니를 살 수 있어요.

....
68. insightofgscaltex.com 참조 재구성

에너지 전환을 위해 여러 가지 시도를 하며 실패도 겪었지만, 포기하지 않고 또 다른 에너지 자립 마을이 탄생하는 데 도움을 주었지요. 이처럼 에너지 전환을 위해서는 많은 시민의 공감, 적극적인 참여와 실천, 국가와 지자체 등 여러 기관의 협력이 필요합니다. 에너지를 절약하고 에너지 자립을 이뤄 모두가 안전하게 사는 세상을 함께 꿈꾸면 좋겠습니다.

1장

업튼 싱클레어, 《정글》(채광석 옮김), 페이퍼로드, 2009.

조너선 사프란 포어, 《동물을 먹는다는 것에 대하여》(송은주 옮김), 민음사, 2011.

정신영·송한새, 2023, 〈미션 실패: 친환경 팜유 인증으로 가릴 수 없는 산림파괴〉, 기후
　　솔루션(SFOC).

곽은영, 〈밥상 위의 탄소 ①] 채소 더 먹으면 탄소 배출 줄어든다?〉, 《그린포스트코리
　　아》, 2021.06.10

김규아, 〈그린피스 "멸종위기 오랑우탄 매일 25마리씩 줄어든다"〉, 《비건뉴스》,
　　2021.08.20.

김다은, 〈'육식=기후악당?' 근거가 왜 이렇게 다른가 봤더니〉, 《시사IN》, 766호,
　　2022.05.23.

김재영, 〈지구 평균온도, 1.5도 '상승' 1년단위서 처음으로 넘어서〉, 《NEWSIS》,
　　2024.02.08.

류혜영, 〈태풍 손띤에 베트남 혼란〉, 《그린포스트코리아》, 2012.10.29.

박영석, 〈육류소비량, 지난 2022년부터 쌀 소비량 추월… '최애'는 돼지고기 삼겹살〉,
　　《자투리경제》, 2024.03.02.

송기동, 〈3대 다국적기업 세계시장 40% 장악… 농사 지어 로열티로〉, 《광주일보》,
　　2012.05.01.

신기섭, 〈"이미 15% 사라진 아마존 밀림, 30년 안에 급격히 파괴될 수도"〉, 《한겨레》,
　　2024.02.15.

유예림, 〈'빵·우유로 시작하는 채식'… 채식 범위 넓혀가는 2030〉, 《머니투데이》,
　　2023.04.30

육성연, 〈당신이 햄버거 1개에 지불하는 진짜 가격〉, 《REAL FOOD》, 2018.02.20.

이새은, 〈음식물 쓰레기 처리에만 年 1조 원… 자원 재활용 기술이 해법〉, 《데일리굿뉴

스》, 2023.08.31.(수정: 2023.09.05.)

이소영, 〈[이소영의 도시식물 탐색] 팜유, 피마자… 기름이 된 식물들/식물세밀화가〉,
《서울신문》, 2024.01.30

전나경, 〈'사람과 바다, 기후를 지키는 먹거리' 속속 등장?〉, 《단비뉴스》, 2024. 01.14(수
정: 2024.03.02.)

http://www.kmta.or.kr/kr/data/stats_spend.php

https://kosis.kr/statHtml/statHtml.do?orgId=101&tblId=DT_1ZGA5C (2024.01.17.)

http://mhdata.or.kr/bbs/board.php?bo_table=society&wr_id=233 (2022.05.24.)

2장

신민주·양연호·정다운, 〈소셜미디어로 침투한 대기업의 위장환경주의〉, 그린피스,
2023.08.29.

김아진, 〈버려지는 옷, 노숙자도 안 입어… kg당 300원에 해외로〉, 《조선일보》,
2023.10.22.

김은형, 〈지금 신고 있는 신발에 스민 피, 땀, 눈물 아시나요〉, 《한겨레》, 2022.09.02.

김종성, 〈매년 버려지는 옷 330억 벌… 패션쇼 반대 시위 벌어진 까닭〉, 《오마이뉴스》,
2021.07.11.

김지숙, 〈런던동물원에 악어 대신 '악어 가죽백'이 전시됐다〉, 《한겨레》, 2022.08.04.

김현지, 〈옷 세탁할 때 떨어져 나오는 합성섬유… 북극해 오염시킨다〉, 《머니투데이》,
2021.01.14.

남주원, 〈합성섬유 의류 '착용'만으로도 미세플라스틱 엄청나〉, 《뉴스펭귄》, 2020.03.31.

류재성, 〈6살 데려다 착취… 당신 신발에 담긴 추한 현실입니다〉, 《오마이뉴스》,
2023.01.24.

민경식, 〈[기획] "착해야 뜬다"… 가치소비에 친환경 바람〉, 《매일일보》, 2023.04.25.

손령, 〈[특파원이 간다] 입던 옷들이 바다에? '패스트 패션'의 그늘〉, 《MBC NEWS》,
2024.03.21.

송은미, 〈"20세기 가장 충격적인 재난" 소멸되는 아랄해〉, 《OBS뉴스》, 2024.02.15.

유창엽, 〈1천134명 목숨 앗아간 방글라데시 의류공장 붕괴참사 10주년〉, 《연합뉴스》,
2023.04.25.

이미지, 〈"물속 미세플라스틱 35%가 옷에서?" 친환경 공정 도입하는 의류기업들〉, 《동아일보》, 2022.07.26.

이민정, 〈'소각 중단' 결정한 버버리… 415억원어치 재고는 어디로 갈까〉, 《중앙일보》, 2018.09.12.

이준성, 〈'에코백·텀블러'… 얼마나 오래써야 지구에 도움될까〉, 《뉴스트리》, 2021.09.06.

이창욱, 《전 세계 호수 절반이 말라간다》, 동아사이언스, 2023.07.01.

정소영, 〈'78억' 전세계 3개밖에 없는 악어가죽 핸드백 사겠습니까?〉, 《머니S》, 2020.11.28.

최성은, 〈결국 사막으로… 페페트병보다 더 골칫거리인 이것〉, 《오마이뉴스》, 2022.12.14.

최유리, 〈나이키, 퓰싱 프리 선언 'RWS 인증' 올 사용〉, 《비건뉴스》, 2023.06.27.

허강우, 〈동물실험 화장품 판매금지 '확산일로'〉, 《코스모닝》, 2023.01.24.

홍수현, 〈에코백의 두 얼굴 "비닐봉지보다 지구온난화에 치명적"〉, 《뉴스펭귄》, 2020.11.17.

홍아름, 〈전 세계 동물실험 폐지 움직임 '가시화'… AI와 오가노이드는 동물실험 대안 될까〉, 《ChosunBiz》, 2023.09.14.

KBS뉴스, 〈[지구촌 Talk] '세계인의 옷' 청바지가 감추고 있는 진실은?〉, 《KBS》, 2021.05.27.

KBS환경스페셜, 〈옷을 위한 지구는 없다〉, KBS, 2021.07.01.

https://blog.naver.com/mesns/110158851487(2013.02.04.)

https://naver.me/Fu6N28AM (2021.06.21.)

3장

수진 프라인켈, 《플라스틱 사회》(김승진 옮김), 을유문화사, 2012.

장용철 외, 〈플라스틱 대한민국 2.0〉, 그린피스, 2023.03.22.

강찬수, 〈미세플라스틱에 오염된 소금 식탁에 오른다… 90%에서 검출〉, 《중앙일보》, 2018.10.17.

강찬수, 〈이런 변이 있나… 신생아 배내똥, 유아 대변에도 미세플라스틱 [뉴스원샷]〉, 《중앙일보》, 2021.09.25.

김예진·이성훈·임지원, 〈아낌없이 내어준 지구를 위해 무엇을 해야 할까?〉, 《미디어한 남》, 2020.10.14.

김형근, 〈이제 "플라스틱 비" 일상화된다… 육지와 바다 넘어 하늘의 대기까지 확산〉, 《NewsQuest》, 2023.10.01.

문광주, 〈에베레스트산 고도 8,440미터에서 미세플라스틱 발견〉, 《더사이언스플러스》, 2020.11.23.

박상은, 〈제주·세종 스벅서 다회용컵 써보니… 일회용 年600만개 줄어〉, 《국민일보》, 2024.03.26.

박영주, 〈엇박자 타는 환경부의 '일회용품 규제'… 결국 서민들만 울상〉, 《파이낸셜리뷰》, 2024.04.01.

신민경, 〈'빨대 없는 리드' 효과… 스타벅스 빨대 사용량 절반 '뚝'〉, 《디지털투데이》, 2023.11.14.

안치용 ESG코리아 철학대표, 이은서·현경주 바람저널리스트, 이윤진 ESG연구소 연구위원, 〈전 세계 바다에서 공포를 키우고 있는 유령〉, 《OhmyNews》, 2022.10.23.

양효선, 〈전세계 '플라스틱 한국'에 주목하는 이유… "일회용품 규제 허점 투성"〉, 《천지일보》, 2024.02.12.

양훼영, 〈[사이언스 취재파일] 미세플라스틱, 1시간이면 전신에 퍼져… 신생아 태변에서도 검출〉, 《YTN사이언스》, 2021.11.25.

윤지희, 〈쓴소리를 솔깃하게 '광고천재 이태백'〉, 《세계일보》, 2015.05.01.

이한, 〈[대한민국 환경보고서] 플라스틱을 재활용하는 3가지 방법〉, 《그린포스트코리아》, 2022.04.29.

이홍석, 〈인천, 해양쓰레기 발생량 '해양환경 위협' 수준… 최근 5년간 2만6200t 수거〉, 《헤럴드경제》, 2023.10.25.

이효정, 〈한국산 쓰레기 5100톤, 1년 반만에 필리핀서 반송된다〉, 《경향신문》, 2020.01.20.

이후림, 〈[퍼스트펭귄] "자갈 아니야?" 짝퉁 돌 '파이로플라스틱'의 습격〉, 《뉴스펭귄》, 2021.11.24.

이후림, 〈플라스틱에 '히치하이킹'? 해안 서식종은 어쩌다 망망대해로 갔을까〉, 《뉴스펭귄》, 2023.04.19.

이희경, 〈"전 세계 바다 뒤덮은 해양쓰레기 절반은 배달·포장 플라스틱"〉, 《세계일보》,

2021.06.11.

임은진, 〈"1인당 섭취 미세플라스틱, 매주 신용카드 1장 분량"〉,《연합뉴스》, 2019.06.12.

임지우·신유리, 〈中탐사선 창어6호, 달 뒷면 착륙… "세계 첫 뒷면 토양 채취시도"(종합)〉,《연합뉴스》, 2024.06.02.

장자원, 〈'생수에서도 검출' 미세플라스틱 논란, 해결책 있을까?〉,《코메디닷컴》, 2023.06.05.

조승한, 〈한국인 1년간 쓰는 플라스틱컵 33억개… 늘어놓으면 지구-달 거리〉,《동아사이언스》, 2020.01.05.

최준선, 〈"우리나라 재활용률 90% 육박"… 정부 통계 믿어도 되나요? [지구, 뭐래?]〉,《헤럴드경제》, 2022.01.04.

한성간, 〈"인체 모든 조직, 미세플라스틱 오염"〉,《연합뉴스》, 2020.08.18.

https://www.youtube.com/watch?v=K0SrwNQYBdE (2019.10.01.)

4장

박상욱,《바이러스 철학을 만나다》, 맘에드림, 2021.

윤지로,《탄소로운 식탁》, 세종출판, 2022.

이지유,《기후변화 쫌 아는 10대》, 풀빛, 2020.

조천호,《파란하늘 빨간지구》, 동아시아, 2019.

다비드 넬스·크리스티안 제러,《기후변화 ABC》(강영옥 옮김), 동녘사이언스, 2021.

다치바나 다카시,《생태학적 사고법》(김경원 옮김), 바다출판사, 2021.

기상청 · 국립기상과학원, 〈우리나라 109년(1912-2020년) 기후변화 분석 보고서〉, 2021.04.30

E-Learning KEI, 〈청소년을 위한 생물다양성〉, 2021.08.17.

Kate Plummer, 〈Garden birds: to feed or not to feed?〉, 2019.9.20.

고은지, 〈2040년까지 지구 1.5도↑, 9~12년 빨라져… "온난화는 인간탓"〉,《연합뉴스》, 2021.08.09.

고재원, 〈영구동토층에 묻혔던 '좀비 바이러스' 깨어났다…"전염력도 확인"〉,《동아사이언스》, 2023.3.20.

구경민, 〈한반도 면적 태우고, 오존층엔 큰 구멍… 6개월째 활활 '최악 산불'[뉴스속오늘]〉,《머니투데이》, 2023.09.02.

권승문, 〈[오늘부터 시작하는 탄소중립] 온실가스는 죄가 없지만… 너무 많아서 문제〉,《그린포스트코리아》, 2022.06.19.

김규남·기민도, 〈기후변화 책임 가장 큰 나라는? 미국-중국 '네 탓', 한국 18위〉,《한겨레》, 2022.11.06.

김민욱, 〈[지구한바퀴] '웅' 벌 소리가 사라졌다…야생벌 없어지면 생태계 붕괴〉,《MBC 뉴스》, 2023.05.19.

김은희, 〈"이래서 RE100 지키겠나" 한국이 'OECD 꼴찌' 된 이유는? [위기의 K-재생에너지]〉,《헤럴드경제》, 2023.09.24.

김재홍, 〈위기의 수산업〉,《경남매일》, 2022.04.25.

김정수, 〈교토의정서, 과학적 절충 아닌 '정치적 타협' 그친 기후대응〉,《한겨레》, 2022.11.08.

김정수, 〈한국, 이대로면 10년 뒤 '1인당 온실가스 배출량' 세계 1위〉,《한겨레》, 2021.05.10.

김지선, 〈사라지는 섬나루 '투발루'… "채소 키울 땅도 없어요"〉,《KBS 뉴스》, 2023.05.16.

김현경, 〈열 받은 지구… 세계 곳곳 '가장 더운 여름'〉,《한국경제TV》, 2023.09.07.

김현정, 〈지구온난화, 지구 자전 속도까지 늦췄다〉,《아시아경제》, 2024.03.28.

김형준, 〈[뉴스라운지] 기후위기 시대… 늘어가는 재난 대응책은?〉,《YTN》, 2023.11.06.

박상욱, 〈[박상욱의 기후 1.5] 탈석탄 앞두고 가동 임박한 석탄화력발전소〉,《JTBC》, 2024.04.22.

박설민, 〈[멸종저항보고서⑳] '죽음의 호수' 시화호, 생명을 되찾다〉,《시사위크》, 2022.04.14.

박양수, 〈'살인적 폭염'에… 노인·현장근로자는 몸이 떨린다〉,《디지털타임스》, 2023.08.01.

송재도, 〈이미 변화에 뒤처진 한국 기업들… 넛크래커 위기 [넥스트브릿지]〉,《OhmyNews》, 2024.05.09.

오수진, 〈기후변화로 국가 존폐 기로 선 투발루 "외부지원·협력 절실"〉,《연합뉴스》, 2023.05.15.

오철우, 〈[오철우의 과학의 숲]다시 쓰는 태양 흑점의 역사기록〉, 《한겨레》, 2015.08.20.

윤종원, 〈생물다양성이 질병 확산 막는다〉, 《병원신문》, 2005.10.27.

윤지로, 〈[연중기획-지구의 미래] 인류가 뿜어낸 온실가스에… 엘니뇨 없이도 '열 받는 지구'〉, 《세계일보》, 2018.02.11.

이근영, 〈'침수 위험' 한국 14위, 서울 19위… 지구온도 더 올라가면?〉, 《한겨레》, 2021.10.13.

이상호, 〈한국 지난해 석탄발전 부문 1인당 온실가스 배출량 G20 중 2위〉, 《Business Post》, 2023.09.05.

이성규, 〈인수공통감염병이 증가하는 이유는?〉, 《사이언스타임즈》, 2020.12.11.

이오성, 〈기후위기의 무서운 풍경, 2070년 '사과 소멸' 시나리오〉, 《시사IN》, 2024.01.18.

이우탁, 〈지구온난화와 온실가스상관관계對회의론〉, 《뉴스워치》, 2021.09.30.

이원율, 〈서울시 '제비야 돌아와!' 프로젝트로 제비 늘어나〉, 《헤럴드경제》, 2018.05.09.

이유진, 〈역주행하는 윤석열 정부, 기업에 필요한 것은 'RE100'이다〉, 《프레시안》, 2023.12.02.

이종수, 〈유럽연합(EU), 세계최초 '탄소세' 첫 단계 돌입… 배출량 보고 의무〉, 《이코노 뉴스》, 2023.10.02.

이지현, 〈2023년은 '역대 가장 더운 해'… "올해는 더 덥다"〉, 《JTBC》, 2024.01.03.

이지훈, 〈거세지는 RE100 요구… 녹색 보호주의에 궁지 몰린 차 부품사〉, 《한경ESG》, 2023.07.07.(수정: 2023.11.09.)

이택현 외 3명, 〈북극곰 오히려 즐거했다?… 기후위기 회의론의 진실〉, 《국민일보》, 2023.05.02.

임병선, 〈늑대 복원 25년… 옐로스톤 국립공원은 어떻게 변했을까?〉, 《뉴스펭귄》, 2020.02.03.

정시행, 〈"위험한 바이러스 50만종… 밝혀낸 건 0.2%뿐"〉, 《조선일보》, 2021.03.06.

정재민·윤다정, 〈아시아 첫 '기후소송' 일부 인용… "탄소중립기본법 헌법불합치"(2보)〉, 《뉴스1》, 2024.08.29.

조승한, 〈전 세계 꿀벌 실종 사건, '생태계 붕괴' 방아쇠 당기나〉, 《동아일보》, 2022.03.18.

주종국, 〈[영상] 수해에 전쟁·이상기후까지…지구촌 일제히 먹거리 비상〉, 《연합뉴스》, 2023.07.28.

채덕종, 〈[특집]파리협약 체결 의미와 향후 전망〉, 《이투뉴스》, 2016.01.04.

천권필, 〈여름·겨울 오간 한국의 11월… 북극 온난화가 이렇게 무섭다〉, 《중앙일보》, 2023.11.12.

최경호, 〈최근 '70억마리 꿀벌' 증발… 이는 "4년내 인류 멸종" 경고다? [뉴스원샷]〉, 《중앙일보》, 2022.03.20.

호준석·엄지민(앵커), 빈기성(출연), 〈[더뉴스] "북극이 뚫렸다"… 미국 '체감 영향 50도' 역대급 한파〉, 《YTN 더뉴스》, 2022.12.26.

홍승연, 〈200억 마리 꿀벌 실종… "골든타임 지났다" 전문가 경고〉, 《SBS》, 2024.03.25.

홍아름, 〈198개국 모인 기후정상회의 'COP28' 개막… '1.5도' 파리협정 성적표 나온다〉, 《사이언스조선》, 2023.11.30.

https://www.naturing.net

https://www.youtube.com/watch?v=dNnzSId4c5c (2022.07.19.)

https://www.youtube.com/watch?v=zO5glqw4xpQ (2021.07.22.)

https://www.youtube.com/watch?v=tz0dFazDKxw (2021.08.12.)

https://blog.naver.com/energyx_official/223189406354 (2023.08.21)

https://blog.naver.com/seoulkfem/223251496043 (2023.10.31)

5장

곽재식, 《지구는 괜찮아, 우리가 문제지》, 어크로스, 2022.

이완 맥레쉬, 《세상에 대하여 우리가 더 잘 알아야 할 교양: 에너지 위기, 어디까지 왔나?》(박미용 옮김), 내인생의책, 2012.

장연재·오현영, 2023, 〈국제 신재생에너지 정책변화 및 시장분석: 공급망 분석 및 산업 활성화 정책을 중심으로〉, 에너지경제연구원.

에너지경제연구원, 2024, 《2023 에너지통계연보》, 산업통상자원부.

한국에너지경제연구원공동, 〈[에너지경제상식 시리즈](1) 에너지란 무엇인가〉, 《한국에너지》, 2016.07.29.

한국에너지공단, 〈2022 신·재생에너지 보급통계 확정치〉, 2023.12.

고기완, 〈중성자 충돌로 원자핵 깨드리면 연쇄반응… 1초 10억번 핵분열… 엄청난 열에너지 생성〉, 《한국경제》, 2015.11.20.

고기완, 2019, 〈자원고갈론의 진실〉, 《석유와 에너지》, 가을호 vol.313, 대한석유협회.

곽용석, 〈독일, 재생에너지 발전 비중 '급증'〉, 《초이스경제》, 2022.12.21.

권승문, 〈[에너지전환 Q&A ④] 우리나라 에너지 소비 줄일 수 있나?〉, 《그린포스트코리아》, 2022.03.04.

권윤희, 〈'증발' 녹아내린 14만 명… 인류 최초이자 최후 히로시마·나가사키 원폭〉, 《서울신문》, 2023.05.10.

김도현, 〈쓰고 나면 폐기물… 한국시장에 밀려드는 '中 LFP배터리'〉, 《머니투데이》, 2023.08.31.

김지선, 〈독일 총리 "재생에너지만이 미래… 2045년 첫 기후중립국"〉, 《연합뉴스TV》, 2023.01.19.

김지윤·강혜인·이명주, 〈[삼림파괴 주식회사①]멀쩡한 나무로 목재 펠릿… 친환경의 비밀〉, 《뉴스타파》, 2023.03.02.

민서연, 〈인공지능 시대, 에너지 전쟁 구원투수 될 소형원자로 SMR〉, 《ChosunBiz》, 2024.06.11.

박상욱, 〈[박상욱의 기후 1.5] 한국 '녹색성장 동맹' 파트너가 에너지전환에 임하는 자세〉, 《JTBC News》, 2022.01.14.

박상욱, 〈[박상욱의 기후 1.5] 해외 가스전 캐는 한국, 앞바다 가스전 버리고 재생에너지 찾는 북유럽〉, 《JTBC》, 2022.01.10.

오유진, 〈에너지 절약실천②_냉장고 문 달기 사업… 사업자·소비자 반응 살펴보니〉, 《전기신문》, 2023.07.06.

오현길, 〈[수소경제, 기업이 뛴다]미래 에너지가 온다… 수소의 일생〉, 《아시아경제》, 2023.11.13.

원호섭, 〈[Weekend Interview] 1980년대부터 미세먼지 저감 대책 주장 장재연 아주대 의대 교수(숲과나눔 이사장)〉, 《매일경제》, 2019.03.15

이슬기, 〈핀란드, 2년 뒤 방폐장 운영하는데… 韓은 국회 논의부터 막혀〉, 《한경닷컴》, 2023.09.05.(수정: 2023.09.06.)

이은실, 〈정부, 재생에너지·탄소중립 R&D 예산 삭감〉, 《kharn》, 2023.10.15.

이재은, 〈화석연료지만 괜찮다?… 천연가스의 '두 얼굴'〉, 《뉴스트리》, 2022.06.27.

이태성, 〈[원전의 재발견] ③ 온실가스 배출량 석탄보다 68배 적어… 친환경에너지 재조명〉, 《뉴스핌》, 2023.10.09.(수정: 2023.10.12.)

이현우, 〈늘 30년 뒤에 고갈된다던 석유, 매장량은 왜 매년 늘어날까?〉,《아시아경제》,
    2019.01.10.

이혜영, 〈[초점] 전세계 가동 원전 450기⋯ 한국 세계 5위·원전 의존도 13위〉,《글로벌이
    코노믹》, 2022.01.23.

전지성, 〈[신년기획=환동해 데이터센터 허브 구축] 전력자립도 지역별 격차 최대 '85
    배'⋯ 소비 분산 필요〉,《에너지경제》, 2023.01.03.

최송현, 〈[재생에너지의 명암]⑥에너지 전환 '선두' 독일, 갈등 어떻게 풀었나?〉,《KBS
    뉴스》, 2022.09.19.

최은경, 〈같은 '자원빈국'인데⋯ 에너지 자급률 한국 12% 일본 41%〉,《TheJoongAng》,
    2022.10.18.

최태용, 〈"에너지 전환, 일상 속에 녹아들어야"〉,《인천in.com》, 2024.07.04.

https://terms.naver.com/entry.naver?docId=3476052&cid=58439&categoryId=58439

https://gscaltexmediahub.com/future/green-transformation/hydrogen_energy_ccus/

https://blog.naver.com/kea_sese/223221223500

https://www.youtube.com/watch?v=lkUxwceoUQ0&t=245s (2022.07.07.)

https://www.youtube.com/watch?v=8fY45o9WZ0U (2023.01.09.)

https://www.youtube.com/watch?v=CIDBflb6c0M (2023.06.22.)

https://www.youtube.com/watch?v=1kEw0fTUfh4 (2019.10.20.)

https://www.youtube.com/watch?v=qQ_5cHd7xnM (2023.05.26.)

https://www.youtube.com/watch?v=_GKyy7BmHME (2023.04.21.)

https://www.youtube.com/watch?v=AU3KvTrJcbk (2023.02.13.)

https://blog.naver.com/iamkowepo/221972776160 (2020.05.22.)

https://blog.naver.com/komipo_official/222420989996 (2021.07.06.)